A
JORNADA
DA LIDERANÇA

A JORNADA
DA LIDERANÇA

DANA MAOR
HANS-WERNER KAAS
KURT STROVINK
RAMESH SRINIVASAN

Tradução
Sandra Martha Dolinsky

1ª edição

RIO DE JANEIRO – 2025

TÍTULO ORIGINAL
The Journey of Leadership: How CEOs Learn to Lead from the Inside Out

REVISÃO TÉCNICA
Gustavo Vasconcellos de Oliveira

TRADUÇÃO
Sandra Martha Dolinsky

DESIGN DE CAPA
Henry Nuhn

CIP-BRASIL. CATALOGAÇÃO NA PUBLICAÇÃO
SINDICATO NACIONAL DOS EDITORES DE LIVROS, RJ

J68

    A jornada da liderança : como os CEOs aprendem a liderar de dentro para fora/ Dana Maor ... [et al.] ; [tradução Sandra Martha Dolinsky]. - 1. ed. - Rio de Janeiro : Best Business, 2025.

    Tradução de: The Journey of Leadership
    ISBN 978-65-5670-052-6

    1. Liderança. 2. Sucesso nos negócios. 3. Capacidade executiva. I. Maor, Dana. II. Dolinsky, Sandra Martha.

25-95737   CDD: 658.4092
                            CDU: 005.322:316.46

Gabriela Faray Ferreira Lopes - Bibliotecária - CRB-7/6643

Texto revisado segundo o novo Acordo Ortográfico da Língua Portuguesa.

Esta edição foi publicada em acordo com Portfolio, um selo de Penguin Publishing Group, uma divisão de Penguin Random House LLC.
Copyright © 2024 by McKinsey & Company
Copyright da tradução © 2025 by Editora Best Seller Ltda.

Todos os direitos reservados. Proibida a reprodução,
no todo ou em parte, sem autorização prévia por escrito da editora,
sejam quais forem os meios empregados.

Direitos exclusivos de publicação em língua portuguesa somente para o Brasil adquiridos pela
Best Business, um selo da Editora Best Seller Ltda.
Rua Argentina, 171 – Rio de Janeiro, RJ – 20921-380 – Tel.: (21) 2585-2000,
que se reserva a propriedade literária desta tradução.

Impresso no Brasil

ISBN 978-65-5670-052-6

Seja um leitor preferencial Record.
Cadastre-se no site www.record.com.br
e receba informações sobre nossos
lançamentos e nossas promoções.

Atendimento e venda direta ao leitor:
sac@record.com.br

Sumário

Introdução   7

Parte 1
Tudo começa com você

1 | *Você não é a pessoa mais inteligente do pedaço*   23

2 | *Aqui é seu lugar*   39

3 | *Pare de tentar provar do que você é capaz*   52

4 | *Tudo bem ser você mesmo*   65

5 | *Você fracassou. E agora?*   81

6 | *Aprenda a ser ágil*   97

Parte 2
Indo além de si mesmo

7 | *O impossível começa com você* — **125**

8 | *Tire o medo do banco do motorista* — **142**

9 | *O controle é uma ilusão* — **161**

10 | *Todo mundo esconde coisas do chefe* — **176**

11 | *Pratique cometer erros* — **193**

12 | *Para que as pessoas se importem, mostre a elas que você se importa* — **204**

Conclusão | *A jornada nunca acaba* — **224**

Agradecimentos — **235**

Apêndice — **239**

Notas — **261**

Introdução

Em mais um dia perfeito no norte da Califórnia, um grupo de CEOs de vários setores do mercado de trabalho entrou numa sala de reuniões bem arejada, com janelas grandes e uma vista para colinas verdejantes. Mas o famoso clima da região vinícola e a vista panorâmica não eram as atrações principais do encontro; aqueles líderes estavam ali para dar uma pausa na rotina e refletir, aprender e se desenvolver — algo difícil quando se está ocupado trabalhando. O que foi dito naquela sala vai surpreender você. Nessa reunião — um dos programas do Bower Forum para formação em liderança executiva da McKinsey & Company —, a conversa começou por tópicos clássicos como estratégia, operações, finanças corporativas, talento e outros que, como é de se esperar, interessam aos executivos; mas logo passamos a explorar questões que, às vezes, são complicadas de abordar em qualquer lugar, exceto naquela sala.

O CEO de uma grande empresa de biotecnologia falou sobre a dificuldade que enfrentava para conduzir seu negócio ao futuro devido a um conselho administrativo muito poderoso, cujos membros tinham opiniões fortes sobre o rumo da companhia. Ele reclamava que, toda vez que tentava um movimento mais ousado, os diretores tentavam dissuadi-lo. Sentia-se inseguro e frustrado.

Os outros executivos perguntaram a ele sobre suas habilidades, seu conhecimento e sua visão para a empresa. Ramesh, um dos autores deste livro e coach do Bower Forum, incentivou esse CEO a refletir sobre por que se sentia inseguro, tendo em vista seu talento e profundo conhecimento do setor. "Eu pedi a ele que pensasse no compromisso que assumira e no quanto realmente investira naquele negócio, e disse que deveria focar aquilo que seus investidores e pacientes queriam", lembra Ramesh.

Aos poucos, esse executivo da área de biotecnologia foi se abrindo com os outros. Estava aprendendo a se conhecer melhor, a identificar seus pontos fortes, a deixar de lado os preconceitos e a entender que precisava ouvir mais atentamente as pessoas e apresentar o que elas queriam. Quando o retiro chegou ao fim, todos que estiveram naquela sala com o colega viram uma pessoa mudada, com uma autoconsciência mais profunda e confiança renovada — alguém disposto a ser mais ousado. Não por acaso, esse executivo construiu uma das empresas de biotecnologia mais bem-sucedidas do mundo em termos financeiros e científicos.

Como sócios seniores da McKinsey, trabalhamos de perto com centenas de líderes iguais a esse, que integram corporações da *Fortune 500* e de importantes organizações sem fins lucrativos. Dois de nós, Hans-Werner e Ramesh, são codiretores do programa de formação em liderança executivo do Bower Forum, um evento de dois dias em que, na última década, mais de quinhentos dos principais executivos do mundo — que, no total, supervisionam 13 milhões de funcionários — abriram o coração e a mente para enfrentar desafios pessoais e profissionais. Também autora deste livro, Dana é colíder global e líder europeia da Prática de Pessoas, Organização e Performance da McKinsey. Ela faz parcerias com organizações para desenvolver líderes e talentos e é coach do Bower Forum. Nosso outro autor, Kurt, lidera a Global CEO Initiative da Mc-

INTRODUÇÃO

Kinsey para ajudar a formar grandes CEOs e seus conselheiros. O programa Bower é o cerne das melhores ideias sobre liderança da McKinsey, cujos cerca de 3 mil parceiros trabalham com 7 mil clientes corporativos no mundo todo. É onde as melhores práticas em liderança da McKinsey são exercidas, oferecendo aos CEOs uma abordagem com comprovada eficácia para se reinventar. Queremos compartilhar com você o que nós quatro aprendemos ao formar alguns dos melhores gestores do mundo, seja trabalhando com eles no Bower Forum, seja prestando consultorias pela McKinsey.

Ao longo dos anos, vimos que os melhores líderes aprendem a ser mais autoconscientes. Eles percebem que o freio que os segura enquanto tentam pisar no acelerador é o próprio condicionamento psicológico, enraizado em hábitos e comportamentos que, ironicamente, os levaram até onde estão. Oferecemos, neste livro, o passo a passo para que os líderes se reinventem nas esferas profissional e pessoal. É uma jornada que ajuda uma pessoa a mudar aqueles atributos psicológicos, emocionais e, por fim, humanos sobre liderança que podem impedi-la de atingir os mais altos níveis de excelência.

Nós passamos a nos interessar pelo lado humano da liderança depois de ver muitas pessoas habilidosas que, apesar de dominarem as competências executivas certas — inteligência financeira, gestão estratégica e operacional e pensamento sistêmico — e se sentirem confiantes e poderosas, sofriam para vincular sua visão de sucesso com o desempenho real de suas organizações e não conseguiam despertar paixão nos funcionários. Elas lideravam a equipe com um grito de guerra empolgante, mas logo viam que ninguém as seguia; ou, na melhor das hipóteses, que seus funcionários as seguiam sem entusiasmo e energia.

Após uma cuidadosa análise do que mantinha esses líderes talentosos empacados, concluímos que eles não se conectavam a fundo consigo mesmos e, o que é igualmente importante, com sua equipe. Nos programas do Bower Forum e em outras reuniões sobre formação de líderes que conduzimos pela McKinsey, todos sabiam como definir e adquirir as habilidades lógicas e tangíveis do ofício. Mas, quando perguntávamos como poderiam exercer uma gestão racional e humanizada — ou seja, mais autoconsciente, empática, humilde, ponderada, aberta e, por consequência, mais inspiradora, resiliente e equilibrada —, o processo para adquirir esses atributos era muito mais difícil de descrever. Uma pesquisa com participantes do Bower Forum constatou que 57% entravam no programa movidos por desafios pessoais — para ser um gestor mais humano, versátil e bem-preparado —, uma porcentagem maior do que os que estavam ali para trabalhar suas estratégias (veja as páginas 256-258 para resultados mais detalhados de nossa pesquisa). Tornar-se um líder mais humano é uma jornada na maioria das vezes percorrida sem muita ajuda ou orientação. Alguns dos melhores líderes do mundo diziam que simplesmente haviam nascido com essas qualidades, ao passo que outros afirmavam ter tido a sorte de conhecer grandes mentores pessoais pelo caminho. Entretanto, ninguém conseguia apontar um guia claro para ser uma liderança mais autêntica e humanizada. É isso que este livro tenta fazer: descrever, explicar e sistematizar a jornada interior de um líder, que vai revelá-lo como tal para o mundo. Esse é o ingrediente-chave para causar um impacto duradouro na equipe e na organização.

Trata-se de uma jornada complexa e cheia de nuances. Exige crescimento pessoal, o que significa que é preciso aprender, ouvir, inspirar e se importar constantemente, reinventando-se aos poucos como líder. Liderança não tem a ver apenas com milhares de tarefas que um CEO incrível precisa fazer, mas também com estar ciente de quem é como pessoa e sempre melhorar como ser humano. Tem a ver com a maneira como a pessoa muda a si mesma e aos outros. Com a adoção de uma abordagem de liderança humanizada.

A maioria dos executivos não passa tempo suficiente pensando no lado pessoal da liderança. Como relembra Dana: "Passei meses trabalhando com um CEO sobre suas estratégias, sua execução e suas métricas. Ao longo de nossa jornada, também abordamos a cultura, o significado de liderança e o impacto disso na organização. Mas esse foi

INTRODUÇÃO

um tema que ocupou apenas uma pequena parte de nossa programação. Depois de um ano trabalhando juntos, enquanto refletíamos sobre nosso trabalho, ele disse: 'Nossa parceria fez toda a diferença em várias áreas, mas a virada de chave que transformou nosso modo de operar foi aquela conversa que tivemos na calçada, depois do jantar, há um ano, quando você sugeriu que eu pensasse mais sobre a cultura e falou que eu precisava mudar como pessoa para inspirar essa jornada cultural na organização. Foi naquele momento que meu foco mudou, e eu soube no que devia trabalhar.'"

Quando começamos nossa carreira na McKinsey, o mundo era um lugar muito diferente. Os investidores, os conselhos e a imprensa adoravam um CEO imperial. Líderes extraordinários, como Jack Welch, da GE, ou Lee Iacocca, da Chrysler, eram nomes muito conhecidos. Esses indivíduos oniscientes, obstinados e focados em resultados estavam sempre dando entrevistas em programas de TV e escrevendo best-sellers de negócios. Seus funcionários os reverenciavam, apegavam-se a cada palavra deles e esperavam que tivessem todas as respostas. Eles, e somente eles, davam as cartas.

Mas os CEOs imperiais acabaram. Sim, líderes como Elon Musk e Mark Zuckerberg aparecem nas manchetes e já até viraram memes na internet, mas nem mesmo eles conseguem fazer tudo sozinhos. Cercaram-se de excelentes executivos, inventores e visionários. Os líderes de hoje têm que assumir um novo manto. Ao contrário das figuras de autoridade do passado, esse novo grupo não finge ter todas as respostas. Foram-se os tempos em que um líder gritava uma ordem ou apresentava um plano e todos o seguiam.

A fórmula vencedora é que os líderes estejam cientes de todos os sinais que transmitem — os verbais e os não verbais — e do peso que carregam para estarem sempre em contato com as próprias emoções, serem sensíveis na maneira como interagem com os outros e garantirem a autenticidade de suas ações. Para agregar valor, eles ouvem, experimentam e aprendem com os demais, equilibrando compromissos conflitantes e objetivos de curto e longo prazo, tendo em mente as demandas de seus muitos stakeholders. Permitem que as equipes e os colegas tenham sucesso e contribuam com paixão e confiança. Os melhores aprendem a equilibrar esses atributos com as habilidades práticas que os ajudaram a chegar ao cargo mais alto. Esse é o novo modelo, e, mais cedo ou mais tarde, todos que fazem jus a seu papel na gestão chegam a um ponto em que percebem que a liderança tem a ver com liderar tanto a si mesmos quanto aos outros. Nesse momento crucial, eles deixam de ser um líder tradicional que pensavam que *deveriam* ser e adotam uma abordagem humanizada de liderança. Começam a aprender e crescer para atender às demandas de sua posição e realizar suas aspirações mais audaciosas.

Ser um líder sênior é uma função solitária, e muitos se sentem à deriva no cenário empresarial de hoje — tão acelerado, em constante evolução e cheio de volatilidade, complexidade e ambiguidade. "O único treinamento que existe para ser CEO é ser um CEO", declarou Marvin Bower, sócio e gestor global mais antigo da McKinsey, que, ao lado de James O. McKinsey, definiu as bases da empresa no século XX. Não é de se admirar que um estudo da Development Dimensions International tenha mostrado que 83% dos líderes do mundo não se sentiam preparados para suas novas funções de liderança.[1]

Essa transição para um estilo de liderança mais humilde e aberto está acontecendo porque as circunstâncias exigem isso. O terreno está mudando depressa, tornando quase inúteis os antigos mapas de liderança testados e comprovados. Aumentar o lucro líquido é necessário, sim, mas não é suficiente. Os gestores de hoje têm que dominar questões complexas, como transformação digital, inflação, cadeias globais de suprimentos interrompidas, escassez de talentos, falta de diversidade, segurança cibernética e mudanças climáticas, além de despertar uma busca por propósito nos funcionários. Isso significa que ninguém, independentemente do quão seja brilhante ou capaz, tem a experiência, o conhecimento ou o temperamento para enfrentar todos esses desafios

INTRODUÇÃO

sozinho. Não à toa o cargo de CEO se tornou mais precário. Segundo a empresa de remuneração executiva Equilar, de 2013 a 2022, a permanência média de um CEO nas companhias do S&P 500 diminuiu 20%, passando de seis para pouco menos de cinco anos.[2]

Há outra razão para que a liderança humanizada tenha passado a ser tão crucial para as organizações hoje em dia. Com a rápida introdução da inteligência artificial (IA) e da IA generativa (IAGen) no ambiente de trabalho, um número crescente de tarefas repetitivas e analíticas de gestão, como análise de mercado, gerenciamento de projetos, orçamentos, atendimento ao cliente, tomada de decisão e checagem de fatos, será tratado por algoritmos de IA, partindo do argumento de que o software continuará melhorando. Se você é um líder tradicional, bom com números, planejamento e programação, seu trabalho pode estar ameaçado. No futuro, o que fará a diferença será a liderança humanizada, pois ela inspira as pessoas, dá a elas um senso de propósito e se importa com quem são e com o que pensam e sentem. Muitos funcionários acreditam que grande parte da orientação técnica e analítica de que precisam é mais facilmente obtida por meio de IA. Uma pesquisa conduzida pela Potential Project descobriu que, para algumas funções da liderança e para a gestão de certas tarefas, os funcionários já têm mais confiança na IA que em seus chefes humanos.[3] Por que não, se eles podem fazer seu trabalho sem se sentir negligenciados nem maltratados pelo chefe?

Mas explorar apenas a IA não levará a um alto desempenho. O que os funcionários realmente desejam de seus líderes é desenvolvimento, experiência, acolhimento e sabedoria. As melhores empresas sabem que liderança — para ser enfático — é mais que gestão; é também abraçar o elemento humano. Elas combinarão as vantagens analíticas da IA com líderes que tenham excelentes habilidades interpessoais para levar a organização a novos patamares. A IA pode oferecer um benefício duplo: ao dar suporte ou substituir tarefas analíticas e técnicas, libera tempo para que os líderes se empenhem mais em liderança humanizada. Além disso, ela fornece informações analíticas, com foco em resultados, sobre a eficácia desse tipo de liderança, dando aos gestores feedback constante a respeito disso e mostrando se eles estão liderando de dentro para fora.

Um tipo de liderança que equilibra desempenho financeiro, IA/IA-Gen e pessoas pode não só ajudar os CEOs a serem bem-sucedidos no cargo, como também pagar dividendos. Isso porque, quando o capital humano é administrado da maneira certa, os efeitos refletem diretamente no resultado. De acordo com um estudo de 2023 do McKinsey Global Institute, feito com 1.800 grandes empresas em todos os setores e em 15 países, as organizações que focavam o desenvolvimento de capital humano *e também* o desempenho financeiro tinham cerca de uma vez e meia mais probabilidade de manter o alto desempenho ao longo do tempo e cerca de metade da volatilidade dos lucros. Na verdade, quando houve a pandemia de covid-19, elas mantiveram a lucratividade e aumentaram a receita duas vezes mais rápido que as companhias que focavam principalmente o desempenho financeiro.[4]

Neste livro, exploramos como os CEOs devem liderar a si mesmos para, então, liderar outras pessoas, por meio de mudanças pessoais e organizacionais. Aprendizado, crescimento e reinvenção começam com introspecção, e os CEOs que retratamos nestas páginas embarcaram numa intensa jornada para explorar quem são e o que defendem. Suas histórias revelam o que aprenderam no decorrer da carreira e como aplicaram esses ensinamentos a situações do mundo real. Muitas delas vêm de nossas reuniões no Bower Forum, nas quais de três a cinco CEOs de empresas não concorrentes costumam se envolver a fundo nos problemas dos colegas, compartilhando experiências e aspirações particulares, desafiando uns aos outros e trocando conselhos, inclusive sobre como liderar de dentro para fora. Esses encontros operam sob a Chatham House Rule,* fornecendo aos CEOs um espaço se-

---

* Um conjunto de regras que pode servir como código de conduta para o comparecimento em determinadas reuniões. Segundo esse sistema, qualquer pessoa pode usar livremente as informações da discussão, mas não tem autorização para expor

INTRODUÇÃO

guro onde podem abandonar sua persona pública e resolver problemas com a ajuda de pares que entendem por o que eles estão passando. (Obtivemos permissão dos participantes cujas histórias aparecem neste livro e usamos nomes fictícios em certos casos, quando necessário.) Alguns sócios seniores da McKinsey atuam como docentes no Bower Forum, e dois experientes ex-CEOs organizam cada evento. (Para mais detalhes sobre como funciona o Bower Forum, veja o Apêndice na página 259.)

As informações que você lerá mais detalhadamente neste livro, decorrentes não apenas do Bower Forum, mas também das práticas de liderança da McKinsey, incluem o seguinte:

- Para combater o fato de que ninguém compartilhava as más notícias com ele, o CEO de um veículo midiático cultivou "contadores da verdade" em todos os níveis da organização.
- Uma executiva reuniu coragem para sentir que pertencia a um mercado dominado por homens.
- O diretor de uma empresa farmacêutica usou uma técnica de aprendizado profundo para prever a gravidade da pandemia de covid-19, o que deu à sua empresa vantagem na produção de uma nova vacina.
- A presidente de uma grande fundação superou a síndrome da impostora, que a enchia de dúvidas acerca das próprias habilidades.
- A fim de viabilizar melhores tomadas de decisão, um almirante que liderava as Forças de Operações Especiais dos EUA treinou suas equipes para reagir a mudanças no campo em vez de seguir um plano preconcebido.

---

a identidade dos presentes ou fazer qualquer comentário específico sobre aquele momento. O intuito é viabilizar um espaço seguro para um diálogo mais aberto, sobretudo quando existem assuntos complexos em jogo. *[N. da E.]*

- O chefe de um grande hospital descobriu que a melhor maneira de liderar é tendo uma conexão emocional com os funcionários.
- Sendo humilde e tratando seus funcionários como parte da família, um CEO recuperou uma fábrica e superou a crise financeira de 2008 sem fazer demissões em massa.
- O executivo de uma empresa de suprimentos automotivos transformou a organização numa potência global ao descobrir como melhorar o delicado equilíbrio psicológico entre motivar as pessoas e pressioná-las para atingir as metas.
- O líder de uma empresa do setor aeroespacial e de defesa aprendeu a ser mais versátil, com o intuito de desenvolver as novas habilidades necessárias para manejar um mundo em rápida mudança.
- Antes de treinar seus principais executivos, o CEO de uma multinacional automobilística reservava um tempo para saber mais sobre a história de vida e os problemas pessoais deles.

Nós desenhamos nosso processo de liderança com duas partes principais: uma focada no aspecto psicológico, emocional e humano de liderar a si mesmo, chamada "Tudo começa com você", e outra focada no lado humano de liderar equipes e construir organizações, chamada "de si mesmo". Em outras palavras, como os CEOs aprendem a liderar de dentro para fora.

Na primeira parte do processo, ajudamos você a aprender a ouvir seu eu interior e a superar barreiras e preconceitos. O que você realmente quer realizar? Quais suposições faz, inclusive sobre si mesmo, que atrapalham sua jornada? Para isso, é preciso avaliar imparcialmente a própria situação. Aqui, ensinamos você a ouvir com atenção sua rede de stakeholders, que pode ajudá-lo a entender suas necessidades e lhe oferecer conselhos como líder. O resultado é uma autoconsciência e uma autorreflexão mais profundas, que o auxiliam a desenvolver uma bússola interna clara para manejar visões conflitantes e encontrar confiança e resiliência para tomar decisões acertadas — tudo isso enquanto adota uma abordagem de liderança mais humanizada.

Como os CEOs aprendem a liderar de dentro para fora: uma abordagem de liderança humanizada

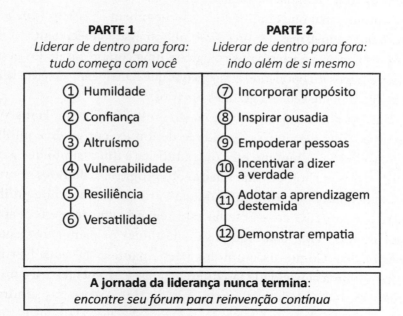

A Parte 2 de *A jornada da liderança* fala sobre liberar o potencial de seus funcionários e fazer mudanças positivas em sua organização, fortalecendo as aspirações, a autoconsciência mais profunda e os atributos de liderança humanizada que você cultivou na Parte 1. Em outras palavras, uma vez que os líderes sabem como liderar seu eu interior, estão preparados para liderar indivíduos, equipes e sistemas de dentro para fora. Exploraremos como é possível exercer o cargo de maneira que estabeleça uma verdadeira transformação na empresa. Você aprenderá a envolver a equipe em seu plano radical de mudança, a fazer com que contem a verdade aos superiores, a ser flexível quando circunstâncias inesperadas surgirem, a sentir um senso de propósito e a estar disposto a ir além para levar o sucesso à empresa que você lidera.

Não estamos sugerindo de forma alguma que os líderes abandonem suas habilidades de liderança analíticas e técnicas. O desafio é equilibrá-las com habilidades comportamentais. Pense em um jogador de tênis profissional que domina todos os movimentos básicos (*forehand*, *backhand*, saque), mas que precisa equilibrar esse conhecimento técnico com resiliência, resistência psicológica e uma compreensão dos pontos fortes e fracos do oponente. Um jogador que tem apenas excelência técnica dificilmente vencerá grandes torneios.

Um dos autores deste livro e coach do Bower Forum, Hans-Werner Kaas, ressalta que a capacidade de um executivo de equilibrar mentalidades aparentemente contraditórias é um assunto que ganha muito destaque hoje em dia. Em um dos programas do Bower Forum, os participantes tiveram dificuldade para encontrar um equilíbrio entre ter um CEO confiante na estratégia da empresa e ter capacidade de incentivar suas equipes a questionar os planos existentes e redefini-los. Como disse um dos participantes: "Desenvolver uma cultura e uma capacidade tão diferenciadas é essencial para a minha organização." O colega de faculdade de Hans-Werner, o almirante Eric Olson, ex-chefe do Comando de Operações Especiais dos EUA, explicou ao grupo que os melhores líderes são versáteis, adotam diferentes abordagens com base numa compreensão atualizada da situação. Um CEO pode estar muito envolvido em um plano rigoroso e bem-definido, mas os melhores líderes entendem que eles e suas equipes devem estar preparados e ser capazes de ajustar os planos — ou, às vezes, redefini-los por completo — com base em mudanças nas circunstâncias externas e

INTRODUÇÃO

internas. Como disse Olson ao grupo e enfatizava aos fuzileiros navais: "Quando o mapa difere do terreno, siga o terreno."

Hans-Werner usa essa máxima para discutir a importância do que chamamos de Cinco Atos de Equilíbrio dos CEOs, uma lição importante para muitos líderes que participam de nossos programas.

Grandes líderes compartilham as seguintes características:

- Têm certeza do que sabem, mas também desenvolvem novas ideias e abordagens (incluindo ajustes nos planos originais) por meio de reavaliações e aprendizados rápidos, criativos e imparciais.
- Equilibram a obsessão pelo desempenho financeiro com as necessidades de todos os acionistas e stakeholders.
- De vez em quando fazem movimentos ousados e bem-calculados ao mesmo tempo que agem quando surgem oportunidades.
- Estão no controle, mas empoderam as equipes para que elas tomem iniciativas.
- São profissionais obstinados, mas também adotam uma abordagem mais humanizada.

Para ser bem-sucedidos, os líderes de hoje precisam aprender a dominar essas polaridades. Devem ser humildes, mas decididos; vulneráveis, mas fortes; cautelosos, mas ousados. Devem saber perdoar, mas ser exigentes; ter certezas, mas estar abertos a mudanças. Como disse F. Scott Fitzgerald em *Crack-Up*: "O teste de uma inteligência de primeira classe é a capacidade de manter na mente, ao mesmo tempo, duas ideias opostas e, ainda assim, conseguir fazer isso funcionar."

Nosso maior objetivo é incentivar CEOs e outros líderes que radicalmente focam o desempenho financeiro a acionar seu eu visionário e seu potencial de liderança para ser alguém capaz de ver múltiplas possibilidades de crescimento pessoal e organizacional, gerando um impacto holístico em todas as partes envolvidas. Queremos ensinar executivos com uma abordagem centrada no comando e no controle a agir como líderes e parceiros mais humanos, que colaboram e atuam em redes empoderadas. Ajudamos líderes que gerenciam e controlam por meio de seu próprio senso de certeza a mudar para uma mentalidade de aprendizado e descoberta rápidos e profundos. E, por fim, esperamos persuadi-los a ver o mundo em toda a sua maravilhosa diversidade e a ser seu melhor e mais autêntico eu.

Se alguns dos melhores CEOs do mundo já perceberam a importância do lado humano da liderança e dedicaram um tempo a mergulhar fundo dentro de si mesmos para construir essa capacidade, com certeza esta abordagem será valiosa para muitos outros em todos os tipos de empresas. Nossa esperança é que você aplique essa mentalidade "de dentro para fora" a fim de mudar a si mesmo, sua equipe e todos os seus funcionários. Assim, estará no caminho para se tornar um grande líder que foque o ser humano — e um modelo em sua organização e além.

Parte 1

Tudo começa com você

1

Humildade

Você não é a pessoa mais inteligente do pedaço

Em certa reunião do Bower Forum realizada em Frankfurt, na Alemanha, o CEO de uma gigante asiática de tecnologia explicou que tinha uma relação extremamente complicada com o conselho de administração. O presidente do conselho havia ocupado o cargo de CEO por vinte anos e ajudou a transformar a organização numa potência. O problema era que ele ainda estava muito envolvido na direção, dificultando o trabalho do CEO atual, que sabia que eram necessárias grandes mudanças, mas precisava lutar para conseguir que seu predecessor, que presidia o conselho com um punho de ferro, concordasse com qualquer coisa. O gestor se sentia amarrado, mas também vivia um conflito, porque o presidente do conselho havia sido seu mentor e ele queria permanecer leal, porém encontrar uma maneira de trabalharem juntos.

Um dos outros CEOs presentes disse: "Você não vai conseguir fazer isso sozinho. Antes de trabalhar de forma mais colaborativa com o presidente do conselho, precisa entendê-lo melhor e descobrir quem são, dentro do conselho, aqueles que o influenciam e aqueles que são amigos dele. Precisa falar com essas pessoas e obter informações úteis sobre o que o presidente pensa, para então descobrir como influenciá-lo." O primeiro CEO explicou ao grupo que um fundo de investimento indonésio, responsável por controlar cerca de 30% da empresa, tinha forte relação com o presidente e influenciava suas opiniões. O CEO, no entanto, não tinha qualquer tipo de ligação com esse grupo. Os outros CEOs disseram que ele precisava ir à Indonésia e começar a relatar pessoalmente aos gestores do fundo os resultados trimestrais da empresa. Dessa forma, poderia conhecê-los e pedir a ajuda deles para persuadir o presidente a trabalhar em conjunto, a fim de fazer as mudanças necessárias.

Até que outro CEO entrou na conversa: "Depois de entender o que se passa na cabeça do presidente, você precisa ter uma conversa sincera com ele, expondo os fatos e argumentos de seu plano estratégico. Mas não dê as cartas todas de uma vez. Convoque uma reunião para apresentar o que pretende, aos poucos. Diga: 'Isto é o que estou considerando neste momento.' Depois, fale que gostaria de voltar na semana seguinte para conversar mais, e faça isso até conseguir convencê-lo."

Nos meses seguintes, o CEO parou para refletir e se deu conta de que realmente não poderia fazer aquilo sozinho. Procurou investidores, amigos do presidente e outras pessoas, perguntou o que o ex-CEO pensava e pediu conselhos sobre a melhor forma de se aproximar dele, até que os dois rivais começaram a concordar em relação à estratégia da empresa e passaram a trabalhar juntos para uma melhoria.

O CEO daquela gigante asiática de tecnologia é um ótimo exemplo de um líder que se beneficiou do primeiro elemento do processo do Bower Forum. Ele analisou a si mesmo de modo imparcial, percebeu que estava estagnado no trabalho, que não tinha todas as respostas, que precisava ser um ouvinte melhor e procurar as pessoas que o ajudariam a ter um desempenho melhor. Então, construiu uma rede externa de *advisers* para auxiliá-lo a encontrar uma maneira de trabalhar com o presidente,

HUMILDADE

formando uma gestão para a mudança. Antes, ele tentava fazer tudo sozinho, mas, depois da colaboração de outros CEOs, percebeu que não era esperado que ele fizesse isso. E que nem sempre ele era o mais inteligente ali.

Como esse CEO provou, uma mudança pessoal é possível. Após muita autoavaliação, ele passou a ser mais aberto e humilde, a pedir opiniões à equipe de gestão e a pessoas de fora e do conselho, que tinham uma noção mais ampla do contexto ou que conheciam os pensamentos do presidente da empresa. Aprendeu a embarcar numa jornada de aprendizado sem fim, teve a coragem de pedir e ouvir os conselhos dos outros.

Uma das principais razões de os CEOs participarem do Bower Forum é para abordar seu isolamento e sua solidão. Ninguém gosta de se sentir sozinho, mas, quando uma pessoa chega ao cargo mais alto, é o que acontece. Às vezes, as pessoas não falam com o CEO porque ele age como se fosse a pessoa mais inteligente no local, e ninguém quer dizer algo errado ou dar más notícias ao chefe. Como dizia uma história em quadrinhos do *New Yorker* que mostrava um CEO se dirigindo à equipe: "Estou mais que disposto a reconhecer meus erros se alguém for estúpido o bastante para apontá-los para mim."[5]

Quando se sentem inseguros e sem confiança, muitos executivos tendem a "se exibir", convencendo-se de que são mais importantes, para se reafirmarem em seu papel. (Mais adiante, exploraremos como os melhores líderes fazem exatamente o contrário e se comportam de maneira a incentivar o trabalho em equipe.) Mostrar-se superior é um movimento em direção à grandiosidade que leva a pessoa a pensar que é melhor e mais inteligente que todos os outros. Os líderes que caem nessa armadilha geralmente não são pessoas presunçosas, mas talvez acreditem que seu trabalho exige que tomem decisões sozinhos — algo que, na realidade, não é necessário. Como Charlie Munger, antigo braço direito de Warren Buffett e lendário investidor, disse certa vez: "Pessoas inteligentes e trabalhadoras não estão isentas de desastres profissionais por excesso de confiança. Muitas vezes, elas simplesmente encalham nas viagens mais difíceis que escolhem, confiando em suas autoavaliações, que mostram seus talentos e métodos superiores."[6]

Às vezes, mostrar-se superior é um atributo pessoal do CEO — que opera assim para superar suas inseguranças. Outras vezes, é a equipe que espera que ele seja decidido e tenha todas as respostas. Isso pode desempoderar ou gerar medo na organização. As equipes se submeterão ao executivo e esperarão que ele tenha as respostas. Em um veículo midiático, quando surgiam problemas difíceis nas reuniões, o CEO começava a ser muito prolixo, assumia o controle e resolvia o problema ali mesmo. Esse tipo de comportamento pode ser muito intimidador. O que torna esse padrão difícil de detectar é que, no passado, ele sempre foi muito recompensado, pois os líderes gostavam, já que se sentiam poderosos.

Agir como se estivesse acima de tudo pode trazer consequências horríveis, como bem mostra a história. Apesar de ter sido um brilhante conquistador e estrategista militar, Napoleão Bonaparte acreditava que sua inteligência era superior e, muitas vezes, não se dispunha a ouvir a opinião de conselheiros. Ignorando os alertas de seus generais, em 1812 decidiu que sua rota para a vitória na Europa passava pela invasão da Rússia. Um inverno feroz e uma resistência pesada destruíram suas forças. O exército de Napoleão entrou na Rússia com mais de 612 mil homens, e restavam apenas 112 mil após a campanha. Sua reputação de invencibilidade foi arruinada.[7]

Acreditar que seus colegas esperam que você tenha todas as respostas é uma armadilha que pode ter consequências terríveis no mundo dos negócios. Na década de 1970, o ex-executivo John DeLorean, da GM, fundou a DeLorean Motor Company, que fazia um carro esportivo futurista com carroceria de aço inoxidável e portas tipo asa de gaivota. Ele era conhecido pelo carisma e pelas ideias inovadoras, mas também tinha a fama de ser arrogante e não querer ouvir os outros. Muitas pessoas o alertavam que fosse devagar — fundar uma empresa automobilística é um empreendimento altamente complexo —, mas o executivo acabou ultrapassando os limites financeiros da companhia, e a produção do carro esportivo DeLorean se tornou um desastre econômico que a levou à falência.[8]

Com isso em mente, os líderes que participam do Bower Forum tentam definir seus atributos sem floreios: por acaso sempre acham que sabem tudo, interrompem colegas antes que eles concluam o raciocínio, são o tipo de pessoa que já sabe a resposta antes de entrar na sala de reunião? Se é esse o caso, sugerimos que trabalhem as habilidades que os ajudarão a desaprender esse comportamento improdutivo. Sugerimos que se perguntem o que de pior aconteceria caso parassem de agir como se fossem os mais inteligentes e se abrissem para as opiniões e os pensamentos dos outros. Se escutassem *de verdade*. Mesmo que ouçam coisas contraditórias à sua visão do mundo, o que teriam a perder? No cenário com frequentes mudanças nos dias atuais, é mais importante um indivíduo saber do que precisa e onde encontrar do que saber as coisas. Isso significa desenvolver habilidades para realmente ouvir o que os outros têm a dizer em vez de buscar a validação do que já pensa.

Os melhores líderes percebem que não têm todas as respostas, então estão sempre fazendo perguntas aos outros e de fato escutam o que dizem. Parece fácil, mas essa é uma das habilidades mais desafiadoras para gestores que, ao longo da carreira, foram sempre recompensados pela determinação, a capacidade de estar no controle e a confiança. A maioria das pessoas que chega ao nível de CEO é, claro, superinteligente, mas seu verdadeiro valor está na visão do todo que só elas têm; na capacidade de ligar os pontos e reunir diversas perspectivas. E, para fazer isso bem, precisam aplicar sua experiência e sabedoria de uma forma inovadora. Em vez de se achar o máximo, pensam cuidadosamente no que escutam, refletindo e buscando entender as causas e implicações. Cercam-se de conselheiros que as ajudem a se orientar, que lhes deem visões opostas e as incentivem a adotar novas perspectivas. Criam o hábito de sair da zona de conforto, aprender de maneira destemida, estar prontas para questionar suposições e crenças enraizadas. Em suma, sabem que não são as pessoas mais inteligentes do pedaço.

Daí surge a questão: quem você deve escutar? Depende dos problemas que está tentando resolver. Em termos gerais, no caso de uma operação ou de um processo que está tentando melhorar, você escuta o que seus subordinados diretos e, às vezes, gestores, dois ou três níveis abaixo, têm a dizer. Para temas estratégicos ou grandes decisões que envolvem funcionários, costuma-se conversar com o conselho e os investidores mais confiáveis. Mas, quando se trata de uma grande mudança, outras pessoas devem ser ouvidas. Para produtos e serviços, o cliente, é claro. Para questões sociais e o propósito da empresa, nunca é demais obter a contribuição dos seus funcionários e das comunidades em que você opera. Em todos os casos, é preciso escutar perspectivas diferentes e tentar entender as motivações subjacentes das pessoas, por meio do que dizem e daquilo que está nas nuances, como o tom de voz e a linguagem corporal.

O mais importante é que, quando se abrem para novas ideias, os líderes têm a oportunidade de construir sua gestão; ou seja, têm o poder de persuadir o conselho, os investidores e outros envolvidos a lhe conceder autoridade para executar uma estratégia. Como CEO, ninguém diz exatamente o que você deve fazer, e acaba sendo necessário descobrir sozinho. Nesta era de capitalismo de stakeholders — algo como capitalismo consciente —, você deve estabelecer uma gestão com seus clientes, funcionários, investidores, com a sociedade em geral e com sua família. Deve estar aberto para ouvir o que eles têm a dizer, sem nenhum tipo de preconceito ou ideia preconcebida. Para isso, é útil adotar o que chamamos de mentalidade "de dentro para fora"; encontrar o equilíbrio certo entre entender a empresa como alguém de dentro e refletir sobre ela como alguém de fora

— como se você fosse um agente externo buscando entender a cultura, o contexto e o legado de sua organização.

Os melhores líderes reservam um tempo, no início de sua gestão, para perguntar "que caminho devo seguir?" e obter informações de um amplo espectro de stakeholders — mesmo que estejam na empresa há anos e achem que já sabem o que precisa ser feito. Também é muito importante entender que a gestão evolui com o tempo. No início da gestão de um CEO, talvez haja um ou dois aspectos críticos que demandem atenção imediata e que, se ignorados, podem resultar numa crise. Mais tarde, depois de estabelecido em sua função, o CEO tem a oportunidade de atuar de maneira ainda mais ousada e ampla e, assim, impulsionar mudanças na empresa ou no sistema como um todo.

Refletir sobre a gestão e pensar nos desafios únicos que surgem no caminho é muito útil para os CEOs. Só de escutarem e se mostrarem dispostos a mudar de ideia, os stakeholders lhe concedem autoridade para agir. Muitos líderes bem-intencionados tentam fazer seu trabalho, mas sem essa gestão não conseguem, pois são esmagados pelo peso de uma organização relutante ou pela intransigência de membros do conselho e investidores desalinhados com sua visão.

Obviamente, não estamos sugerindo que entregue seu poder às pessoas que trabalham para você. Muito pelo contrário. Bons líderes conduzem um processo participativo no qual escutam diversos pontos de vista, mas ainda dão a última palavra. "Você pode mudar seu ponto de vista, mas sua atitude não pode ser: 'Vamos encontrar uma solução juntos, e todos vão poder votar'", diz Mark Fields, ex-CEO da Ford Motor e coach do Bower. Essa é uma das polaridades que os líderes precisam dominar: têm que ser humildes, mas ao mesmo tempo devem ter inteligência e força para tomar uma decisão difícil, especialmente quando há pouco consenso na equipe.

Muitos executivos têm dificuldade em alinhar suas equipes para que todos sigam na mesma direção. É uma corda bamba. Como CEO, é preciso escutar os outros e, às vezes, até mudar de ideia, mas, no frigir dos ovos, é você quem dá as cartas. E, como exploraremos na Parte 2 deste livro, isso deve ser feito de tal forma que sua equipe apoie seu plano porque você a convenceu de coração e mente. Convencer a mente é expor a realidade: "Estas são as oportunidades." Convencer o coração é vincular o plano à missão da empresa. O que foi proposto nos move? Que legado desejamos deixar? Queremos que seja um de fracasso ou um de sucesso?

Conduzir uma equipe na mesma direção é uma tarefa difícil, porque, como veremos no Capítulo 10, "Todo mundo esconde coisas do chefe" — nem os subordinados diretos querem contar ao CEO o que está acontecendo na empresa. Ninguém quer ser o portador das más notícias. Ninguém quer irritar o CEO, porque todos temem ter a carreira prejudicada por sempre falar "isso não está certo" ou "não concordo com o que você está fazendo".

Desse modo, o trabalho do CEO é aprender a exercer o que chamamos de liderança positiva, ou seja, escutar e tentar extrair ideias dos funcionários e evitar reagir de forma negativa. Fields diz: "Já vi ótimos exemplos de líderes reagindo bem diante de más notícias. Eles agradeceram à pessoa por contar e, com isso, criam um espaço seguro para que outros apresentem críticas. Mas também vi exemplos péssimos, como quando alguém ia dar as más notícias, e o líder simplesmente o repreendia. Isso só ensina todos os outros a ficarem de boca fechada."

Outra vantagem de escutar com atenção é que, além de fazer com que as pessoas se sintam bem, isso ajuda o líder a entender o processo de tomada de decisões dos indivíduos de sua equipe. Ele consegue avaliar a linha de pensamento do time todos os dias, ver como estão raciocinando e se estão crescendo no trabalho. "Se a pessoa tem ideias erradas com muita frequência, talvez você pense: 'Não tenho mais paciência para essa pessoa. Talvez o lugar dela não seja aqui'", comenta Fields.

HUMILDADE

Como disse outro coach do Bower: "Os líderes que se enrolam são aqueles que acham que têm todas as respostas, que não escutam com atenção, que são arrogantes, narcisistas, soberbos, que só estão interessados no dinheiro. Nem a empresa nem as pessoas lhe interessam."

Humildade e sinceridade também entram na equação quando você precisa tomar uma decisão grande e transformadora. Para garantir que estão no caminho certo, os melhores CEOs procuram os stakeholders e têm conversas sinceras com eles. São humildes para ouvirem atentamente seus conselhos e estão dispostos a agir de acordo com eles. Esses líderes acham que confiar nos outros não é uma fraqueza, e sim uma ferramenta crucial para chegar à melhor solução.

Dan Vasella, que foi CEO da gigante farmacêutica Novartis e coach do Bower Forum, disse que, durante sua longa carreira, um dos maiores motivos para ter alcançado o sucesso foi sua capacidade de escutar os outros a fim de traçar o melhor plano para conduzir sua gestão. Muitas vezes, ele se viu pedindo conselhos a outras pessoas. Enquanto liderava a empresa pelo ramo farmacêutico global, que está sempre em rápida mudança e processo de consolidação, às vezes se sentia tentando arrastar um barco encalhado na praia. Vasella, médico e executivo de marketing da farmacêutica suíça Sandoz, foi nomeado CEO da empresa em 1992. Ele sabia que a Sandoz não era grande nem poderosa o bastante para continuar prosperando nesse ramo em rápida evolução. Assim, o executivo precisava facilitar a confiança de sua empresa no ciclo de alto risco/alta recompensa dos medicamentos patenteados. Mas como? Em vez de se mostrar corajoso diante do presidente e do conselho, ele fez o contrário, admitindo que precisava da orientação e do conhecimento de todos para encontrar o melhor caminho.

Vasella conversou com diretores, investidores e especialistas do setor, a fim de ter mais compreensão do que seria necessário nos próximos anos para que a empresa continuasse sendo competitiva. O resultado foi que, em 1996, ele realizou o que foi, na época, uma das maiores fusões da história corporativa. O CEO uniu a Sandoz e a Ciba-Geigy, outra potência farmacêutica suíça, criando uma nova empresa sediada em Basel e chamada Novartis, que tinha uma receita anual de mais de 29 bilhões de dólares. Seu círculo externo de *advisers* o ajudou a definir a visão e a estratégia da empresa, a superar a incerteza de fundir duas culturas e a transformar a entidade numa das companhias mais inovadoras do setor.

Mais tarde, Vasella outra vez procurou um grupo diverso de stakeholders para auxiliá-lo. Graças a essas conversas, desenvolveu uma visão clara sobre o caminho que o setor farmacêutico seguia. "As aplicações da computação e da genética no campo biomédico estavam explodindo", comenta o CEO. "Na época, estávamos prestes a decifrar o genoma das pessoas por menos de mil dólares. Estávamos nos encaminhando à era da chamada medicina personalizada, na qual seríamos capazes de escolher o tratamento conhecendo a natureza específica da doença em um indivíduo." Mas como tirar proveito desses avanços?

Vasella conversou com seu conselho, com sua equipe e com cientistas, que confirmaram a visão dele de que algumas das melhores e mais inovadoras pesquisas estavam acontecendo na região de Boston, especialmente no campo da biotecnologia, e a Novartis poderia aproveitar alguns dos melhores talentos do mundo mudando sua sede de pesquisa e desenvolvimento (P&D) da Suíça para a cidade norte-americana. A equipe de confiança de Vasella o tranquilizou dizendo que isso não significava que encerrariam as pesquisas em Basel, mas que aumentariam a capacidade da empresa. Essa mudança provavelmente levaria a novas áreas de pesquisa e novas maneiras de pensar. O centro era uma grande aposta, custaria centenas de milhões, e alguns críticos não queriam levar o P&D principal da companhia para fora da Suíça. Mesmo assim, em 2010, Vasella decidiu criar um grande centro de P&D em Cambridge, Massachusetts — atitude corajosa para uma organização europeia que sempre teve sua sede de pesquisa na Suíça. A equipe financeira também orientou o CEO sobre a economia e os custos de abrir um centro de P&D em território estrangeiro. Foi uma atitude ousada, mas acabou sendo um grande sucesso. O laboratório de Boston, chamado Institute of Biomedical Research, serviu de modelo, e a Novartis agora tem seis centros de P&D ao redor do mundo.

Nas palavras de Vasella, "Eu acredito que temos que saber expressar nossas dúvidas para nossa equipe, para um conselho e para outros conselheiros. Se não fizermos isso e fingirmos, estaremos interpretando um papel, e os outros vão perceber com facilidade. Isso pode ter um efeito nada saudável. Não quer dizer que devemos agir como se estivéssemos em um confessionário. Diante da dúvida, precisamos reconhecer se e quando tomar uma decisão é necessário. Se for, pegamos a espada, arrancamos o nó que não pode ser desatado e decidimos, apesar das incertezas. Talvez eu não devesse dizer isso, mas tomar uma grande decisão também tem um quê de jogo, de brincadeira; caso contrário, ficaríamos paralisados pelo medo. Temos que ser capazes de assumir riscos nesse nível sem ter um envolvimento pessoal e sem carregar todo o fardo. Levar cada decisão a sério demais pode causar um impacto negativo em nossa saúde mental."

Conhecemos um líder que usou a lição "não ser o mais inteligente de todos" para se adaptar a um emprego novo na Ásia. Em 2017, Eddie Ahmed foi escolhido para comandar a MassMutual International, que mantinha, fora dos Estados Unidos, todas as operações de seguros e serviços financeiros. Ahmed tinha um ótimo conhecimento financeiro e técnico, havia trabalhado no Citigroup e no Morgan Stanley, mas de uma coisa ele sabia: não tinha todas as respostas. Então, nos primeiros meses de emprego novo, viajou bastante, saindo da sede, em Hong Kong, para aprender o básico, e acabou formando *joint ventures* em diferentes mercados a fim de conhecer melhor o terreno.

Quando Ahmed assumiu o desafio de construir os negócios internacionais da MassMutual, logo percebeu que necessitava de ajuda para navegar em mercados desconhecidos. Ele precisava ter consciência do que não sabia — um grande desafio quando se trabalha em diversos países, com vários produtos e serviços. Para isso, criou ciclos de feedback em sua vida profissional e pessoal. Foi atrás de pessoas com quem pudesse conversar sempre que tivesse uma pergunta ou um desafio a encarar, certo de que elas lhe diriam a verdade e julgariam suas ideias de forma imparcial, e não subjetiva. Alguns ciclos de feedback dessa empresa são formais, outros, informais. Ahmed procurou pessoas em quem confiava, de vários níveis do organograma, bem como algumas de fora. "Se eu estiver sempre errado, preciso ter coragem para admitir isso também. Devemos ter ciclos de feedback dentro da empresa para receber esses sinais", afirma.

Mesmo com os ventos contrários da geopolítica dificultando a expansão internacional, a mentalidade de Ahmed serviu como um modelo importante para futuras tomadas de decisão. Quando ele compartilhou sua história no Bower Forum, os executivos do grupo o fizeram enxergar seu comportamento de outra perspectiva, permitindo que ele definisse mais claramente e melhorasse seu estilo de liderança. Um dos empresários destacou que, ao manter a mente aberta, Ahmed foi capaz de sintetizar, de maneira imparcial, as implicações e os aprendizados que podiam ser tirados dos fatos. Disse que ele deveria continuar trabalhando nessa habilidade porque lhe daria credibilidade tanto com a equipe executiva quanto com o conselho. Outro ponderou, observando que Ahmed estava fazendo mais que absorver informações: "Ele abordou as conversas com colegas globais por meio de uma mentalidade diferente, que equilibra o longo e o curto prazo. Enquanto cuidava dos lucros trimestrais, também mantinha uma visão geracional entre vinte e cinquenta anos, pesando com cautela as oportunidades, bem como os riscos que sua empresa estava assumindo. Tudo decorreu de Ahmed ter uma visão de longo prazo e não ser engolido pelo dia a dia."

HUMILDADE

Como vimos nos dois estudos de caso anteriores, humildade significa entender que você não tem todas as respostas e que, se escutar com atenção, pode identificar e definir as questões mais cruciais a resolver, ou encontrar alguma inspiração para as respostas. A verdadeira escuta é como o yin-yang. Por um lado, sua mente deve estar aberta para ser receptiva às ideias dos outros. Por outro, você deve sintonizar sua atenção na especificidade do que está sendo dito.

- **Abertura**: quem consegue realmente se abrir para as pessoas vive no momento presente; cria espaço para que os outros sejam ouvidos. Isso começa com autoconsciência e autorregulação, desacelerando a tagarelice interna e conectando-se com a consciência interna (suas sensações corporais, emoções e pensamentos), o que permite que você seja tocado por ideias, perspectivas, sentimentos, motivações e intenções dos outros. Seria como agir de maneira mais autêntica, em vez de responder usando o filtro de seus pensamentos e emoções.
- **Sintonia**: quando alguém o procura com uma ideia ou mensagem, você não só tem que estar aberto ao que a pessoa tem a dizer, mas também deve focar o que ela falar. É como ouvir uma música no meio de um bar movimentado. Se você não se concentrar, alguém pode procurá-lo com uma ideia ou mensagem e você talvez não perceba o medo, as preocupações ou as intenções dele. Portanto, dedique sua atenção e sintonize-se, com precisão, ao que estão tentando dizer.

Como é isso na prática? Em um bate-papo ao pé da lareira liderado pelo CEO de uma empresa da *Fortune Global 500*, alguém fez uma pergunta. Ele ficou em silêncio por alguns segundos, até que, em vez de responder diretamente, perguntou sobre o medo que estava sentindo por trás da pergunta que a pessoa fizera. Então, os dois tiveram uma breve e sincera conversa a respeito do que realmente passava pela cabeça de quem havia feito a pergunta. O mediador do bate-papo ficou tão chocado com o comportamento do CEO que perguntou: "Em que você pensou quando ouviu a pergunta?" O executivo respondeu: "Eu apenas a recebi e a digeri." Em outras palavras, ele estava aberto para ser tocado pela indagação e então se sintonizou ao que o outro estava de fato perguntando. O mediador questionou ao CEO como ele cultivava essa qualidade de presença e atenção focada. A resposta foi: "Faço caminhadas diárias na natureza e, quando estou muito estressado, tiro um tempo para fazer mergulhos com minha esposa." Conforme sugerido por esse executivo, práticas de quietude, contemplação, meditação e encontros com a natureza podem ajudar a aumentar sua capacidade de analisar e resolver problemas, e de interagir de uma forma mais humana com os outros.

Perguntas que você deve fazer a si mesmo para ser um ouvinte melhor e cultivar mais as ideias

- Sou o tipo de pessoa que já sabe a resposta antes mesmo de entrar numa sala?
- Interrompo meus colegas antes que eles consigam concluir seus pensamentos?
- Eu me mantenho calmo e presente ou distraído e impaciente quando os outros falam comigo?
- O que de pior aconteceria se eu parasse de agir como se fosse o mais inteligente e me abrisse para as opiniões e os pensamentos dos outros?
- Mesmo que o que eu ouça contradiga minha maneira de ver o mundo, o que tenho a perder?
- Como conciliar ideias diferentes para gerar melhores opções e iniciativas a fim de que possamos concluir que a equipe é a "mais inteligente"?

Resumindo

Ser capaz de escutar os outros, realmente ouvir o que dizem, conciliar diferentes sugestões e ideias e combiná-las em um raciocínio do tipo "o melhor dos melhores" é uma habilidade essencial para os líderes. Mas não estamos sugerindo que ser líder é como uma democracia na qual a ideia com mais votos vence. Um CEO nos disse, certa vez, que a liderança requer 40% de humildade e 60% de coragem. Depois de ouvir os argumentos de todas as partes e compatibilizar perspectivas distintas, os melhores líderes precisam reunir confiança — com base em sua capacidade de resolução de problemas e julgamento — para tomar decisões ousadas, sabendo que isso é uma ciência e uma arte.

2

Confiança

Aqui é seu lugar

Quando a discussão começou numa das reuniões do Bower Forum realizada numa capital europeia, um jovem CEO sentado àquela mesa redonda olhou pela janela com um ar distante. Ele não parecia apenas distraído, parecia perdido. Percebendo isso, um executivo perguntou no que o rapaz estava pensando. O CEO havia assumido recentemente os negócios da família, uma empresa europeia multibilionária de bens de consumo de alto padrão. Seria esperado que uma pessoa tão jovem nessa posição ficasse empolgada com a perspectiva de comandar uma empresa poderosa e bem-sucedida, mas ele respondeu: "Estou infeliz e não sei o que fazer."

O conselho de sua empresa, como ele explicou, era um campo de batalha, no qual seus parentes reclamavam do pouco dinheiro que ganhavam, discutiam sobre como a empresa deveria ser gerida e até questionavam a competência do novo CEO. Esse comportamento dificultava a administração da empresa, e o jovem acreditava que precisava retirar alguns parentes do conselho para ser bem-sucedido em seu trabalho — essa era uma tarefa que ele temia.

Depois que o rapaz se abriu para o grupo, outro colega disse: "Você simplesmente tem que dar um jeito nisso. Veja, eles o colocaram nessa função por algum motivo, e é óbvio que o conselho confia em você. Então, é preciso que encontre coragem para superar sua falta de confiança, descobrir o que o está inibindo e confrontar isso." Essa simples observação o ajudou a perceber que seu medo era aborrecer os parentes, mas que era mais importante fazer o certo pela empresa. Isso aliviou seu pavor e lhe permitiu agir. "Foi como assistir a uma lagarta se transformar numa borboleta", comentou outro executivo presente. Em seguida, o grupo elaborou uma solução engenhosa. A organização mantinha uma antiga assembleia familiar que era subutilizada e o CEO decidiu fazer dela o fórum para expor as preocupações de sua família. Ali, fora das reuniões do conselho, todos poderiam apresentar as próprias queixas. Funcionou maravilhosamente bem. A família se sentiu valorizada, e o CEO conseguiu manter problemas pessoais fora da sala de reuniões do conselho.

Quando os líderes passam por dificuldades — como no caso do CEO europeu —, às vezes é porque lhes falta confiança para agir. Eles não sentem que têm o poder de introduzir novas ideias, definir direções inéditas e ousadas para a organização ou dar o seu melhor no papel que desempenham. E, sem a vontade e a coragem para executarem sua gestão, é comum que fracassem. Nosso segundo requisito para a liderança — a confiança — pede aos líderes que superem a incerteza analisando dura e imparcialmente a si mesmos para encontrar suas fraquezas e então mudar.

A história está cheia de exemplos de pessoas que reuniram coragem para superar obstáculos e prosperar em lugares aos quais sentiam não pertencer. Ellen MacArthur, uma das principais velejadoras offshore do mundo, teve que superar medos e incertezas para realizar seus sonhos. Filha de professores e natural de Derbyshire, no interior da Inglaterra, ela não parecia pertencer ao mundo elitista e altamente competitivo das corridas oceânicas. Quando tinha 17 anos, assistiu a um programa de TV sobre navegação a vela e decidiu: "É isso que vou fazer." Por mais improvável que a jornada parecesse, MacArthur se sentia pertencente àquele mundo porque se apaixonara por vela, e garantiu a si mesma que seria capaz de navegar ao redor do globo. "Acho que o fundamental é saber que você realmente quer realizar algo. Tive muita sorte de poder dizer aos 17 anos: 'É para lá que eu vou.' Se você não sabe aonde quer ir, não consegue ter o mesmo nível de motivação", comenta. Ela se tornou uma das velejadoras mais talentosas do mundo. Em 2005, quebrou o recorde de circum-navegação ao redor da Terra.[9]

Lynn Elsenhans, uma coach do Bower Forum que foi CEO da companhia petrolífera Sunoco e agora faz parte dos conselhos da Baker Hughes e da Saudi Aramco, é um ótimo exemplo de uma pessoa que superou suas inseguranças sobre ser mulher em um contexto predominantemente masculino. Quando começou sua carreira na Royal Dutch Shell, em Houston, era a única mulher em um escritório com cinquenta homens. Elsenhans alcançou o sucesso preparando-se mentalmente todos os dias. Ela diz que "muitas mulheres sofrem da chamada síndrome do impostor; sentem que não pertencem ao lugar que ocupam. O que me ajudou muito foi criar o hábito de me convencer de que aquele era meu lugar". Para isso, recorria à sua formação acadêmica sempre que se sentia insegura. Ela cursou matemática aplicada na Rice University e fez MBA em Harvard. "Tive uma formação tão boa quanto a de qualquer homem que trabalhava ali."

Mesmo assim, Elsenhans encarou momentos difíceis. Em um espaço tão dominado por homens, ela teve que enfrentar inúmeras microagressões e desrespeitos. Conscientemente ou não, alguns homens a tratavam como uma jovenzinha. Certa vez, um gerente, presumindo que fosse uma assistente executiva, pediu uma xícara de café a ela. Elsenhans poderia ter gritado para ele mesmo fazer seu café, mas adotou uma abordagem diferente e, na opinião dela, mais humilde, respondendo calmamente: "Será um prazer. Da próxima, você faz para nós." Isso amenizou a situação e, ao mesmo tempo, permitiu que Elsenhans transmitisse a mensagem de que ela estava ali em pé de igualdade com ele.

Em outro caso, Elsenhans, que na época comandava o setor multibilionário de solventes da Shell, recebeu um convite para participar de uma conferência na sede da empresa, em Londres. Ao chegar, constatou que era a única mulher presente e que, embora comandasse um setor muito maior do que o de alguns dos homens no recinto, seu cargo era inferior ao deles. Isso significava, na prática, que ela não tinha permissão para comer na sala de jantar dos executivos de alto escalão. Mas ela foi mesmo assim. Um dos figurões da Shell se aproximou dela no bar e disse: "Ninguém concorda com sua presença aqui. Você deveria estar em casa com seus filhos e seu marido." O primeiro impulso de Elsenhans foi mandá-lo para o inferno, mas ela reuniu toda sua confiança e respondeu com calma: "Obrigada por comentar. Eu nem havia pensado nisso." O executivo não esperava essa reação e acabou tendo uma conversa mais profunda com ela. "A questão toda é manter o pé firme", diz Elsenhans. "É ter a convicção de que pertence àquele lugar e não se desculpar por estar ali, mas também não ser agressiva demais. Manter a calma." O segredo é encontrar seu eu autêntico.

Claro, nem todos os homens menosprezavam Elsenhans. Na verdade, quando já estava mais avançada na carreira, alguns colegas ficaram ressentidos com o sucesso dela. Sentiam-se intimidados pelos seus diplomas de universidades de prestígio, pela sua reputação de ter um raciocínio rápido e firme e pelos seus impressionantes hábitos de trabalho. Na época, a Shell estava tentando cultivar a diversidade, e havia quem achasse que Elsenhans fora promovida, em vez de outros, por ser mulher. "Quando me tornei consciente de mim mesma a ponto de saber que intimidava as pessoas, passei muito tempo tentando fazer com que os intimidados se reconciliassem com as próprias habilidades. Grande parte de meu trabalho era fazer homens e mulheres se sentirem mais confiantes demonstrando que acreditava neles e no potencial que eles mesmos não julgavam ter." Ela aprendeu essa lição na Shell, com um de seus mentores, que fizera o mesmo por ela. Ele colocara sua reputação em jogo ao recomendar Elsenhans para uma função importante na divisão de manufatura da empresa, embora não tivesse diploma de engenharia. Outros executivos queriam que ela fosse para o departamento financeiro, mas Elsenhans sentia que isso a tiraria do rumo ao comando de uma unidade operacional — um importante trampolim para ser CEO. Na refinaria à qual foi designada, descobriu uma forma de melhorar a parte operacional, o que acabou fazendo a empresa economizar 10 mil dólares por dia — muito dinheiro em 1992. Sem jamais esquecer o que seu mentor havia feito por ela, Elsenhans deu seu máximo durante o restante da carreira para desenvolver e apoiar as pessoas ao seu redor. Ela se ajudou, ajudando-os.

A confiança também pode desempenhar um papel importante na trajetória profissional de uma pessoa. Elsenhans percebia que às vezes jovens executivos, sobretudo mulheres, não tinham confiança suficiente para pressionar por uma promoção. Alguns se continham, temendo não ter o perfil necessário para ocupar o cargo. Jovens executivos precisam de coragem para se responsabilizar por trabalhos difíceis e penosos, talvez até se mudar para o exterior durante um período, a fim de permanecer na carreira. "Se você quer ser CEO, precisa assumir as atribuições inerentes ao cargo (mesmo que isso signifique dar um passo para trás) que lhe darão aquilo que o conselho busca em um CEO", diz Elsenhans.

O que muitos jovens executivos não entendem, comenta ela, é que as melhores oportunidades de emprego têm em vista ampliar as habilidades das pessoas. Não se espera que ninguém acerte tudo de imediato. Essas funções têm uma curva de aprendizado, mas, no longo prazo, promovem novas competências. E os chefes que contratam para esses empregos que permitem fazer carreira não esperam que ninguém aprenda tudo logo de cara. "Se você está pensando em aceitar um emprego novo e desafiador, pergunte-se qual é a pior coisa que pode acontecer. Se você cometer um erro, é provável que seu chefe simplesmente lhe diga que não cometa de novo. É melhor implorar por perdão que pedir permissão", afirma Ensenhans.

Como ela descobriu, ser mulher em um mundo de homens tem seus desafios. E isso se agrava quando se é uma mulher não branca que trabalha no Vale do Silício. Anju Patwardhan, vice-presidente de uma fintech, usou uma ferramenta simples para navegar por culturas dominadas por homens. Como uma bem-sucedida executiva de fundos de fintech, Patwardhan conhece pessoas poderosas do mundo todo. Ela viaja constantemente e participa de muitos conselhos, incluindo o de um banco saudita, indicada pelo fundo soberano. O mercado de investimentos é notoriamente masculino, e, como mulher indiana, ela às vezes se sentia invisível. Com frequência, os executivos homens presumiam que ela era uma funcionária júnior. O fato de ela mesma cuidar da própria agenda de vice-presidente — pois assim administrava melhor suas ocupações nos diferentes fusos horários — era um sinal para eles de que Patwardhan não poderia ter muito poder. Afinal, era mulher e não deveria ter assistente. "Se eu participasse de uma reunião com um homem branco, as pessoas presumiriam que ele era o chefe", lembra. No entanto, ela tinha uma solução alternativa. Criou um perfil longo e detalhado que destacava suas realizações como banqueira de alto escalão no Citicorp e no Standard Chartered, além de sua esplêndida carreira acadêmica e de seus prêmios globais. Cerca de 24 horas antes de cada reunião, a assistente enviava as informações às pessoas com quem Patwardhan ia se reunir. "Percebi que, a partir do momento que comecei a fazer isso, as conversas mudaram. As pessoas com quem eu ia me encontrar liam meu perfil antes, e então eu era tratada como igual ou superior."

Mas Patwardhan não ganhou senso de pertencimento simplesmente porque executivos homens passaram a tratá-la como igual. Foi porque ela agiu. Em primeiro lugar, reconheceu que pertencia àquele lugar e chegava às reuniões de tal maneira que criava essa realidade. Em vez de se colocar como vítima, abordou as situações com a convicção de que o lugar dela era ali. Com isso, agiu para manifestar sua realidade. O fato é que você já venceu. Você já tem um lugar à mesa, portanto ocupe-o! (Você conhecerá Patwardhan melhor mais adiante.)

Repetidamente, ouvimos líderes dizerem que se sentem perdidos quando, de repente, passam a fazer um trabalho internacional. Em muitos casos, não conhecem o idioma, a cultura nem as estratégias. Não se sentem pertencentes àquele lugar; não têm coragem de agir. Por onde começar, como saber se você realmente entende o que está acontecendo e de que forma se adaptar à cultura em pouco tempo?

Mark Fields, da Ford, enfrentou esse mesmo dilema quando, em 1998, a empresa lhe pediu que se mudasse para o Japão a fim de trabalhar na Mazda. (Na época, a Ford detinha um terço dessa companhia automobilística.) A primeira coisa que Fields fez quando chegou ao Japão foi conhecer um pouco da cultura. Passou os primeiros seis meses conversando com colegas nascidos no país, lendo livros sobre administração japonesa e saindo o máximo possível para conhecer mais sobre aquela terra e seu povo. "Eu sabia que, se chegasse lá como norte-americano, com armas em punho, e dissesse 'o plano é o seguinte', seria um fracasso", recorda.

A Ford Motor enviou Fields ao Japão porque a Mazda estava com problemas. Com a possibilidade de falência, Fields se sentiu tentado a agir logo, mas, pelo que havia aprendido sobre a cultura japonesa, concluiu que apressar as coisas com um plano de recuperação de noventa dias não seria a melhor abordagem. "No Japão, as empresas tendem a ser muito compartimentadas", comenta. "Assim, eles pensam que, se o diretor de fabricação fizer seu trabalho, a empresa será bem-sucedida. Se o CFO fizer seu trabalho, a empresa será bem-sucedida. Mas ninguém entendia de verdade como a empresa ganhava dinheiro."

Durante os primeiros quatro ou cinco meses como CEO, Fields passava dois fins de semana por mês com sua equipe de gestão, fazendo um trabalho de imersão com eles. "Isso foi um choque para os gestores japoneses porque, na cultura da Mazda, um diretor financeiro ou operacional era como um estadista, não entrava em detalhes sobre as coisas." Fields também percebeu que o conceito de legado era muito importante para os japoneses, por isso lhes dizia: "Poderíamos discutir como chegamos a esta situação ruim, mas fazer papel de vítima não é algo muito atraente. Portanto, pensem em qual legado querem deixar para a próxima geração de funcionários." Fields também aprendeu que a cultura japonesa é muito insular, então levou especialistas de fora do país para falar sobre o mercado automotivo global. Aos poucos, foi conquistando o comprometimento da equipe com o novo plano de recuperação. Ao final desses encontros, a estratégia havia mudado de "plano Fields" para "plano Mazda".

Uma das palavras que Fields logo aprendeu no Japão foi *nemawashi*, que significa "plantar sementes". No começo, ele não entendia o conceito, mas depois passou a entender: para implementar um plano de recuperação bem-sucedido, ele teria que ser projetado junto com a equipe executiva. Mas isso demandaria tempo e paciência. "Eu sou uma pessoa focada em objetivos, por isso queria começar a executar. Mas eu precisava pisar no freio, e houve dias em que eu queria bater a cabeça na parede", comenta. Quando ele voltou à sede da Ford, em Michigan, os altos escalões lhe perguntaram por que estava demorando tanto. Ele explicou que, na cultura japonesa, os executivos levam muito tempo para desenvolver um plano e uma estratégia, mas depois a execução é mais rápida, porque todos são donos do projeto. No Ocidente, a tendência é assinar depressa o plano e, em seguida, perder mais tempo tentando convencer os outros a embarcar nele. "A abordagem japonesa parece mais demorada, mas, na verdade, é mais rápida", argumenta ele.

Embora fosse um estranho, Fields encontrou outra maneira de se sentir parte da empresa japonesa. Ele se dedicou muito a entender como funcionavam os relacionamentos pessoais no Japão. Lá, um estilo confrontador é malvisto; os japoneses temem perder prestígio. Mas, quando Fields chegou, descobriu que seu CFO, um inteligente e competente funcionário transferido da Ford, parecia estar furioso com os colegas japoneses. O estilo agressivo do rapaz estava isolando muita gente naquela montadora. Como novo CEO, de início, Fields relutou em fazer a mudança, mas acabou substituindo o então CFO por outro executivo da Ford que já havia conquistado o respeito dos locais. "Quando olho para trás, vejo que nunca me precipitei em relação a uma pessoa que não era uma boa escolha. Quando substituí o CFO, toda a essência do time de gestão mudou. Quando os japoneses souberam que eu lhes dera ouvidos e que estava falando sério sobre a mudança, a equipe ficou mais aberta ao processo."

No Bower Forum, com frequência um CEO compartilhava com os demais que sentia não ter a expertise necessária no setor, ou conhecimento funcional relevante para administrar sua organização. Eram bons líderes, com um histórico de sucesso, mas estavam cercados de especialistas em softwares, IA, engenharia ou medicina que faziam o cerne da empresa funcionar. "Eu não sentia que pertencia àquele lugar", disse um executivo, certa vez.

Esse foi o desafio que Michael Fisher enfrentou quando passou a ser CEO, em 2010, do Cincinnati Children's Hospital Medical Center, uma organização sem fins lucrativos. "Sou CEO de um centro médico acadêmico, e nunca fui médico, nem cientista, nem enfermeiro; não passei minha carreira nessa área", relembra ele. Fisher trabalhou muito para construir ainda mais credibilidade e confiança ao dirigir essa organização, que atende a quase 1,7 milhão de pacientes todos os anos. Ele fez isso escutando, firmando parcerias e tentando entender as necessidades desses pacientes e suas famílias, bem como dos médicos, enfermeiros e pesquisadores que trabalhavam lá. Sob a gestão de Fisher, o Cincinnati Children's foi ainda mais bem-sucedido, mas, depois de alguns anos no cargo, o CEO sentiu que ele e a instituição poderiam melhorar ainda mais. Estava preocupado por não poder dar início a mudanças importantes que, em sua visão, permitiriam que a organização atingisse seu potencial máximo.

"Estávamos indo bem em cuidados aos pacientes, pesquisa e métricas financeiras, mas eu sabia que ainda não estávamos funcionando em potência total. Não tinha certeza se aquele era meu lugar, se eu era um CEO capaz para aquela empresa grande e complexa", comenta Fisher. No Bower Forum, compartilhou com os colegas suas inseguranças e seu medo de não ter as habilidades e o suporte certos para implementar o processo de transformação mais ousado no Cincinnati Children's. "Em nossas reuniões formais, nos intervalos e nas refeições, eu me lembro do crescente desejo de meus colegas para que eu fosse mais ambicioso." Um coach que havia sido diretor de uma empresa da *Fortune Global 500* disse a Fisher: "Você precisa é de um chute na bunda! O tempo está passando, você tem que ser muito mais decidido sobre o que vai fazer nos poucos anos que restam à sua gestão."

Após o Bower Forum, Fisher se sentiu muito mais cheio de energia. Pouco depois, trocou várias pessoas de sua equipe sênior e passou a investir mais não só em suas capacidades de liderança, mas também nas de cada membro do time, bem como no funcionamento e na parceria do grupo. Como Fisher aprendeu, o senso de pertencimento significa uma autoestima saudável para si mesmo e para a equipe, e isso se fundamenta na crença de que você é digno das pessoas com quem trabalha — não só pelo que faz, mas também por quem é e pelos pontos fortes específicos que tem.

Quando voltou ao trabalho, as aspirações de Fisher para a empresa aumentaram significativamente. Anos antes, ele havia ajudado a formar uma rede de hospitais infantis parceiros para melhorar a segurança dos pacientes. Já com mais energia, duplicou o projeto, e, quando deixou seu cargo de CEO, mais de 140 hospitais infantis na América do Norte haviam passado a fazer parte da rede. Como presidente do conselho nesse esforço, Fisher incentivou todos a não competirem em métricas de segurança, e sim a trabalhar juntos compartilhando dados e melhores práticas. O resultado foi que vinte mil crianças deixaram de correr riscos de danos sérios decorrentes de erros médicos durante um período de dez anos, ao passo que o sistema de saúde economizou centenas de milhões de dólares. Alguns anos depois de ter encontrado inspiração no Bower Forum, Fisher aumentou seu comprometimento com a saúde mental pediátrica e adolescente, com um investimento de 100 milhões de dólares em uma unidade de saúde mental reinventada e um aumento drástico em pesquisas e parcerias institucionais para a saúde mental. "No fim, era questão de fortalecer minha confiança e reassegurar meu valor, minhas habilidades e meu poder de liderança, tudo que eu já tinha", diz Fisher.

Pertencer é um direito de nascença. Quando a pessoa experimenta esse inerente senso de pertencimento, isso significa que ela tem uma compreensão saudável de quem é. Ela se sente segura para assumir riscos pessoais, admitir erros, pedir apoio, tomar decisões difíceis mesmo quando forem impopulares e convidar à colaboração. Da próxima vez que você enfrentar uma decisão ou situação desafiadora, pergunte a si mesmo: "Se eu acreditasse que meu lugar é aqui (em vez de ter necessidade de provar meu valor, estar certo, ser o mais inteligente ou fazer tudo sozinho), como eu abordaria essa situação ou decisão?" Você tomaria uma decisão para provar que seu lugar é nesse cargo ou para agir pelo bem da organização? Essa abordagem provavelmente mudará não apenas as escolhas que você faz, mas também como as faz, ou seja, envolvendo mais vozes sem abrir mão do seu direito de dar a palavra final.

Perguntas que você deve fazer a si mesmo para fortalecer seu senso de pertencimento

- Que razões racionais e emocionais são essenciais para que eu permaneça nesta organização?
- O conselho teria me escolhido se não acreditasse que eu seria capaz de assumir o cargo?
- Estou aprendendo as habilidades certas para acompanhar as demandas de meu trabalho, que estão em constante evolução?
- Eu me sinto seguro para assumir riscos pessoais, admitir erros, pedir ajuda de outros e tomar decisões difíceis mesmo quando forem impopulares? Se não, o que me impede de me sentir assim?
- Se eu acreditasse que meu lugar é aqui (em vez de agir por necessidade de provar meu valor, estar certo ou fazer as coisas sozinho), eu abordaria essa situação ou decisão de forma diferente?

Em resumo

Os melhores líderes desenvolvem um senso de pertencimento verdadeiro, convencendo a si mesmos de que são, de fato, as pessoas certas para o cargo, mesmo que escondam algumas inseguranças. Encontram coragem para superar sua falta de confiança quando descobrem o que os amarra e confrontam isso. Também estão abertos a feedbacks sinceros das pessoas que os cercam, para aprender a contribuir de maneira significativa. Não se trata da necessidade de ser superior ou amado pelos outros, e sim de ter um senso de pertencimento compartilhado, alicerçado em uma coragem também compartilhada para tomar decisões, mesmo que sejam impopulares ou impliquem algum risco pessoal. Mas, em um mundo incerto, como você sabe qual é a decisão certa? No próximo capítulo, analisaremos mais profundamente se você toma decisões pelo bem da empresa, pela sua própria glória ou pelo desejo de ser amado.

3

Altruísmo

Pare de tentar provar do que você é capaz

Um CEO que participava de um Bower Forum na Flórida se sentia frustrado pela falta de progresso na empresa em que trabalhava, do setor de softwares. "Tenho uma ótima estratégia e considero minha equipe boa, mas, quando tomo a frente, olho para trás e vejo que ninguém me segue." Durante uma discussão bem sincera sobre o estilo do jovem líder, foi ficando cada vez mais claro que ele estava inseguro acerca de sua posição, o que o fazia sentir que devia provar aos outros do que era capaz. Em vez de se abrir para opiniões diversas e mudar de ideia quando seus colegas tivessem uma melhor, ele tinha uma mentalidade fixa, acreditava que sempre precisava ter todas as respostas e estar certo. Afinal, ele não era o CEO? Não deveria saber tudo?

Uma coach e CEO experiente o desafiou. "Esse problema é muito comum", disse ela. "Seu ego lhe dá uma falsa sensação de superioridade, criando uma barreira entre você e sua equipe. Não se preocupe em provar do que é capaz e pense no que é melhor para a organização. Em vez de uma mentalidade fixa, tenha uma flexível; assim, pela força dos fatos, você conseguirá mudar de ideia e colocar sua organização à frente de seu ego. Não tente provar do que é capaz e mostrar ao mundo como você é incrível. Para que sua equipe e empresa sejam cada vez mais competentes, é necessário engolir o ego." A coach acertou em cheio na essência de nosso terceiro elemento de liderança, o altruísmo.

O ego em si não é algo ruim. Todo líder precisa de uma autoimagem bem-desenvolvida. Mas podem surgir problemas quando os líderes têm um ego inflado, o que leva a uma mania de grandeza. Um ego exagerado decorre, às vezes, de uma necessidade de provar a alguém do que você é capaz — a seus pais, seu cônjuge, seus colegas ou até si mesmo. É uma força poderosa que pode impedi-lo de ser sua melhor versão. No trabalho, o ego pode desencadear comportamentos ruins, como politicagem na empresa, autopromoção e arrogância, características que fazem os outros não quererem colaborar com você. O objetivo é desenvolver um ego saudável, enraizado em uma autoestima saudável. Nosso terceiro elemento de liderança, o altruísmo, envolve aprender a reconhecer se você age movido por um ego inflado e, sendo esse o caso, desinflar essa tendência colocando o bem da organização acima de sua glória pessoal.

Descobrimos que, ao tomar decisões importantes, excelentes CEOs pensam primeiro em valores. Dizem a si mesmos que estão ali para gerar valor não para si mesmos, e sim para a organização ou o sistema ao qual servem. O conceito de liderança servidora já está bem documentado, mas, segundo nossa experiência, poucos sabem dominar seu ego em prol do bem maior. Os melhores se perguntam: "Esta é a decisão certa para a organização, para o nosso pessoal, para o propósito desta empresa, ou é meu ego que está me motivando? Estou tomando esta decisão pensando em minha credibilidade, tentando salvar minha pele ou reagindo ao que a próxima matéria na imprensa pode dizer sobre mim? Ou estou fazendo isso porque é, realmente, a decisão certa?"

Os melhores líderes têm uma boa confiança para escutar os outros, sabendo que isso não coloca sua credibilidade em xeque. Na verdade, é o contrário. Tendo ouvido todas as partes interessadas e conhecido todas as perspectivas, eles têm confiança para tomar a decisão certa, não a mais popular — não aquela motivada pelo consenso ou adaptada para agradar aos stakeholders. Os bons líderes estão sempre dispostos a mudar de ideia quando necessário, com base no que ouvem dos outros. Estão sempre prontos a seguir em frente, mesmo em circunstâncias nas quais o curso de ação não está claro. Você deve se perguntar qual parte sua está tomando a decisão. É seu eu criativo, ousado, apaixonado e entusiasmado? Ou aquele que evita o conflito? Ou o que busca aprovação?

A história nos fornece exemplos de pessoas que foram bem-sucedidas ao deixar o ego de lado em nome de um bem maior. Mahatma Gandhi com frequência se abstinha de riqueza e poder e, inclusive, colocava em risco a própria saúde e vida liderando a resistência não violenta ao governo britânico na Índia. Nelson Mandela, apesar de ter ficado preso durante 27 anos, encarcerado pelo governo sul-africano, nunca perdeu de vista seu objetivo de acabar com o Apartheid, e um dia tornou-se líder da nação.

Nos Estados Unidos, talvez o exemplo mais notável de líder altruísta seja o ex-presidente Abraham Lincoln. A disposição dele de colocar as necessidades da nação acima do acúmulo de poder pessoal, em última análise, ajudou-o a preservar a União e acabar com a escravidão. No livro *Lincoln*, a historiadora Doris Kearns Goodwin explica que, durante a Guerra Civil, o presidente escolheu vários rivais políticos ferozes para servir em seu gabinete, como William H. Seward, Salmon P. Chase e Edward Bates, que durante anos se opuseram fortemente ao líder e às suas opiniões. Em vez de nomear bajuladores, Lincoln deixou seu ego de lado e escolheu as melhores mentes que conseguiu encontrar. Ele sabia que não poderia liderar os Estados Unidos sozinho em meio à maior crise que já haviam enfrentado, que precisava de um gabinete formado por visões diversas, e teve sempre a humildade de incentivar o debate, ouvir e, se necessário, mudar de ideia.[10]

Em contraste com essas grandes figuras históricas, vários CEOs gastam muita energia tentando provar que são ótimos, em vez de fazer o trabalho da maneira mais eficaz e produtiva possível, e são mais

ALTRUÍSMO

obcecados com a autoglorificação do que com a criação de valor para a empresa. Foi exatamente isso que o executivo de uma problemática empresa financeira suíça descobriu no meio de uma situação que acabou tendo um *turnaround* bem-sucedido.

Como em muitas coisas na vida, o momento certo é tudo. E assim aconteceu quando Bruno Pfister, que havia sido CFO da organização financeira Swiss Life, foi nomeado CEO poucos meses antes da crise da Lehman Brothers, em 2008. Com o colapso da Lehman, o mundo financeiro ameaçou ruir. A liquidez desapareceu para quase todos os instrumentos financeiros, e os spreads de crédito explodiram, de modo que os portfólios de investimento de empresas como a Swiss Life foram atingidos; muitas sofreram perdas na casa dos bilhões. Igual a muitos dos principais líderes durante essa crise financeira, Pfister estava estressado e inseguro em relação a quais passos tomar e em que ordem fazê-lo, a fim de primeiro estabilizar e depois recuperar sua companhia, que enfrentava dificuldades.

Para atravessar uma jornada pessoal tão difícil, ele confiou, em parte, no conselho que recebeu de um mentor que ele considerava muito. "A questão é", afirma o CEO, "encontrar alguém a quem possamos recorrer tanto em questões profissionais críticas quanto em questões muito pessoais, porque, quando estamos no topo, nós nos sentimos solitários. Na cultura conservadora da Europa Ocidental, uma pessoa assim não é tão fácil de encontrar, mas vale a pena o esforço."

Seu mentor lhe disse algo em particular que, na época, pareceu estranho a Pfister: "Bruno, você precisa pensar em que tipo de legado quer deixar para seu sucessor." Este respondeu, exasperado: "Você ficou louco? Estou no meio de uma crise, acabei de ser nomeado CEO e não pretendo sair." A princípio, ele pensou que o mentor se equivocara, portanto ignorou o conselho. No entanto, aquelas palavras ficaram voltando à sua mente nos meses seguintes. Isso o fez revisar a imagem de como a empresa deveria ser depois que saísse, não só em relação a finanças e métricas-chave, mas também a cultura corporativa, atitudes e comportamentos, processos para tomada de decisão, comunicação e cooperação entre os funcionários da Swiss Life.

Na cultura que ele imaginava, os funcionários analisavam com mais rigor o balanço patrimonial e os demonstrativos de lucros e perdas, entendiam mais profundamente a lucratividade do produto e do canal, agiam mais rápido quando a situação exigia, aceleravam o desenvolvimento do produto e tomavam iniciativas, dentro dos limites do que permitiam os regulamentos e as regras internas. Em outras palavras, Pfister queria que a cultura conservadora e lenta da Swiss Life passasse a ser mais empreendedora, mais decidida, com um foco maior nas necessidades do cliente e, no geral, mais ágil. Então, ele se propôs a estabelecer métricas e comportamentos voltados a obter essa transformação.

O CEO teria muito trabalho pela frente — algo constatado em uma tarde de domingo, quando estava trabalhando em casa durante as primeiras semanas da reviravolta. Havia duas novas diretivas em cima da mesa, de departamentos diferentes, usando uma terminologia inconsistente e parcialmente contraditória. Na verdade, ele não conseguia entendê-la. Na segunda-feira, Pfister reuniu a equipe executiva e disse que precisavam "limpar a estrutura de regras e regulamentos internos, esclarecer o que precisava ser regulado internamente, criar uma estrutura hierárquica e simples de regras e assegurar que um assunto seja tratado apenas uma vez". Esse sistema foi implementado primeiro no grupo e, depois, aplicado aos demais. Dentro da organização inteira, passou a haver clareza sobre quem — individual ou coletivamente — era responsável por tomar quais tipos de decisões. Isso ajudou a direcionar a equipe às pessoas ou comitês certos: as decisões começaram a ser tomadas muito mais rápido, e a delegação crescente e errática desapareceu bem depressa.

Uma vez que Pfister criou em sua mente uma imagem clara de como a empresa deveria ser no futuro, sua autoconfiança e capacidade de tomar decisões melhoraram significativamente. "Essa visão mental se tornou uma bússola", comenta. "Comecei a aprovar sistematicamente aquelas solicitações que ajudavam a implementar minha visão; por outro lado, recusava todas as que comprometiam a visão e dava apoio às neutras, se fizessem as coisas andarem para a frente."

Apesar do desejo de construir uma organização mais empreendedora, ele acreditava que a Swiss Life deveria operar de uma maneira mais centralizada. Essa crença resultava de suas experiências profissionais e observações anteriores. Sem dúvida, os funcionários abaixo dele poderiam tomar mais iniciativas, mas o CEO precisava estar intimamente envolvido na gestão de cada grupo da empresa.

Quando começou a solicitar medidas concretas em relação à centralização, Pfister recebeu forte resistência de alguns dos seus melhores gestores. De que forma poderiam ser mais empreendedores se, como líderes setoriais, não controlassem mais todos os elementos? Por que e com que benefício a empresa deveria aprovar cada movimento? Pfister ouvia com atenção os diversos argumentos e considerações, e começou a pensar que eles tinham certa razão de ser. No entanto, historicamente os CEOs tinham que ser a voz da autoridade; tinham que estar certos o tempo todo, em especial nas organizações suíças, cujas abordagens verticais, de cima para baixo, são bem conhecidas.

"Para ser bem sincero comigo mesmo", diz Pfister, "houve um momento em que pensei que mudar de ideia poderia ameaçar minha posição ou minha influência, minar minha autoridade ou fazer as pessoas me respeitarem menos. Fui para uma sala tranquila e testei como me sentiria se admitisse que estava errado. Percebi que minhas preocupações tinham mais a ver com meu ego que com o bem da organização, com o seu DNA. Era mais um receio egoísta que eu tinha, não um medo institucional. O interessante foi que a resistência provinha de diversos líderes — alguns deles eu conhecia havia vários anos e os respeitava; confiava muito neles. Concluí que, na verdade, ajudaria a fortalecer minha autoridade, posição e influência mostrar que eu ouvia e aceitava a visão da equipe."

Pfister engoliu o orgulho e disse às pessoas do time que elas estavam certas. Depois daquele momento decisivo, o CEO e o grupo começaram a incutir na cultura da empresa a tomada de decisões descentralizada, dentro de uma estrutura clara de liderança funcional muito forte. Por exemplo, ele passou recursos de TI para a unidade de negócios, a fim de que ela pudesse ser mais ágil quanto a necessidades do setor. Pfister disse ao gerente que, para poder pagar esses recursos de TI, teria que economizar 40% dos custos nos próximos três anos. Tendo recebido a liberdade de agir, o gerente da unidade disse: "Vou encontrar uma maneira de fazer isso!" Em menos de dois anos, os custos excedentes desapareceram.

Claro, aqueles que não aceitaram o modelo descentralizado e a nova cultura de disciplina e velocidade foram convidados a sair. "Precisávamos encontrar funcionários", afirma Pfister, "que cooperassem de um modo que todas as suas habilidades e talentos fossem utilizados da melhor maneira possível." Para encontrar as pessoas certas, com as atitudes e mentalidades certas, o CEO focou as cem melhores características da força de trabalho de seus mais de 10 mil funcionários. Junto com a equipe executiva, remanejou cerca de um terço para novas posições, substituiu um terço dos gerentes de fora e apenas o terço restante ainda estava na mesma função dezoito meses depois.

Ao colocar a organização à frente do ego, Pfister começou a ver valor sendo criado de verdade. A companhia ficou menos política e mais eficiente. As pessoas começaram a agir como donas, em vez de apenas receber ordens. O executivo comenta: "Apelei para a responsabilidade pessoal e pedi que decidissem ou fizessem tudo sempre da melhor e mais econômica maneira, pensando nos interesses do negócio. De forma mais simples: pedi aos funcionários que agissem como se fossem donos da empresa."

Na primavera de 2013, apenas quatro anos após Pfister iniciar sua transformação cultural, a imagem que ele tinha de como deveria ser a Swiss Life se tornou realidade. A empresa não apenas gerou retornos superiores ao custo de capital, mas também mudou a vida do CEO. Ele conta que conseguiu reduzir sua carga semanal de trabalho de mais de 100 horas para 60; o número de e-mails em sua caixa de entrada caiu pela metade; seu assistente, que havia ameaçado pedir demissão devido à carga de trabalho, estava pedindo mais tarefas, e a função de chefe de gabinete pôde ser eliminada quando ele saiu da empresa, em 2014. Em 2022, o legado de Pfister ainda continuava sólido como uma rocha. A Swiss Life registrou lucros recordes.

Quando a estratégia de uma organização precisa mudar, geralmente não é simples fazer essa transformação. Você deve ter gastado muito tempo, recurso e prestígio pessoal na estratégia antiga, e, de repente, admitir que a empresa agora precisa de uma nova direção ou mudança de foco não é fácil. Talvez você tema que, ao abandonar ou ajustar seu plano atual, perderá credibilidade aos olhos de seus funcionários, ou eles o verão como confuso ou indeciso. Mesmo assim, é melhor para os líderes deixar o ego de lado e abraçar o novo plano. Um líder altruísta não se perguntaria: "Como construí minha própria reputação nesta função?" Em vez disso, questionaria a si mesmo: "Que organização deixei quando saí? Quem são os líderes que desenvolvi? Eu levei a organização a novos patamares e tomei as decisões certas para ela, ainda que às vezes à minha própria custa?"

Para diminuir o peso da mudança de curso, ajuda ter um método de tomada de decisões capaz de garantir que os valores da organização sejam mantidos e justificar a necessidade de mudança. Dessa forma, se uma mudança crucial for necessária e a nova decisão se encaixar nos valores culturais da organização, as pessoas estarão mais dispostas a entender e aceitar isso.

Quando Gonzalve Bich, participante do Bower Forum, CEO da BIC — a maior fabricante mundial de artigos de papelaria, isqueiros e barbeadores — e neto do fundador da empresa, assumiu o lugar do pai em 2018, ele herdou uma empresa que precisava de reorganização e renovação. Embora a BIC seja uma companhia de capital aberto, a família Bich controla 63% dos direitos de voto. Então, o jovem CEO não só tinha investidores externos para agradar, mas também um grande número de parentes, alguns dos quais trabalhavam na organização. As ações estavam caindo, e o desafio era tornar relevante uma empresa que fabricava produtos descartáveis em uma era na qual a sustentabilidade estava se tornando cada vez mais importante para os consumidores.

No início de sua carreira na BIC, o CEO, que havia comandado operações em vários lugares do mundo, estava sobrecarregado com a tomada de decisões. "Havia muitos dados", conta. "Eu ficava sentado em uma sala assistindo a uma apresentação de PowerPoint com trezentos slides, habilmente montados, mas no fim não tinha ideia do objetivo de tudo aquilo." Por necessidade, ele criou um processo simplificado para tomar decisões que lhe serviu bem no cargo de CEO, porque o sistema era baseado no que era bom para a empresa, e não em seus vieses pessoais ou em um monte de dados confusos.

Bich lembra como, quando era estudante de história em Harvard, o presidente norte-americano Woodrow Wilson tomava decisões na Casa Branca. Ele pedia um resumo do problema, formulava uma hipótese e, então, conversava com não menos do que três e não mais do que cinco especialistas confiáveis dentro e fora da Casa Branca antes de tomar uma decisão. Inspirando-se no método de Wilson, Bich elaborou uma nova abordagem e metodologia, economizando inúmeras horas com um processo aprimorado de tomada de decisão.

Mesmo assim, isso ainda era difícil para o executivo. Às vezes, uma decisão, mesmo que aparentasse ser racional, não soava certa. "Eu ficava acordado até tarde, duas e meia da manhã, com cinco decisões à minha frente; e elas se acumulavam cada vez mais", relata o CEO. "Eu lia os relatórios, fazia contas, ligava para os especialistas e, sentado ali, dizia a mim mesmo: 'Só preciso decidir, porque é isso que me impede de ter algumas horas de sono.' Poderia passar mais uma hora preocupado, mas não sei se a decisão seria melhor; seria uma hora a menos de sono. E eu precisaria dessa energia pela manhã, para fazer um discurso, negociar ou o que fosse."

Os melhores líderes não só aprendem a ser altruístas e superar o ego, mas também institucionalizam um processo para isso. Para que sua vida e suas noites ficassem um pouco menos estressantes e suas decisões, mais compreensíveis para a equipe, Bich criou três princípios éticos para orientar cada decisão sua. Isso ajuda a assegurar que cada decisão será para garantir o bem da organização, e não para salvar o ego do CEO. Tomar decisões dessa maneira, argumenta Bich, contribuiu para que ele tivesse um bom pressentimento em relação a elas e o deixou mais eficaz, reduzindo sua taxa de erros. "Então, em vez de tomar essas decisões no meio da noite, eu as tomo às seis da tarde, depois vou para casa e preparo o jantar para as crianças. E tenho uma boa noite."

Para chegar a seus três princípios, ele se imaginou com 65 anos, sentado em sua cadeira de balanço, cercado pela natureza enquanto pensava nas decisões que tomara como CEO. "Vou me sentir bem em relação a isso? Se a resposta for qualquer coisa diferente de um retumbante 'sim', encontrarei outro caminho."

Assim, para cada decisão que toma, Bich se faz três perguntas: ela cria valor? Cria oportunidades? É uma força para o bem? Valor não é apenas financeiro. Pode ser um movimento que fortaleça a perspectiva de longo prazo da empresa, mas cujo custo seja o lucro líquido no curto prazo. A oportunidade pode significar que a decisão criará um novo negócio ou gerará novos empregos? Por fim, a decisão será boa para a comunidade? Agravará as mudanças climáticas ou as atenuará? Criará mais ou menos desperdício? Levará a mais diversidade de pensamento? Conforme o CEO explica: "Em minha vida, escolhi não ser funcionário público. Escolhi não ser pintor ou poeta; não tenho talentos artísticos. Mas, se eu puder fazer meu trabalho de tal forma que seja uma força para o bem, dormirei melhor à noite."

Embora Bich tenha criado uma estrutura robusta para tomar decisões que lhe permitissem agir com rapidez e convicção, às vezes descobria que, no calor do momento, ignorava as próprias regras e seguia seu instinto — um comportamento do qual se arrependia em algumas situações. Quando decidiu reorganizar a empresa logo após assumir o cargo de CEO, em 2019, sabia o que queria fazer: centralizar. Pretendia mudar a estrutura descentralizada, administrada por categoria e mercado, para uma empresa liderada funcionalmente por centros de excelência, a fim de reunir recursos, compartilhar know-how e ao mesmo tempo dimensionar a atuação da organização em relação a futuras fusões e aquisições. Sua ideia era incentivar uma mentalidade mais empreendedora.

"Naquele momento, eu estava 80% convencido de que aquilo era o certo, mas permanecia relutante, porque tenho um ego forte e não queria estar errado. Minha equipe disse: 'Tudo bem, mas não temos tempo. Você precisa decidir de uma vez.'" O CEO, que se orgulhava de tomar decisões rápidas, pediu desculpas ao time e fez algo que raramente fazia: adiou tudo por uma semana para pensar mais no assunto. No fim da semana, decidiu prosseguir com a centralização. O que mudou em sua mente? Bich percebeu que havia ignorado seu método de tomada de decisão, por isso procurou mais um especialista que não tivera acesso a debates, desafios, tribulações e argumentos sobre o assunto. "Em dois dias ele conseguiu me ajudar a desbloquear meu pensamento. Foi incrível."

No fim das contas, o processo testado e comprovado para tomada de decisão levou Bich à escolha certa: a melhor para sua organização, não para seu ego.

*Perguntas que você deve fazer a
si mesmo para descobrir se está agindo pelo ego,
e não pelo bem da organização*

- Que parte de mim está tomando a decisão? É meu eu criativo, ousado, apaixonado e animado, ou o que evita conflitos e busca aprovação?
- Estou tomando uma decisão que tem mais a ver com minha reputação e meu ego que com a organização que deixarei quando eu sair?
- Como e quando estou disposto a mudar de ideia com base no que escuto dos outros?
- Tenho confiança para escutar as pessoas sem sentir que minha credibilidade está sendo questionada?
- Depois de ouvir todas as partes e perspectivas, tenho confiança para tomar a decisão certa, e não a popular — não aquela motivada pelo consenso ou adaptada para agradar os stakeholders?
- Como sei que minhas suposições e crenças estão erradas ou precisam ser mudadas, e que preciso analisar objetivamente opções diferentes e melhores?

Em resumo

Muitos líderes do alto escalão estão em guerra com a tomada de decisões, mas não porque elas são inerentemente difíceis e sim porque eles não têm uma confiança saudável e uma autoestima forte. Pense em algumas decisões que tomou recentemente e que podem não ter levado aos resultados desejados ou ao nível de comprometimento esperado de sua equipe. Você as tomou porque precisava ser visto como aquele que tem a resposta certa, sabe mais e parece forte e confiante? Apesar das melhores intenções, deixou seu ego atrapalhar e não envolveu outras pessoas, não buscou vozes que te contradizem nem perguntou se poderia estar errado? Pior ainda, agiu dessa forma por querer ser amado, encaixar-se nas expectativas ou agradar a muitos stakeholders?

Como vimos, tomar decisões pelo bem da organização — focando os objetivos ou as prioridades que impulsionam o sucesso de sua empresa — é a maior prova de altruísmo. Ser capaz de ir além de si mesmo, a fim de alcançar o que é melhor para a equipe, a organização e o mundo ao seu redor, é essencial para ser bem-sucedido — e essa é a definição máxima de liderança altruísta. Mas de que forma é possível ter certeza de que você está obtendo as melhores ideias de colegas de trabalho, conselheiros informais e amigos? É aí que a vulnerabilidade desempenha um papel enorme.

4

Vulnerabilidade

Tudo bem ser você mesmo

Num dia chuvoso em Paris, o grupo de CEOs reunidos no Bower Forum se surpreendeu com a profunda angústia de um dos executivos. Afinal, essa pessoa era um líder altamente bem-sucedido, de uma indústria familiar, global, que tinha a reputação de manter fortes laços com seu conselho, sua equipe de gestão e seus integrantes externos. "Meu problema", disse ele aos outros sentados à mesa, "é que não consigo confrontar as pessoas." Ele explicou que um de seus parentes, o qual fazia parte da equipe de liderança, ficava se pavoneando como se fosse o dono — coisa que, em parte, de fato era. Esse executivo era uma influência negativa, que dizia: "Fulano é um idiota", "Aquele ali é inútil" ou "Aquela ali está me sabotando pelas minhas costas". O executivo sabia que tinha que confrontar essa pessoa, mas não conseguia juntar coragem.

Um dos executivos do grupo perguntou por que ele se sentia assim. Depois de uma conversa profunda, ele percebeu que fora criado por sua mãe de uma maneira que o fazia querer agradar a todos. Ele disse que nunca havia tido um relacionamento profundo com a figura materna. Toda vez que a procurava com um problema, ela dizia: "Ora, isso não é um problema. Isso se resolverá, não se preocupe." A família nunca discutia no jantar, todos eram sempre educados e respeitosos uns com os outros. Sua capacidade de desempenhar um papel diplomático o ajudou a forjar laços fortes com diretores e outros stakeholders, mas também o decepcionava quando precisava confrontar alguém, como aquele parente que agia agressivamente. Depois que percebeu as raízes do próprio comportamento, ele ganhou mais confiança. Só porque sua mãe queria que agradasse a todos não significava que era necessário agir dessa forma. Após voltar ao trabalho, o CEO confrontou seu parente e lhe disse que talvez fosse melhor se ele procurasse uma nova oportunidade, fora da empresa. E, para seu próprio alívio, a pessoa acabou saindo da companhia sem estardalhaço.

Conforme podemos ver neste caso, ser vulnerável para entrar em contato com os próprios sentimentos pode mudar a maneira como os líderes lidam com padrões muitas vezes não reconhecidos que foram estabelecidos no início da vida. Por exemplo, a forma como foram criados e moldados por pais, professores e chefes no início da carreira. Assim disse um CEO experiente: "Não há aprendizado profundo sem envolvimento emocional." Essa é uma ideia que frequentemente encontra resistência. Outro executivo que conhecemos compartilhou um grande desafio enfrentado por sua empresa e, quando perguntamos como ele se sentia a respeito, respondeu: "Por que importa como eu me sinto? Sou engenheiro. Somos treinados para ver fatos, não emoções."

Um aspecto crucial do quarto elemento de nosso processo de liderança é aprender a ser vulnerável em certas situações. Muitos veem isso como um sinal de fraqueza, mas, na verdade, é um sinal de força. Quando tratada corretamente, vulnerabilidade é poder. A imagem do líder estoico está arraigada em nossa psique coletiva como o modelo padrão. Você não deve mostrar emoções no trabalho ou se envolver com pessoas de forma humanizada. Você é o chefe, está no comando e não pode mostrar fraqueza ou vulnerabilidade.

Mas esse não é o modelo que motiva os trabalhadores no mundo de hoje. Os millennials querem, em especial, que os líderes sejam autên-

VULNERABILIDADE

ticos e compartilhem seu lado humano, suas vulnerabilidades. Caso contrário, essa geração tende a se fechar, desistir ou, pior ainda, trocar o emprego por outro que julguem ser mais gratificante. Agir como se tudo que você faz tivesse que ser perfeito e sempre tentar provar que é um líder sobre-humano destruirá o bom trabalho em equipe e afastará as pessoas. Você precisa deixar de tentar provar que é capaz e passar a se aperfeiçoar. Em vez de se ater a ideias fixas, tenha uma mente aberta e mais autêntica, acreditando que sempre pode fazer melhor. Para se conectar com os outros, você precisa levar seu verdadeiro eu para o trabalho e para cada situação que enfrenta, buscando o crescimento pessoal, e não a gestão da percepção. Precisa estar disposto a correr riscos, investir em relacionamentos que podem ou não dar certo e agir sem garantias. Precisa ser vulnerável.

Vulnerabilidade é a disposição de ser tocado por emoções, perspectivas e histórias das pessoas, e ao mesmo tempo de ser visto na totalidade pelos outros. Quando você se permite ser vulnerável, compartilha suas maiores forças, esperanças, sonhos, preocupações, ansiedades e perguntas, ainda que com medo de ser julgado. Ao contrário da sabedoria convencional, vulnerabilidade não é uma fraqueza; ela pode ser magnética e poderosa.

Alguns dos líderes empresariais mais durões e autocráticos sabiam o valor de ser vulnerável. Poucos empreendedores dominaram suas empresas da maneira como fez Steve Jobs, da Apple; no entanto, com o tempo, ele aprendeu a importância de ser autêntico e compartilhar pensamentos e emoções com os outros. Jobs, que lutou contra problemas de saúde durante a vida, incluindo um câncer de pâncreas, falou abertamente sobre suas batalhas contra essa doença e sobre sua mortalidade, durante seu famoso discurso da formatura de Stanford, em 2005: "Lembrar que logo estarei morto é a ferramenta mais importante que já encontrei para me ajudar a fazer as grandes escolhas da vida." A abertura dele aumentou sua reputação como um dos empreendedores mais notáveis que já existiram.

Se quer que os outros confiem em você, é necessário mostrar vulnerabilidade. O desafio que todos nós enfrentamos é exatamente quando nos abrir e quando não. Não seria bom mostrar-se frágil durante uma grande reunião do conselho, mas isso pode fazer mais sentido quando você estiver reunido com colegas para enfrentar um problema difícil. O propósito último de demonstrar vulnerabilidade é que isso lhe dá permissão para pedir sugestões e insights de colegas, conselheiros e amigos. Se você erguer um muro defensivo ao redor de si, se agir no sigilo, provavelmente as pessoas não se identificarão com você. Além disso, para construir confiança na organização, é necessário ensinar a equipe executiva a ser aberta também — como exploraremos mais profundamente na Parte 2 do livro. Lembre-se de que pesquisas mostram que o principal motivo de as equipes fracassarem é a falta de confiança.

Vulnerabilidade tem muito a ver com a gestão de nossos gatilhos. Gatilho é aquilo que nos faz reagir emocionalmente. Pode ser algo que alguém diz ou faz, ou uma situação ou desafio. Os gatilhos, em si, não são positivos nem negativos. O que eles fazem é despertar medo em nós. Pode ser um gatilho o fato de um dos membros da equipe constantemente se comportar de maneira tóxica, um ativista batendo à sua porta, um membro do conselho fazendo um comentário sarcástico sobre os últimos resultados trimestrais, ou até mesmo o governador do estado o criticando por ser *woke*.

Quando os líderes não conhecem os próprios gatilhos, ficam presos em padrões, o que pode levar a comportamento negativo e baixo desempenho. O perigo é reagir depressa demais no momento e voltar a velhos padrões de controlar a situação ou defender nosso ego, em vez de fazer o que é melhor para a empresa. Felizmente, temos a opção de responder aos gatilhos de forma positiva ou negativa. Os melhores líderes reconhecem o que os desencadeia e aprendem a reagir à situação de maneira aberta e positiva.

É aqui que a vulnerabilidade entra em jogo. Quando algum gatilho o força a reagir negativa ou defensivamente e você é capaz de perceber que isso está acontecendo, é possível mudar seu comportamento per-

VULNERABILIDADE

guntando a si mesmo, ou discutindo com outros, por que está reagindo dessa forma. Em outras palavras, trata-se de ter vulnerabilidade a fim de reconhecer seus gatilhos. É permitir-se ser sensível. É importante, à medida que aceitamos a vulnerabilidade, cultivar uma profunda autoconsciência para que possamos nos perceber em um momento de reatividade e ser capazes de parar e responder de maneiras positivas e criativas. Para um líder, ser vulnerável assim significa que está tentando dominar os cinco atos de equilíbrio, que, como explicamos na introdução deste livro, incluem passar do controle para a colaboração e da competição para a cocriação.

Às vezes, identificar o gatilho exige que você olhe profundamente para dentro de si. Sempre que estava em uma reunião do conselho, uma CEO nova no cargo sentia um gatilho em relação a certa diretora; costumava achar que a outra não sabia do que estava falando. Toda vez que a CEO ouvia algo que considerava errado ou ingênuo, logo corrigia a diretora, e isso criava um clima estranho nas reuniões. Depois de uma profunda autorreflexão, a CEO percebeu que o problema era ela achar que precisava ser vista como certa o tempo todo. Observou que estava voltando ao padrão da infância: ser a criança que sempre sabia tudo. Sentia, então, que a diretora estava competindo com ela, ameaçando sua identidade. Isso desencadeava nela um medo que não tinha nada a ver com o momento presente ou com o que era bom para a empresa, e sim com seu condicionamento. Por fim, ficou mais autoconsciente e mudou de atitude. Como disse: "Se algo me gera gatilho, é porque estou na defensiva, não sendo criativa." Em reuniões futuras, ela segurava a língua quando a diretora falava e usava sua energia para fazer o conselho manter o foco nas questões importantes.

Em outras ocasiões, podemos desarmar um gatilho procurando pessoas de nossa equipe e pedindo ajuda. Em um banco muito grande no Reino Unido, um dos executivos com quem trabalhamos se sentia desrespeitado nas reuniões, e isso era um gatilho para ele. Às vezes, tinha a impressão de que estava sendo ignorado ou de que outros levavam o crédito por suas ideias. Sugerimos que ele tivesse uma conversa com a equipe sobre o motivo de se sentir assim — pedimos que ele fosse vulnerável. O executivo disse à equipe que um gatilho se acionava quando se sentia desrespeitado, e então ele se fechava e não escutava mais nada. Quando ele falou isso, alguém da equipe perguntou: "Pois bem, o que poderia mudar isso?" "Bem", respondeu o executivo, "acho que, primeiro, mais abertura. Ajuda o fato de podermos dizer agora, uns aos outros, o que nos aborrece. Em segundo lugar, se você me vir agir de um jeito reativo, talvez seja porque fez algo para eu me sentir desrespeitado." Após a conversa, o time, já ciente dos gatilhos daquela pessoa, atuava mais suavemente, e o executivo se sentia mais engajado e energizado. O clima ficou mais leve.

Pois bem, como é a vulnerabilidade e como você conseguirá manter uma influência sobre seu pessoal se, de vez em quando, revelar dúvidas e fraquezas? Descobrimos que, quanto mais confortável, aberto, verdadeiro e autêntico você for, mais as pessoas se abrirão com você, e mais respeito e contribuição valiosa você receberá delas. Lembre-se, você está sendo vulnerável não apenas para compartilhar, mas também para contar com a cooperação dos outros. Para pedir ajuda.

Reeta Roy, CEO da Mastercard Foundation, é uma pessoa que lidera pelo exemplo, está sempre disposta a ser vulnerável e acredita na construção de relacionamentos baseados na confiança. Desde 2008, lidera uma das maiores organizações filantrópicas do mundo, com cerca de 40 bilhões de dólares em ativos. Ao entender a si mesma e demonstrar empatia pelos outros, Roy encontrou o equilíbrio entre ser comedida e falar a verdade nua e crua. Ela é direta e tem uma visão clara do que precisa ser feito, mas também sabe se conectar profundamente. Roy faz as pessoas se sentirem valorizadas e ouvidas ao pedir suas opiniões genuínas para encarar desafios ou resolver problemas.

Em 2006, a Mastercard criou uma fundação sediada em Toronto, com o propósito de promover a educação e a inclusão financeiras. Em 2008, o

VULNERABILIDADE

conselho recrutou Roy para definir uma direção para essa nova organização beneficente. Ela havia sido vice-presidente da divisão de cidadania global e política da Abbott, uma empresa de assistência médica. Roy gostava de seu trabalho e seus colegas, mas estava inquieta e se perguntava se não seria capaz de fazer mais. Era hora de um novo desafio. Nos primeiros dias da Mastercard Foundation, não faltaram conselhos de terceiros. "Foco no Canadá", sugeriu um. "A Índia é a escolha lógica", disse outro, enquanto alguns ainda indicaram que, com seus vastos recursos, a fundação poderia atender a todos os cantos do mundo.

Roy acabou fazendo algo que, no mundo filantrópico, era considerado uma escolha controversa. Informou ao conselho que sua visão para a fundação era focar somente a África Subsaariana. Alguns críticos externos argumentaram que o continente era corrupto, portanto o dinheiro não chegaria às mãos certas, ao passo que outros disseram que a África não tinha capacidade para absorver grandes quantias de recursos. Roy analisava cuidadosamente as perspectivas e percepções dos outros, mas tinha clareza da própria visão e acreditava na oportunidade que eles não estavam vendo. Além disso, a CEO disse que, como trabalhava em uma fundação no modelo startup, "sabia que tínhamos uma verdadeira oportunidade de ter um grande impacto na África".

A forte convicção de Roy sobre o continente tinha como base o que ela havia feito durante toda a carreira — escutar e aprender com um grupo diversificado de pessoas. Ao fazer isso, a CEO se permitia ser vulnerável. Passou meses viajando pela Etiópia, pelo Quênia, por Uganda e pelo Senegal, coletando dados e informações, bem como conversando com líderes comunitários, educadores, empreendedores e, mais importante, jovens. Aprendeu mais sobre os obstáculos que as mulheres enfrentavam no acesso a financiamentos para seus negócios ou na educação de seus filhos. Ouviu falar das restrições em instituições e organizações não governamentais que queriam oferecer serviços a pessoas que viviam na pobreza. "Para construir uma visão e uma estratégia", ela lembra, "você tem que fazer perguntas simples e ter humildade para aprender. Caso contrário, perderá informações. Embora eu houvesse viajado muito e trabalhado na África Oriental, era ingênua em relação a esse continente."

Ela chegou à conclusão de que aquele lugar representava uma oportunidade única na vida. Por um lado, a força de trabalho era jovem — a maioria da população tinha menos de 30 anos e ansiava por mudanças. Roy achava que, se tivessem mais acesso à educação, melhores ferramentas financeiras e network, essas pessoas seriam capazes de participar totalmente da economia. E isso, por sua vez, teria um efeito multiplicador na geração de prosperidade.

Quando voltou ao Canadá e compartilhou a nova visão com o conselho, eles assinaram embaixo, sem reservas. Nos anos seguintes, a fundação construiu programas com muitos parceiros em toda a África. Isso garantiu a educação aos jovens, especialmente às mulheres, e apoiar microempreendedores, com acesso a financiamentos e mercados. Até o fim de 2016, aproximadamente vinte milhões de pessoas haviam acessado serviços financeiros por meio desses programas.

Após uma década de trabalho, Roy, seu conselho e seus colegas fizeram uma pausa para revisar o aprendizado e as conquistas, bem como avaliar se haviam perdido algumas oportunidades. Perguntaram a jovens, líderes e comunidades onde a fundação deveria concentrar seus esforços na década seguinte. Isso levou ao lançamento da Young Africa Works em 2018 — uma estratégia para lidar com o desemprego juvenil no continente africano. Para executar a estratégia, Roy e equipe rapidamente perceberam que também precisariam transformar a organização e se estabelecer na África. Então, em 2019, Roy se mudou para Kigali, Ruanda. Hoje, a maior parte do time e dos líderes da fundação é africana e está espalhada em sete países. Apesar da interrupção causada pela pandemia de covid-19, até o final de 2023, 65% dos parceiros da fundação eram organizações africanas. Por meio de programas da fundação, 6,6 milhões de jovens encontraram trabalho e outros milhões tiveram acesso a treinamentos em habilidades e serviços financeiros.

VULNERABILIDADE

O caminho de Roy para o sucesso, no entanto, não foi fácil. Ela foi criada na Malásia. Depois que o pai faleceu quando tinha apenas 14 anos, sua família se viu com pouco dinheiro. A CEO aprendeu humildade e coragem com a mãe, que estava determinada a educar sua filha e seu filho. Roy conta: "Minha primeira bolsa de estudos foi minha mãe." A matriarca hipotecou seu único bem, a casa, para que Roy pudesse fazer o ensino médio na Carolina do Norte. "Minha mãe me disse: 'Eu posso levá-la até lá, mas depois você precisará encontrar seu caminho.'" Roy ganhou uma bolsa de estudos no St. Andrews Presbyterian College (agora St. Andrews University). Para ganhar dinheiro, teve vários empregos: trabalhou no refeitório, foi auxiliar de um aluno com deficiência e foi assistente administrativa de um professor. "O primeiro valor para mim", diz ela, "sempre foi a humildade, e isso vem de minha infância. Qualquer organização ou indivíduo que tenha grande riqueza ou grande poder precisa ter autoconsciência e grandeza suficientes para reconhecer que existe muita coisa que eles não sabem e precisam aprender. Chamemos isso de interesse próprio informado."

Ela prossegue: "Muita gente tenta equilibrar demandas concorrentes compartimentando a vida em segmentos pessoais e profissionais organizados. Mas nós habitamos múltiplas esferas, e com muita frequência nossa vida é mais bagunçada do que organizada. O equilíbrio se mede melhor não pelo tempo destinado a uma atividade em um calendário, e sim por experiências no decorrer da vida. Liderança é viver, ter empatia, aprender e doar a si mesmo."

Nos anos que ela passou criando a Mastercard Foundation, essa perspectiva ajudou Roy a tomar as decisões certas em situações difíceis. Para a CEO, isso significava tratar as pessoas com respeito. Quando a fundação, por exemplo, coletava dados e informações sobre condições econômicas ou problemas enfrentados por vilas, mercados, comunidades agrícolas ou escolas, as equipes não presumiam que já sabiam de tudo. Elas voltavam a falar com as pessoas, discutiam o que haviam aprendido e pediam contribuições e ideias para criar soluções. "Nós compartilhávamos o que ouvíamos delas", diz Roy, "e perguntávamos: 'Isso faz sentido para você?' Quando você não escuta, pode acabar tomando a decisão errada e perdendo a oportunidade de fazer uma verdadeira diferença."

Por exemplo: nos primeiros dias da fundação, uma organização não governamental propôs um programa de microfinanciamento que oferecia empréstimos com juros muito baixos para jovens empreendedores africanos. Seis meses após o início do programa, nenhum empréstimo havia sido solicitado. Roy e sua equipe visitaram o país no qual a fundação se instalou e descobriram que esses jovens não queriam empréstimos; queriam contas-poupança. Então, a fundação mudou o programa. Esse foi um exemplo de como suposições preconcebidas atrapalham, quando se trata de fornecer a alguém o que essa pessoa realmente necessita. Esse tipo de abertura e disposição para admitir erros resultou em um relacionamento de trabalho mais forte com a comunidade.

Às vezes, ser vulnerável significa deixar de lado o orgulho e pedir desculpas. Enquanto desenvolvia uma estratégia para gerar empregos para jovens, a fundação mandou funcionários a um país africano com a missão de apurar fatos. Infelizmente, a equipe não compreendia as normas culturais do lugar e não pedia orientação a outras pessoas que as entendiam. Assim, perderam-se informações em conversas com funcionários do governo, e julgamentos ruins foram feitos. Roy recebeu a notícia de que o grupo havia ofendido o governo. Depois de buscar aconselhamento, solicitou uma reunião com o presidente do país. Explicou a estratégia da fundação e se desculpou pelo passo em falso. Quando a reunião terminou, o político disse a Roy: "Considero este o primeiro dia de nossa parceria." Para Roy, isso foi uma gratificante expressão de confiança.

Em outra ocasião, a CEO participou de uma reunião com uma organização parceira para discutir o progresso de um programa e como poderiam expandi-lo. Cerca de vinte membros da equipe da fundação e da organização estavam sentados em círculo, descontraídos. As coisas pareciam estar indo bem, até que o líder da organização parceira inter-

VULNERABILIDADE

rompeu abruptamente a conversa e declarou: "A fundação não nos tratou bem. Vocês nos fazem sentir que temos que implorar por dinheiro, e isso não é certo." Depois de mais discussão, descobriram que alguém da fundação não havia respondido às perguntas dos parceiros sobre quando poderiam começar o programa. Sem hesitar, Roy se levantou e pediu desculpas. "Eu disse: 'Obrigada por ser sincero. Vocês podem esperar mais de nós, e nós tomaremos medidas para mudar isso.' E foi o que fizemos."

Roy usou essas situações como experiências de aprendizado para a fundação, além de ser uma maneira de mostrar aos colegas que as coisas podem dar errado, mas ser revertidas. Esse diálogo também serve para reforçar que os valores da fundação sempre precisam ser visíveis nas ações e nos comportamentos individuais. "São momentos decisivos. Periodicamente precisamos recordar que, para exercer um impacto significativo, é necessário desenvolver com nossos parceiros relacionamentos de trabalho produtivos e pautados em confiança."

Outra atitude que Roy adota — e que está intimamente alinhada com a vulnerabilidade — é não se levar a sério demais. É difícil abrir-se para os outros e realmente entender as pessoas se você passa o tempo todo se preocupando consigo mesmo e com seu próprio status e prestígio. Um pouco de humor nunca faz mal. Quando os problemas parecem intransponíveis, é bom dar um passo para trás e colocar as coisas em perspectiva. De acordo com Roy: "É quando você vê o que é realmente importante. Pergunte a si mesmo: 'Estou fazendo o meu melhor?' Em comparação com a idade do planeta, nossa vida é um nanossegundo. Portanto, o que você fará com o seu?"

Permitir-se ser vulnerável implica um risco. Se isso não for feito adequadamente, pode diminuir sua influência aos olhos de alguns. Em um mundo onde as hierarquias são fluidas e os líderes projetam humildade e vulnerabilidade, como equilibrar isso com a necessidade de impor respeito? Se você se veste da mesma forma que os funcionários e trabalha em um escritório aberto e cercado por outras pessoas, é fácil parecer vulnerável, e por isso talvez comece a perder influência. É necessário estabelecer sua presença como líder. "É difícil realizar esse ato de equilíbrio", comenta o ex-CEO da Novartis, Dan Vasella. "Os líderes de agora ganham respeito sendo competentes e honestos. Isso não significa que você diz tudo que pensa, mas é preciso ser autêntico. Quando você é autêntico e sabe o que está fazendo, as pessoas percebem quem está no comando."

Estar no comando significa ter força para definir a direção da organização sem ser levado a rumos diferentes por seus seguidores. É importante entender o contexto da situação e reunir as opiniões dos outros; mas, no frigir dos ovos, é tarefa do líder tomar as decisões difíceis. "Como líder", afirma Vasella, "seu trabalho é reconhecer a meta e o caminho a seguir, e então alinhar e persuadir as pessoas a fazerem as coisas que você acredita serem relevantes para o sucesso de longo prazo da empresa. As pessoas querem que você lidere. E, se você liderar, também vai machucar. Você vai agradar, às vezes; vai celebrar e dar um feedback duro de uma forma humanizada. Isso faz parte do trabalho. É necessário ter estrutura e integridade para ser direto com as pessoas."

Conforme discutimos aqui, a transparência é essencial para ser um líder inspirador. Mas essa transparência tem um custo. Como seus subordinados se sentem mais à vontade confrontando você e suas ideias, talvez você se sinta mais vulnerável — e não de uma maneira boa. Muita coisa pode ser projetada em você, como se fosse uma tela de cinema na qual as pessoas colocam todas as experiências positivas e negativas. Talvez seja difícil aguentar todo esse escrutínio dia após dia. Tendo estado pessoalmente nessa posição ao longo da carreira, Vasella tem uma visão útil sobre o assunto: "É preciso entender que as críticas não são necessariamente a você. É o que você representa para eles. É a instituição ou uma autoridade passada que está na mira deles, não você como a pessoa que é. O CEO é a empresa, não um indivíduo." Em nossas conversas no Bower Forum, alguns participantes disseram que, quando a pressão aumentou, eles começaram a levar as críticas para o lado pessoal e a pensar que talvez não fossem a pessoa certa para o cargo. "Para ser um bom líder, é preciso ignorar o campo de distorção da realidade", diz Vasella, "e isso se aplica a todos os níveis, a qualquer chefe. Tem a ver, principalmente, com a empresa, não com você. É a única maneira de continuar são."

A maioria dos líderes — se não todos — tem uma lista de tarefas que os mantém no caminho certo. Mas quantos têm uma lista de "coisas para fazer", um lembrete de quem você é e como quer se comportar quando vai trabalhar todos os dias? Você é egoísta ou aberto aos outros? É irritadiço ou caloroso? É emocionalmente distante ou vulnerável? Basicamente a lista de coisas a fazer apresenta as características humanas de seu estilo de liderança e está ligada, também, aos traços essenciais de seu caráter.

Equilibrar força e vulnerabilidade não é fácil. Quando você é o chefão, as pessoas esperam que você seja forte, seguro e determinado. Mas há momentos para isso e momentos para ser vulnerável. Líderes, por exemplo, têm que tomar decisões difíceis sobre demissões, alocação de recursos, promoções e pagamentos, e você não pode abrir mão de seu poder de decisão. Mas precisa se abrir para os outros, a fim de receber um feedback analítico e emocional — idealmente, de pessoas com várias perspectivas — *antes* de tomar essas decisões difíceis.

Quando dirigia o Cincinnati Children's Hospital Medical Center, Michael Fisher mantinha essa linha tênue entre exercer influência e mostrar vulnerabilidade. Na primavera de 2020, após o assassinato de George Floyd (um homem preto morto por um policial de Minneapolis), irromperam manifestações por todos os Estados Unidos. Naquela época, Fisher, que havia trabalhado muito e durante anos em questões de diversidade, equidade e inclusão, realizou reuniões para escutar vários funcionários pretos e ver como ele e a instituição poderiam lhes dar mais apoio. "Lembro-me de chorar em mais de uma ocasião, ao ouvir algumas experiências que nossos funcionários pretos haviam vivido em nossa empresa", afirma Fisher. "Parte do que ouvi realmente me machucou e me tocou, e acho que mostrar essa vulnerabilidade me ajudou a desenvolver uma conexão mais profunda com os funcionários e pensar em melhores ideias sobre as ações que precisávamos ter como organização."

Em 2018, quando Fisher foi diagnosticado com câncer e precisou tirar uma licença de seis meses, ele teve dificuldades para compartilhar a notícia. O diretor era uma pessoa reservada, e seu impulso foi sair discretamente para fazer o tratamento. Mas ele sentiu que era importante que os funcionários e outros stakeholders do Cincinnati Children's soubessem o que estava acontecendo. Então, criou uma série de meios para comunicar o fato. Primeiro, foi uma carta para todos os funcionários e a comunidade, anunciando que estava doente e explicando quanto tempo achava que ficaria fora. A seguir, fez dois vídeos. No primeiro, relatou o progresso enquanto passava por uma quimioterapia intensa. No segundo, anunciou que estava em remissão e que voltaria ao trabalho em poucas semanas. "É difícil equilibrar a vulnerabilidade com a manutenção da influência", diz Fisher, "mas somos seres humanos, e as pessoas querem trabalhar com gente real, que seja transparente, autêntica e modelo de comportamento e de valores da equipe e da instituição."

Perguntas para fazer a si mesmo sobre vulnerabilidade

- Tenho coragem de me expor, estou disposto a correr o risco de fracassar e a mostrar minhas vulnerabilidades?
- Sou visto como realmente sou ou como o executivo em determinado papel? De que forma posso mudar meu comportamento para que eu seja visto como a pessoa que sou?
- Compartilho meus pontos fortes, esperanças, sonhos, preocupações, ansiedades e dúvidas, mesmo tendo medo de ser julgado?
- Sou irritadiço ou caloroso? Emocionalmente distante ou autêntico?
- O que me impede de mostrar mais as minhas características emocionais? O que me ajudará a aceitar a coragem que vem com a vulnerabilidade, em vez de temer a fraqueza que ela pode expor?
- Todos os líderes têm uma lista de afazeres. Eu tenho? Ela é um lembrete de quem sou e de como quero me comportar quando vou trabalhar todos os dias?
- Qual é minha lista atual de coisas a fazer? Quem pode ser um parceiro de pensamentos para desenvolver minha lista futura?

Em resumo

Ser vulnerável significa que você mantém contato com aquilo que desencadeia suas emoções, e que sabe transformar esses sentimentos em energia positiva. Trata-se de estar disposto a ser tocado, motivado e influenciado pelos outros e, ao mesmo tempo, a compartilhar esperanças, medos e preocupações de uma forma convidativa para outras pessoas. É um sinal de força, não de fraqueza. Como diz a professora e escritora da Universidade de Houston, Brené Brown: "Vulnerabilidade é poder."

Passar por experiências de vulnerabilidade é uma fonte inexplorada de crescimento e desenvolvimento para muitos executivos, conforme aprendemos em vários encontros do Bower Forum ao longo dos anos. É essencial ser vulnerável nas situações certas e praticar a liderança de dentro para fora. A arte está em saber quando, onde e como ser vulnerável. Mas a vida nem sempre sai como planejamos, de modo que ser vulnerável também significa saber lidar com o fracasso.

5

Resiliência

Você fracassou. E agora?

Num evento de liderança da McKinsey realizado em Londres, trinta executivas de diversos setores e partes do mundo foram convidadas a escrever sobre uma situação em que algo deu errado e elas se sentiram um fracasso. As mulheres começaram a compartilhar as histórias com o grupo, e a primeira chorou no fim de sua apresentação. Então, a segunda executiva começou e, quando terminou, estava claramente abalada. O que logo ficou evidente foi que, mesmo dentro desse grupo de mulheres de grande poder — afinal, as empresas não as teriam enviado para esse evento internacional se não acreditassem que elas tinham um potencial imenso —, todas tinham uma história a contar sobre fracasso. "O que percebi", disse uma executiva que compareceu ao evento, "foi que o que importa não é se você às vezes fracassa — porque acontece com todo mundo —, e sim como você lida com isso. As pessoas bem-sucedidas são aquelas que sabem de que forma não cair em uma espiral decadente, aquelas que concentram a energia em seguir em frente e sair disso. E esse é o segredo."

Quando o fracasso ocorre, a maioria das pessoas não quer falar sobre isso — o que é natural. No entanto, o fracasso vem se tornando mais comum à medida que o mundo vai ficando mais complexo e as mudanças surgem em um ritmo cada vez mais rápido — a ponto de ser difícil imaginar alguém que não fracasse pelo menos uma ou duas vezes ao longo da carreira. Tradicionalmente, você pega um diploma, constrói uma carreira por cerca de quarenta anos e se aposenta aos 65. Esse paradigma está mudando. Uma maneira de abordar isso é pensar que a expectativa de vida está aumentando, e, em breve, não será raro que as pessoas trabalhem por cinquenta, sessenta anos ou mais. Em certa medida, é necessário cogitar um cenário de cem anos de vida. Ao longo desse período, é mais provável que você perca seu emprego ou se sinta preso simplesmente porque trabalhará mais. A questão é que, se você ousar fazer coisas grandes, caso se exponha e busque a grande recompensa, às vezes fracassará.

Quando fracassamos, experimentamos uma ou várias emoções — culpa, raiva, insegurança, autopiedade. Muitos sentem que falharam com a empresa e seus colegas. Outros enterram sua dor. O quinto elemento de nosso processo de liderança é a resiliência. Os executivos que participam do Bower Forum aprendem que se recupera mais rápido quem não perde muito tempo perguntando por que algo ruim aconteceu. Em vez disso, essa pessoa concentra tempo e energia para entender se a raiz do fracasso está em algum comportamento, preconceito ou ponto cego, e então faz os ajustes necessários. Pessoas resilientes aprendem que a melhor maneira de se recuperar é dar uma breve pausa e se certificar de aplicar todas as lições aprendidas com esse acidente de percurso.

No mundo dos negócios não faltam líderes resilientes. No início de sua carreira, Walt Disney foi demitido de uma agência de publicidade por uma "singular falta de habilidade para desenhar". Disney e Henry Ford levaram à falência seus primeiros empreendimentos, e Steve Jobs foi despedido da Apple. Ele passou anos no exílio antes de voltar e criar aquela que se tornou uma das maiores empresas de tecnologia da história. Quando era um jovem executivo da General Electric, Jack Welch — que no futuro se tornaria CEO da companhia — certa vez explodiu uma fábrica-piloto de plásticos e foi culpado pelo projeto defeituoso. Em uma de suas capas mais celebradas, "So You Fail. Now Bounce Back!" [Você fracassou. Agora dê a volta por cima!, em tradução livre], a revista

RESILIÊNCIA

Fortune contou a história do CEO da Coca-Cola, Roberto Goizueta, que havia nomeado Sergio Zyman — o líder que adorava correr riscos e lançou a New Coke, o maior fracasso corporativo desde o Edsel — como o novo diretor de marketing global. Conforme Goizueta explicou à *Fortune*: "Deixamos de ser competitivos por não admitirmos erros. No momento que permitimos que nosso motivador passe a ser evitar o fracasso, nós entramos no caminho da inatividade. Afinal, só tropeça quem está em movimento."[11]

Às vezes, vemos executivos que se tornaram os piores inimigos de si mesmos. Suas emoções os subjugam e, em vez de olharem para a frente e serem otimistas acerca das perspectivas, eles chafurdam na decepção. Como discutimos no Capítulo 4, os melhores líderes entendem o que desencadeia sua raiva e seu medo. Descobrir de onde vem a própria turbulência pessoal — justificada ou não — os ajuda a confrontar a raiva para poder deixá-la para trás. Isso é ainda mais difícil quando a raiva parece legítima. Em um Bower Forum, um executivo muito talentoso que ascendeu à diretoria de uma empresa de produtos de consumo da *Fortune 100* foi preterido para o cargo de CEO, e esse fracasso o deixou furioso. Embora tivesse apenas quarenta e poucos anos, acreditava que tinha talento para assumir aquela posição, mas sentia-se desprezado e estava ruminando a ideia de que um membro específico do conselho havia sabotado sua candidatura.

Depois de mergulhar fundo na situação, o executivo percebeu que, para progredir na carreira, teria que abandonar a raiva e aprender a desenvolver mais resistência, criar uma casca mais grossa. Como lhe disse um dos líderes mais experientes, a maneira de fazer isso era "aprender a valorizar suas capacidades e refletir não só sobre o que você já conquistou, mas também sobre o que poderia conquistar. Porque, se continuar amargo e negativo por muito tempo, vai prejudicar ainda mais sua carreira". Seguindo esse conselho, o executivo começou a buscar pessoas fora da empresa para fazer mais contatos e se tornar mais conhecido. Acabou sendo contratado como CEO de uma grande organização europeia de produtos de saúde e lá fez um estrondoso sucesso.

O medo do fracasso sempre leva a alguma forma de medo vindo do ego. Pergunte a si mesmo: "O que de pior aconteceria se eu fracassasse? O que isso diria sobre mim? O que acho que está em jogo?" Normalmente, a resposta seria: "Você não é amado", "Não está realizando nada", "Está decepcionando os outros" ou "Não é bom o bastante". O medo do fracasso pode nos levar a jogar para não perder. Mas, se reformularmos o sentido de fracasso como amor pelo aprendizado a serviço de uma visão maior, começaremos a correr mais riscos em nome de algo maior que nós mesmos. Começaremos a jogar para ganhar. Você atua para evitar fracassos ou para aprender mais rápido em nome de algo maior?

Os melhores CEOs aprendem a ver os fracassos cotidianos, mesmo aqueles aparentemente pequenos, como experiências de aprendizado. Quando aceita o medo do fracasso, você descobre o que precisa mudar e, a partir de então, cria experimentos para testar, aprender e se adaptar. A ideia é manter o foco em tirar lições valiosas dos erros, porque evitar a derrota é evitar o aprendizado, e isso pode custar caro em um mundo cada vez mais complexo e imprevisível. Líderes bem-sucedidos analisam calmamente a causa de uma situação, ajustam seu comportamento e então seguem em frente.

O CEO de uma empresa global de tecnologia teve uma carreira turbulenta. Anos antes havia sido demitido por ser arrogante, assumira a posição como líder em outro lugar, mas depois retornou à antiga organização após aprender com os erros passados. Em dado momento, estava se dirigindo a seus 150 principais executivos em um evento, inspirando muito bem suas tropas. Então, ao reconhecer e elogiar a nova diretora de recursos humanos (cuja sigla, em inglês, é CHRO), ele disse que a empresa nunca havia tido um bom CHRO. Mas a antiga pessoa a assumir o cargo estava sentada ao lado da substituta. Então, uma mulher da plateia fez uma pergunta a ele sobre diversidade, equidade e inclusão (DEI), e, sem querer, o CEO não lhe deu atenção. Após o evento, estava conversando com um de seus conselheiros de confiança, o qual lhe disse que as palavras ditas na apresentação haviam afastado muitas pessoas.

RESILIÊNCIA

Ele não havia percebido o impacto daquilo; mas, depois de pensar sobre o assunto, entendeu que precisaria corrigir a situação. No dia seguinte, mudou sua agenda para poder voltar ao evento. Levou consigo a antiga diretora do recursos humanos e, em público, pediu desculpas a ela e elogiou sua disposição de aceitar o cargo em um momento difícil, até que pudessem contratar outra pessoa. Então, na frente de todos, pediu desculpas à mulher que havia feito a pergunta sobre DEI e reconheceu sua coragem de sempre falar a verdade. Ele havia cometido dois erros graves, mas, no fim, recuperou-se, transformando o impacto negativo entre os funcionários em uma experiência positiva para si mesmo e para a organização. A verdadeira força de caráter é construída ao admitir erros e transformá-los em lições.

As pessoas podem fracassar por força das circunstâncias, por azar ou por uma decisão errada. Mas, em algumas situações, é bom que os líderes analisem a si mesmos com atenção. Talvez seja a maneira como pensam e se comportam que os impede de conseguir mais uma promoção ou, no caso de um CEO, melhorar seu desempenho. Essa é a hora de se reinventar.

Uma de nossas histórias de reinvenção favoritas é de uma executiva que se recuperou de um revés, Claire Babineaux-Fontenot, CEO da organização sem fins lucrativos Feeding America. Sob a orientação de Babineaux-Fontenot, a Feeding America se tornou a maior organização de combate à fome e de caridade nos Estados Unidos, de acordo com a *Forbes*. Babineaux-Fontenot supervisiona uma rede de mais de duzentos bancos de alimentos, 21 associações alimentares estaduais e 60 mil agências parceiras, despensas de comidas e programas de refeições. No ano fiscal de 2021, a Feeding America forneceu 6,6 *bilhões* de refeições para dezenas de milhões de pessoas necessitadas. Babineaux-Fontenot, no entanto, nem sempre esteve tão no alto.[12]

Nascida na zona rural de Louisiana, ela foi criada em uma grande família da classe trabalhadora — seus pais eram filhos de meeiros. Aos

12 anos, já sabia que queria ser advogada, e as lições que seus pais lhe ensinaram sobre autoconfiança e autossacrifício lhe foram muito úteis. Ouvia histórias sobre a mãe, que sacrificara a própria educação para cuidar da casa e trabalhar para que os irmãos pudessem frequentar a escola. Os pais de Babineaux-Fontenot enfatizavam (e esperavam) que qualquer pessoa da família — incluindo irmãos com problemas de desenvolvimento e comportamentais — poderia, com esforço, ser bem-sucedida na vida. "As lições mais impactantes que recebi", diz ela, "não foram na sala de aula, e sim em casa, onde aprendi a assumir a responsabilidade por meu próprio sucesso. Mais tarde, isso me ajudou a entender o que significava trabalhar como adulta e, depois, em casa, sendo mãe, esposa, filha e irmã adulta."

Depois de Babineaux-Fontenot se formar em Direito, sua carreira começou a decolar. Ela fez mestrado em Direito Tributário; depois foi secretária assistente do Escritório de Assuntos Legais das Nações Unidas para o departamento da receita do estado de Louisiana; então trabalhou em uma das quatro grandes organizações contábeis do mundo, a empresa de consultoria e auditoria PwC; e em seguida no escritório de advocacia Adams and Reese, onde era líder do departamento de direito tributário e foi a sócia responsável pelo escritório de Baton Rouge. O Walmart, um de seus clientes na PwC e na Adams and Reese, a notou e a convidou para trabalhar no departamento tributário deles em 2004.

No início, o trabalho parecia um sonho para Babineaux-Fontenot, o ápice de tudo pelo qual batalhava. O Walmart havia criado uma nova função para ela — vice-presidente de auditorias e política tributária. Desde o momento em que aceitou a nova função até começar a trabalhar, o tamanho da equipe dobrou e depois foi dobrando de novo a cada quatro meses ou menos. Babineaux-Fontenot começou a se sentir sobrecarregada. "Em todas as outras funções que já havia tido", conta, "alguém dizia: 'Ela está fazendo um bom trabalho; vamos elevar o padrão da próxima tarefa dela.' De repente, o Walmart estava me pedindo que desse um grande salto."

RESILIÊNCIA

Quando estava há dois anos no cargo, seu chefe perguntou se a então vice-presidente gostaria de ser diretora tributária da corporação. Ao aceitar, ele perguntou de quanto tempo Babineaux-Fontenot precisava para se preparar para a função. Imaginando que precisaria continuar fazendo o que já fazia enquanto aprendia a administrar o departamento tributário global do Walmart, ela disse que precisava de doze meses. Duas semanas depois, anunciaram que ela começaria imediatamente. E ela perguntou a si mesma: "Meu Deus, o que eles acham que estão fazendo?"

A partir daquele momento, Babineaux-Fontenot relata que mergulhou "de cabeça" na síndrome da impostora. "Eu estava tão insegura da minha capacidade, que achava que eles haviam cometido um erro. Que havia sido uma péssima ideia, eu não estava pronta. Mas eu não queria fracassar porque era a primeira mulher afrodescendente a ser diretora tributária da maior empresa da *Fortune 500*. Eu me sentia compelida a seguir adiante." Nos primeiros dias como diretora tributária, Babineaux-Fontenot se sentiu um peixe fora d'água e procurou um modelo corporativo para seguir. O único que conseguiu encontrar foi o ex-diretor tributário. Ele era a pessoa que a havia contratado no início e que tinha sido cliente dela no escritório de advocacia. Assim, ela começou a fazer o que aquele diretor fazia, tentando ser como ele. Mas as coisas não estavam indo bem. Babineaux-Fontenot tentava agir como se tivesse todas as respostas, mas estava sobrecarregada, ficando para trás e se sentindo um fracasso pela primeira vez na carreira. "Eu não me dou bem sendo um homem branco de meia-idade do Alabama", brinca a executiva. "Desempenhei mal o papel e me vi fracassando, e o problema do fracasso é que você nunca fracassa sozinho. Eu estava levando meu departamento para o buraco comigo."

Depois de passar por uma autoavaliação difícil, percebeu que algo precisava mudar. Em sua avaliação anual, falou para o chefe que o que estava fazendo não estava dando certo. "Disse a ele que, se fosse para fracassar, eu fracassaria sendo eu mesma, não a imitação de outra pessoa." O chefe da diretora apontou que ela estava sendo muito dura consigo mesma, e ela respondeu que "as expectativas dele eram muito baixas". Então,

Babineaux-Fontenot lhe informou que ia estabelecer um novo padrão de eficiência fiscal para o departamento. Ele riu, sacudiu a cabeça e afirmou que ninguém na empresa havia alcançado esse nível de economia em taxas e impostos.

Saindo da sala do chefe, ela pensou: "Como diabos vou fazer o que acabei de prometer?" Compartilhou sua ideia com a equipe, e todos ficaram espantados. A meta era ambiciosa demais. Em dado momento, a líder estava indo de carro da sede do Walmart até Little Rock, acompanhada por um executivo do time, e ele lhe disse: "Claire, não sei se você pensou bem no que está fazendo... você está gerando expectativas, e os chefões vão esperar que façamos isso que você falou. E, se não der certo, haverá repercussões."

Pela primeira vez na carreira de Babineaux-Fontenot, exigiam que ela fizesse algo além de sua experiência pessoal. A executiva havia trabalhado em funções altamente técnicas na área tributária e de litígio tributário, mas nada a havia preparado para comandar uma organização tão grande e complicada. Ela disse a si mesma: "Sei construir uma equipe e sei, no fundo, que grupos diversos e inclusivos vencem." Então, formou um time que preencheu suas lacunas de conhecimento e experiência de liderança e pediu a todos que trabalhassem na capacidade máxima. A diretora demonstrou o tipo de humildade que lhe permitiu admitir não ter todo o necessário para assumir uma tarefa tão grande, contratando pessoas que contribuiriam com ideias variadas e que a desafiariam. Confiou em sua habilidade de identificar grandes talentos, e deu certo. No fim das contas, como diretora tributária do Walmart, Babineaux-Fontenot superou a meta de eficiência tributária que havia prometido ao chefe.

O fracasso, no entanto, não é apenas não ter um bom desempenho. Às vezes, alguém fracassa sem ter culpa por isso: o mundo mudou, os mercados estancaram ou novas tecnologias surgiram. Talvez o tipo de trabalho que você fazia não seja mais necessário ou que a organização esteja encolhendo. Descobrimos que o fracasso também pode ser algo muito pessoal. Alguns líderes diziam ter parado de aprender em seus empregos, estavam se sentindo empacados. Outros falavam que sentiam estar fazendo o mesmo trabalho ou trabalhando no mesmo setor havia tempo demais. Outros, ainda, simplesmente relatavam que se sentiam esgotados. Em outras palavras, sentiam que tinham fracassado.

Anju Patwardhan, trabalhando no Citibank de Singapura em meados dos anos 2000, sentiu que era hora de uma mudança. Ela podia se gabar de uma carreira bem-sucedida, subindo durante quinze anos na hierarquia corporativa. Como uma qualificada gerente de risco, Patwardhan estava indo bem, mas achava que precisava de um novo desafio, algo que a desafiasse intelectualmente. Mas para onde correr? Que trabalho era esse e quem poderia ajudá-la a encontrá-lo? Um colega sugeriu que ela desenhasse um gráfico de seu networking, com contatos internos e externos, mentores e pessoas sábias. Quando o fez, ela descobriu que seu networking fora do banco era muito limitado. Durante a maior parte de sua carreira, tivera empregos cujo foco era interno. Trabalhou em operações, depois em auditoria, banco digital e gestão de risco com ênfase em fintech. Embora o pessoal do banco a conhecesse bem, ela tinha o chamado "perfil externo zero". Mas precisava entrar em contato com alguém que pudesse ajudá-la a encontrar uma nova carreira. Patwardhan começou o árduo trabalho de construir círculos de influência fora da empresa; compareceu a eventos e programas de treinamento de liderança e aceitou o máximo de convites para palestrar que lhe foi possível. Por fim, construiu um rico networking externo.

Graças a esses esforços, foi convidada para palestrar em um painel sobre fintech no Fórum Econômico Mundial. Lá, conversou com um dos painelistas, Tang Ning, um empreendedor que dirigia uma grande empresa na China com várias linhas de negócios, incluindo uma fintech — um fundo de capital de risco chamado CreditEase. Os dois se deram bem, mas Patwardhan não pensou nisso na época.

Quando fez 40 anos, ela reuniu coragem e deixou seu emprego no Citibank. "Eu achava que ia me aposentar", lembra Patwardhan. "Eu nunca havia dado um tempo. Tinha ido direto do ensino médio à engenharia, depois ao MBA e depois ao emprego. E sentia inveja de pessoas que faziam uma pausa no meio do caminho. Então, eu disse: 'Muito bem, vou tentar a aposentadoria.'" Confiando em seu novo networking, ela se tornou uma docente certificada e conseguiu um emprego no Museu de Arte de Singapura. Fez um treinamento para ser voluntária em um canal telefônico de ajuda a mulheres. Patwardhan e o marido viajaram pelo mundo, mas a nova vida não parecia satisfatória para ela, que fracassou como aposentada, mas aprendeu algo importante sobre si mesma. Perceber que não conseguiria deixar de trabalhar em tempo integral numa empresa exigente, para fazer trabalho voluntário. Sentia falta de ter o estímulo intelectual da função anterior e de estar com pessoas com ideias semelhantes. Sabia que precisava voltar a trabalhar. Gostava demais disso.

Então, poucos meses depois de deixar o Citibank, conseguiu um emprego no banco Standard Chartered; teve várias funções ao longo dos anos: por exemplo, diretora de operações, diretora de risco e diretora global de inovação. Seu trabalho exigia que Patwardhan estivesse por dentro de todas as fintechs emergentes e soubesse qual seria uma boa opção para o banco. Ela estava gostando daquele trabalho; mas, com o passar do tempo, percebeu que ainda estava presa no setor bancário tradicional e se sentia inquieta. Sua função no Standard Chartered a levava com frequência ao Vale do Silício, pois ela administrava o laboratório de inovação do banco de lá. Acabou se apaixonando pela Bay Area e sua energia. Começou a pensar em como fazer para morar ali. "Eu não sabia bem o que queria fazer", diz Patwardhan, "mas sabia que não queria ir para outro banco porque já tinha o melhor emprego possível no setor. Também sabia que tinha uma estrada limitada lá dentro e queria descobrir o que eu gostaria de fazer antes de ser posta para fora — o que acontece com todo mundo mais cedo ou mais tarde."

Tendo em seu DNA a vontade de aprender, Patwardhan avaliou a possibilidade de sair do Standard Chartered e fazer um doutorado, mas isso lhe pareceu muito trabalhoso. Em 2015, estava falando em um painel sobre fintechs na Universidade de Stanford (como resultado da decisão de construir um networking externo) e descobriu que uma das pessoas que participavam do evento era do Fulbright Visiting Scholar. Ela perguntou mais sobre o programa, o mesmo frequentado por uma das ídolas de Patwardhan, Madeleine Albright, que havia começado sua carreira mais tarde, aos 40 anos. Ela a construíra de uma maneira incrivelmente variada nas quatro décadas seguintes: foi integrante do Conselho de Segurança Nacional dos EUA, professora em Georgetown, secretária de Estado e diretora de uma empresa de consultoria política que levava seu nome. "De repente", disse Patwardhan, "um monte de fichas começaram a cair. Eu podia mudar de carreira." Ela se inscreveu em Stanford, foi aceita e começou a se preparar para se mudar para Palo Alto, onde iniciaria sua pesquisa sobre como usar a tecnologia para a inclusão financeira.

Enquanto Patwardhan se preparava para ir à Califórnia, Tang Ning, o empreendedor que ela havia conhecido algum tempo antes, naquele painel no Fórum Econômico Mundial, visitou Singapura e a convidou para tomar café da manhã em um restaurante no distrito financeiro da cidade. Os dois tiveram três reuniões naquela semana, e ele pediu que ela administrasse seu fundo de capital de risco, sediado na Bay Area. Patwardhan ficou nervosa no começo. Sempre trabalhara em um grande banco global, e liderar um fundo de capital de risco seria inédito. Ela não era de fugir de novos desafios e sempre pedia funções novas e exigentes no Citibank e no Standard Chartered, mas aquilo parecia demais, em um setor novo e um novo continente. Ning sentia que Patwardhan deveria trabalhar com ele, apesar de ela dizer que não sabia nada sobre investimentos. Na cabeça do empreendedor, o fundo tinha ex-banqueiros de investimento e analistas que sabiam muito sobre avaliações, mas precisava de alguém com uma sólida experiência operacional.

O poder de persuasão dele acabou se mostrando muito forte, e, depois de chegar à Califórnia, ela começou a trabalhar meio período como conselheira do fundo. Sobre sua experiência em networking, Patwardhan gosta de brincar: "Eu sempre digo às pessoas que a moral da história é: não seja a palestrante principal. Participe dos painéis. Foi assim que descobri o programa Fulbright e acabei em um fundo de capital de risco. Ser a palestrante principal é muito trabalhoso; exige muita preparação, e você não consegue conhecer todas as pessoas interessantes que podem mudar a trajetória de sua carreira."

Quando chegou à Califórnia, ela sabia que não tinha todas as habilidades necessárias para mexer com capital de risco naquela fintech. Então, em seu primeiro semestre na Stanford fez seis cursos sobre temas como investimento de capital de risco, investimento de capital privado, investimento em mercados emergentes e métodos para construir startups de tecnologia. Por meio desses cursos, conheceu investidores de capital de risco, empreendedores e professores, o que se somou a seu networking cada vez maior. "Passei a fazer parte de um fundo bilionário que fazia investimentos, e tudo estava acontecendo muito rápido. Estava estudando, tentando entender qual deveria ser nossa estratégia, o que funcionava e o que não funcionava e o que se pode fazer ou não sendo um fundo chinês nos EUA. Foi um processo de aprendizagem acelerado. Consegui me sentar diante de algumas das pessoas mais inteligentes do mundo, e elas compartilharam o que estavam fazendo e por quê."

Cerca de um ano depois de começar como conselheira da fintech de fundo de capital de risco, Patwardhan passou a administrá-la. Em 2022, a CE Innovation Capital havia investido em mais de cem empresas ao redor do mundo. Investiu em mais de 45 empresas — vinte das quais se tornaram unicórnios, o que significa que foram avaliadas em 1 bilhão de dólares ou mais. Mais recentemente, Patwardhan voltou a Singapura, mas ainda ajuda a administrar muitos dos investimentos originais do fundo. Enquanto estava em Stanford, colaborou com o professor Ken Singleton na Business School, a fim de lançar um curso de fintech para alunos de MBA, e continuou sendo palestrante convidada do curso. Recentemente, concluiu o Rockefeller Foundation's Bellagio Center Residency Program, onde focou os estudos sobre longevidade e bem-estar financeiro. Sua paixão atual é ajudar pessoas mais velhas a pensar sobre finanças pessoais, visto que vivemos em uma época na qual cada vez mais gente viverá até os 100 anos. Há pouco, participou da criação de um curso chamado "Designing for the 100-Year Life", ministrado na National University of Singapore.

De banqueira global a bolsista Fulbright, de gestora de fundos de capital de risco a professora e pesquisadora, Patwardhan demonstrou em sua vida o tipo de resiliência que lhe permitiu reinventar-se sempre que se sentia bloqueada ou insatisfeita com o que estava fazendo. Conseguiu tudo isso porque era curiosa, construiu uma forte rede de contatos e teve coragem de tentar algo novo. "Quando fico na mesma função por três anos", comenta, "começo a sentir que não estou sendo mais desafiada, não estou aprendendo nada novo, então preciso mudar. Para isso, precisamos reconhecer que não somos a pessoa mais inteligente. Para fazer algo novo, às vezes precisamos fazer perguntas que podem nos fazer parecer burros. E eu sou excelente nisso. Não tenho problemas em dizer: 'Não sei, por favor, ajude-me a entender.'" Patwardhan está sempre disposta a seguir um novo rumo na vida, toda vez que sente — segundo sua própria definição — que está ficando empacada. Em grande parte, isso explica por que seu caminho foi tão bem-sucedido.

Outro assunto que com frequência surgia no Bower Forum era usar a paixão para superar uma sensação de fracasso. O desafio é encontrar um emprego ou uma profissão que não pareça trabalho. Procure empregos nos quais você possa aprender e crescer. E tenha certeza de que está trabalhando por algo além do dinheiro. "Uma das grandes lições para mim, depois de viver no Vale do Silício", diz Patwardhan, "foi que a questão não era apenas ganhar dinheiro. Era fazer coisas que dão alegria. Você tem que identificar o que lhe dá alegria. E para mim, o que me dá alegria é estar cercada de pessoas muito inteligentes intelectualmente, com as quais posso aprender algo e que podem aprender algo comigo. Por isso, estou sempre pensando em formas de criar mais oportunidades como essa."

Quando você falha, é importante ter um método para se livrar dos pensamentos negativos e superar a sensação de fracasso. Muitas vezes, ficamos presos em uma história simples sobre nós mesmos. Dizemos "eu não fracassei; foi culpa de outra pessoa" ou "eu estava certo, mas fatores externos me fizeram fracassar". Mas isso não permite encarar o verdadeiro motivo e deixa uma sensação persistente de desconforto bem lá no fundo. Perguntar "em que posso ter errado?" pode nos ajudar a ganhar novas perspectivas sobre o que realmente aconteceu. Ao fazer isso, descobrimos histórias sobre nós mesmos e, assim, conseguimos nos recuperar. Nessa técnica, você pega a situação — o que realmente aconteceu para fazer você sentir que fracassou — e a analisa de uma perspectiva diferente. Talvez você tenha sido orgulhoso demais para ouvir o conselho de um estimado colega. Ou, por ser muito apegado às suas próprias opiniões, talvez tenha ignorado os sinais do mercado que exigiam uma mudança de curso. O objetivo é apertar o botão de pausa e dar a si mesmo tempo para descobrir o verdadeiro motivo de seu fracasso, para que você possa reconhecê-lo, descobrir o que precisa mudar e, então, seguir em frente.

Perguntas para fazer a si mesmo sobre o medo de fracassar e sobre a maneira de transformar o fracasso em crescimento pessoal

- Quais são as causas que impulsionam meu medo do fracasso? Como posso lidar com elas?
- Tenho medo de correr riscos porque temo decepcionar os outros?
- Qual seria a pior coisa que aconteceria se eu fracassasse? O que isso diria sobre mim? Como é correr o risco de fracassar?
- Estou jogando "para não perder" por medo de fracassar? O que eu ganho se ousar tentar?
- Como posso desenvolver a força necessária para declarar quando é hora de parar e me beneficiar do que aprendi?
- Como posso transformar o fracasso em amor pelo aprendizado a serviço de uma visão maior para mim e minha equipe? Como posso usá-lo para promover o crescimento e o desenvolvimento?
- Como posso aprender a assumir mais riscos pessoais a serviço de algo maior que eu?

Em resumo

Líderes que administram bem o fracasso são sinceros consigo mesmos acerca de seus pontos fracos e têm tanto a resiliência para se recuperar de uma situação ruim quanto a capacidade de aplicar as lições aprendidas. Como argumenta a jogadora profissional de pôquer Annie Duke, você precisa equilibrar "desistir e ter coragem", o que significa saber quando perseverar em uma situação ruim e quando parar. Isso requer uma profunda reflexão sobre quando assumir ou não certos riscos à luz dos ganhos potenciais e como aprender com os fracassos — outra dimensão para um líder aprender a liderar de dentro para fora.

Isso destaca outra característica importante dos grandes líderes: a versatilidade. Os melhores desenvolvem múltiplas habilidades e se dedicam ao aprendizado profundo; portanto, são capazes de se adaptar rapidamente diante de incertezas ou crises constantes — versatilidade não apenas em relação aos aspectos emocionais, mas também intelectuais da liderança.

6

Versatilidade

Aprenda a ser ágil

Os CEOs que vêm ao Bower Forum geralmente se concentram em um único problema complicado que lhes tira o sono. Na reunião da qual falaremos, no entanto, uma executiva experiente disse a seu grupo que estava sendo bombardeada de todos os lados. Ela havia subido na hierarquia ao desenvolver uma área no conglomerado de mídia onde trabalhava, mas precisava cortar custos em uma divisão deficitária e achava que não tinha as habilidades certas para isso. Também estava tentando dominar as complexidades do streaming de vídeo, mas estava sendo uma luta entender como ganhar vantagem competitiva. Pior ainda, ela se envolveu em uma briga sobre questões LGBTQIAPN+, e alguns políticos de direita a acusaram de administrar uma corporação *woke*. "Talvez eu seja capaz de lidar com um desses desafios", queixou-se, "mas como faço para conciliar os três ao mesmo tempo?"

Essa CEO não está sozinha. Os líderes de hoje têm que lidar com uma quantidade crescente e mutável de fatores externos desafiadores, como interrupções na cadeia de suprimentos, inflação, polarização política e agitação global, tudo isso enquanto gerem sua organização. É uma tarefa difícil em qualquer circunstância. E esses são os desafios de hoje; nos próximos anos, é quase certo que desafios externos totalmente novos testarão a determinação e as habilidades de cada líder. Ao mesmo tempo, cada vez mais instâncias — investidores, ativistas, funcionários, autoridades governamentais, mídia — pressionam os CEOs, que, no fim das contas, precisam da aprovação dessas pessoas para ser bem-sucedidos.

Como vimos nos cinco capítulos anteriores deste livro, lidar com todos esses desafios requer equilibrar humildade, confiança, altruísmo, vulnerabilidade e resiliência. Os líderes logo descobrirão, no entanto, que essas qualidades, embora cruciais, não são suficientes. No sexto e último elemento de liderança da Parte 1, treinamos os líderes para acrescentar outra arma a seu arsenal. Eles precisam aprender a ser versáteis. Como exploraremos neste capítulo, os melhores líderes são versáteis das três seguintes maneiras: buscam experiências diversas em suas carreiras, mantêm constante a curiosidade em aprender coisas novas e dominam a dinâmica de interação com grupos variados de stakeholders.

Muitas das pessoas mais inovadoras e criativas da história foram bem-sucedidas porque eram versáteis — capazes de dominar mais de uma disciplina e frequentemente se beneficiando do conhecimento desses assuntos variados para ter novas ideias e fazer invenções. Benjamin Franklin foi um escritor e impressor habilidoso, além de um cientista renomado que fez contribuições significativas, como a invenção do para-raios e dos óculos bifocais. No campo político, desempenhou um papel fundamental na elaboração da Declaração de Independência e na negociação do Tratado de Paris para acabar com a Revolução Americana. A experiência de Franklin no setor gráfico e seu interesse pela literatura o levaram a criar o *Poor Richard's Almanack* [Almanaque do pobre Richard], uma publicação anual que continha uma mistura de conselhos práticos, previsões do tempo e reflexões filosóficas. Ao recorrer a diferentes campos, ele criou uma publicação informativa e divertida que ajudou a moldar o pensamento político estadunidense.

O que significa versatilidade no mundo dos negócios? Os líderes precisam dominar dois tipos de versatilidade: a interna e a das experiências

VERSATILIDADE

adquiridas ao interagir dentro de uma organização e lidar com stakeholders externos. Já exploramos os prós e contras da versatilidade interna na Parte 1 deste livro. Vimos exemplos de líderes que ampliaram seu alcance sendo capazes de ser humildes e ousados, vulneráveis e fortes, e por conseguir aceitar o fracasso e seguir em frente. Este capítulo, no entanto, fala sobre administrar a versatilidade da experiência. Fala sobre saber como ir mais longe, quando ir fundo e como e quando expandir seu alcance ao buscar outras pessoas que possam ajudá-lo, expondo-o a tipos diversificados de experiência. Fala sobre ser bom no que você faz, mas também saber como sair de sua zona de conforto, desafiando a si mesmo e à sua organização, fazendo perguntas e sendo curioso em todos os momentos.

Faça o que lhe gera desconforto

Uma coisa que notamos em relação a líderes bem-sucedidos é que a maioria credita sua trajetória de carreira a uma fórmula singular. Alguns chegam ao topo sendo gênios do marketing. Outros são bons em cortar custos e promover reestruturações. Outros, ainda, conquistam reputação por saber fazer uma empresa crescer. Sejam quais forem as habilidades, a verdade é que a maioria das pessoas opera em apenas um modo básico. Fazemos aquilo em que somos bons e somos recompensados por esse comportamento. Talvez você tenha sido promovido a uma nova posição porque seu chefe precisava de uma pessoa experiente em corte de custos, ou de alguém que pudesse transformar um empreendimento novo em uma potência. E você foi a escolha óbvia.

O problema de ter uma única força é que pode ser que nem sempre ela seja a necessária para gerir uma organização grande e complexa. John Plant, CEO da Howmet Aerospace e coach do Bower Forum, diz: "Muito bem, você é contratado como CEO e administra bem a primeira fase do ciclo, que talvez exija uma pessoa com habilidades de reestruturação. Mas então, depois de três ou quatro anos, a empresa passa para o modo crescimento, e, como você não tem as habilidades certas, talvez o conselho o demita. Pouquíssimas pessoas têm a experiência ou a versatilidade para operar nesses diferentes modos."

Em 2000, por exemplo, quando a bolha das ações pontocom estourou, os líderes dessas empresas on-line, que haviam passado anos alimentando um rápido crescimento, de repente se viram focando a lucratividade. Em vez de gastar o que fosse necessário para crescer, tiveram que mudar e encontrar maneiras de economizar dinheiro demitindo pessoas, cancelando projetos e identificando desperdícios. Muitas empresas, como pets.com, Webvan e boo.com, não sobreviveram. São duas categorias de habilidades totalmente diferentes, e um líder tem que ser versátil para fazer a troca. Grande parte do que foi dito se resume à experiência que o líder tem. Se você não tem derterminados tipos, o segredo é encontrar as pessoas certas, dentro e fora da organização, para preencher suas lacunas.

Pessoas que se esforçam para chegar ao cargo de CEO devem se certificar de que, durante a carreira, estejam se colocando em ambientes, situações e desafios variados, onde possam desenvolver habilidades diversificadas. Por exemplo, podem se voluntariar para ajudar em uma grande reestruturação. Ou podem decidir administrar uma empresa de médio porte que deseja crescer e passar de 500 milhões de dólares em receita para 5 bilhões de dólares nos próximos cinco anos. Portanto, ao construir sua carreira, faça a pergunta da maneira certa. A questão não é como você se torna um CEO versátil, e sim como se prepara para se tornar um. O ex-CEO da Ford, Mark Fields, comenta: "Só porque eu digo que quero pesar dez quilos a menos e ser dez centímetros mais alto, não significa que isso vai acontecer. Mas, caso você, em sua carreira, se coloque em posições que lhe permitam obter experiências diferentes, aprenderá a ser um *utility infielder,* ou seja, um jogador que sabe atuar em diversas posições no campo, e terá aquela memória muscular da qual precisará quando tiver que sair do modo crescimento e passar ao corte de custos."

Como observamos, se você chegar ao cargo de CEO e não tiver tido a chance de desenvolver um kit de habilidades e experiências completo

VERSATILIDADE

durante sua trajetória, procure outras pessoas que possam acelerar a curva de aprendizado. Michael Fisher, que foi CEO de três organizações — a ONG Cincinnati Children's Hospital Medical Center, a fornecedora automotiva global Premier Manufacturing Support Services e a Cincinnati USA Regional Chamber of Commerce —, afirma que, durante sua trajetória de carreira, descobriu que as pessoas de cada uma dessas esferas realmente queriam compartilhar conhecimentos e ser úteis. No início da carreira, logo após se formar em Stanford, ele foi diretor atlético associado na Northwestern University, responsável por todos os esportes da universidade, exceto o futebol e o basquete masculino. "Eu sabia", diz ele, "que nunca saberia mais sobre hóquei na grama feminino ou beisebol masculino que aqueles treinadores, por isso dediquei um tempo a construir meus relacionamentos com eles e a entender como poderia ajudá-los a ser bem-sucedidos."

Fisher manteve essa mentalidade durante toda a carreira. Quando dirigia a Premier Manufacturing Support Services, contratou um ex-superintendente de manutenção da General Motors que tinha vasta experiência e havia trabalhado no mundo todo, e o bombardeou com perguntas até se sentir à vontade novo novo setor. No Cincinnati Children's, aprendeu que versatilidade também significava saber quando assumir a liderança e quando não. Assim que a covid estourou, o hospital pisou no acelerador para proteger a equipe e os pacientes. Fisher poderia ter liderado esse esforço sozinho, mas isso teria roubado um tempo precioso de outras funções, como manter o ânimo dos funcionários, fortalecer a confiança e proteger o desempenho e a viabilidade institucional de longo prazo. Então, ele permitiu que outras pessoas assumissem a liderança — neste caso, o diretor de operações, que estava pronto para lidar com os protocolos diários da pandemia.

Outra coisa que Fisher afirma tê-lo ajudado a ser mais versátil foi ingressar em vários conselhos sem fins lucrativos — o United Way, por exemplo, onde pôde ver muitos bons líderes operando, como executivos de alto escalão da Procter & Gamble, General Electric, Kroger e Fifth

Third Bank. "Costumo incentivar líderes mais jovens a servirem em um conselho sem fins lucrativos e realmente se envolver nisso. Assim, terão oportunidade de aprender algo novo. Você pode começar a aprimorar suas habilidades entendendo a estratégia da organização em comparação com a da concorrência e aprendendo a engajar os stakeholders nas áreas de defesa da causa, filantropia ou voluntariado. Além disso, como membro voluntário do conselho, você normalmente não tem nenhum tipo de poder, então desenvolve suas habilidades de liderança por meio de influência, pensamento estratégico e relacionamentos."

Por que ser um CEO versátil é tão importante? Porque isso pode ajudá-lo a exercer um grande impacto nos resultados financeiros. Antes de liderar a Howmet Aerospace, John Plant foi CEO da fabricante de peças automotivas TRW. Nesse trabalho, demonstrou o tipo de versatilidade necessária para lidar com situações operacionais diversas. Quando chegou ao cargo mais alto na empresa em 2003, o setor global de peças automotivas estava a todo vapor. Mas então, com a crise financeira de 2008, a área entrou em colapso quando a demanda secou e a economia global estagnou. A TRW — que tinha sede em Livonia, Michigan, e fabricava uma variedade de produtos de tecnologia, como airbags e sistemas de controle de estabilidade — viu suas ações, até então negociadas na faixa de 20 dólares, caírem para 3,60 dólares por ação no início de 2009. No primeiro trimestre de 2009, a empresa, antes lucrativa, relatou um prejuízo de 131 milhões de dólares. A GM e a Chrysler, duas das maiores clientes da TRW, estavam à beira da falência e quase sendo resgatados pelo governo dos EUA. O Center For Automotive Research, um think-tank de Ann Arbor, previu que o possível colapso do setor poderia acabar com três milhões de empregos nos EUA.[13] A perspectiva era, no mínimo, sombria.

Plant e sua equipe arregaçaram as mangas. A partir de 2009, ele retirou a orientação financeira da TRW que estava compartilhando com analistas de ações, fez inúmeras levas de demissões, inclusive de engenheiros no centro técnico da empresa — a fonte de grande parte da inovação da TRW

VERSATILIDADE

— e começou a fechar e reestruturar fábricas para reduzir sua estrutura de custos em resposta a um mercado e uma economia em constante mudança. A redução funcionou, e em 2010 a hemorragia havia diminuído na TRW. Então, Plant trocou de chapéu e entrou no modo crescimento, investindo em novos produtos e expandindo internacionalmente. No final de sua gestão em 2015, a TRW empregava mais de 65 mil pessoas em aproximadamente 190 grandes instalações ao redor do mundo e foi classificada entre os dez principais fornecedores automotivos. Naquele ano, a TRW foi vendida para a fabricante de autopeças alemã ZF Friedrichshafen por 105 dólares por ação, em um acordo que avaliou a empresa em 13,5 bilhões de dólares.

O que explica a versatilidade de Plant? Parte dela, claro, pode ser atribuída a suas habilidades inatas, mas ele também trabalhou muito para aprender a transitar entre mundos diferentes — como corte de custos, crescimento, marketing ou entrega de inovação — e ser eficaz nessas situações. Uma dica: ele diz que, ao longo de sua carreira, fez questão de buscar novas posições com desafios que lhe gerassem desconforto, para que não acabasse sendo um gestor de "uma nota só".

Vá fundo

Ter um arsenal diversificado de habilidades operacionais, embora essencial para o sucesso, é apenas o primeiro passo para ser um líder versátil. A segunda característica necessária é ser um pensador profundo e criativo. Sim, a maioria das pessoas se considera pensadora profunda, mas será que realmente é? Quantos líderes realmente conhecem ou entendem as complexidades de seus setores? Alguns adotam a estratégia de "fingir até convencer", ignorando detalhes técnicos ou não entendendo de verdade o cenário competitivo, esperando que outras pessoas expliquem o que precisa ser sabido. Não estamos dizendo que todo líder precisa dominar, tim-tim por tim-tim, os produtos ou serviços que fornece, mas pensar profundamente sobre o que faz sua organização funcionar e sobre as diferentes capacidades e ativos dela é essencial para ser um líder versátil.

Dominar os detalhes dos negócios de uma organização pode parecer uma tarefa assustadora para um CEO que gere uma empresa de alta tecnologia ou biotecnologia, especialmente se ele subiu na hierarquia passando por finanças ou marketing. Sim, a educação formal em uma disciplina específica com certeza ajuda, mas a falta dela não deve desencorajar um líder a se esforçar e absorver as complexidades do negócio. O segredo é ser sempre curioso. Leonardo da Vinci, por exemplo, não teve uma educação formal; ele mal sabia ler latim ou fazer divisões longas. No início de sua vida, achou que seria valioso, entre tantas coisas, estudar a língua de um pica-pau; e ele nem tinha planos de desenhar ou pintar um pássaro desses. Nunca sabia aonde sua curiosidade o levaria, mas não parava de explorar. Como Walter Isaacson coloca em *Leonardo*, sua biografia sobre esse artista e inventor, "ele queria saber, porque era Leonardo: curioso, apaixonado e sempre cheio de admiração por tudo".[14]

Você precisa ter energia para questionar constantemente o que sabe e sempre ansiar aprender coisas novas; ou seja, exercer o pensamento profundo. Plant demonstrou esse tipo de curiosidade ávida depois que deixou a TRW, em 2015, e mais tarde foi CEO da Arconic e depois da Howmet Aerospace, empregos que lhe exigiam mergulhar nas complexidades de um setor totalmente novo. A Howmet, sediada em Pittsburgh, fabrica lâminas de motores a jato, componentes estruturais e outras peças de alta tecnologia para aeronaves comerciais e militares, entre outras linhas de produtos. Embora existam algumas semelhanças, o setor aeroespacial é muito diferente do de peças automotivas, tanto nas tecnologias quanto nos mercados. Plant diz que, quando passou do setor de autopeças para o aeroespacial, entrou no que ele chama "modo de pensamento profundo" a fim de encontrar soluções para os novos desafios que enfrentava. "Começa com muito rigor", explica. "Você analisa, decide e, talvez ainda mais importante, tem a confiança para executar sua decisão." Se for rigoroso em sua análise, se realmente pensar bem, poderá criar um caminho para a implementação.

VERSATILIDADE

Plant começou tentando entender como o setor aeroespacial diferia do automobilístico. Não só os produtos eram diferentes — lâminas de turbina a jato *versus* airbags —, mas também as aplicações para os produtos e os clientes. "É tudo uma questão de curiosidade intelectual", comenta o CEO. "Você tem que fazer um estudo aprofundado dos produtos da empresa e das tecnologias que os sustentam, sem se deixar enganar por sua aparência. Também precisa determinar se seus produtos atendem às necessidades dos clientes." Compreender o setor aeroespacial demandou meses de trabalho duro. Plant visitou as instalações da Howmet e entrevistou os funcionários, muitas vezes fazendo a mesma pergunta a pessoas diferentes. "O segredo não é apenas entender o que um produto faz, mas também como e por que faz o que faz. Então, você pode pegar o como e o porquê, e contextualizá-los. Isso lhe permite saber qual é sua vantagem competitiva, caso tenha uma."

Hoje Plant está totalmente familiarizado com a linha de produtos da Howmet. Em um evento recente do setor, estava diante de uma plateia e falou sobre a tecnologia da empresa — como os diferenciais de uma lâmina de turbina — por mais de duas horas. Uma pessoa da plateia, impressionada com o profundo conhecimento do CEO, perguntou mais tarde ao CFO da Howmet se Plant estava usando um teleprompter. A resposta foi: "Não, ele realmente entende dessas coisas."

Plant não está sozinho em sua paixão pelo conhecimento. Alguns dos líderes mais bem-sucedidos do mundo são obcecados pelas complexidades dos próprios produtos. Na Amazon, Jeff Bezos estava observando um de seus melhores engenheiros de software escrever um algoritmo em um quadro branco. Ele se levantou e corrigiu a fórmula.[15] Elon Musk, da Tesla, é capaz de discutir tecnologia das baterias de ponta e formas de desenvolver e integrar motores em carros elétricos. Essas pessoas, no entanto, tendem a ser exceções. Mais tipicamente, os líderes evitam tentar dominar novas áreas de pensamento. Por quê? Segundo nossa experiência, alguns apenas não são intelectualmente curiosos; outros têm medo de fracassar; e outros, ainda, não querem dedicar o tempo e a energia necessários.

Plant também passou muito tempo tentando entender sua vantagem competitiva em uma série de produtos da Howmet Aerospace. Ele se perguntava o que seus produtos tinham que os da concorrência não tinham. O objetivo final era extrair valor e cobrar preços premium ou aumentar os praticados e, ao mesmo tempo, ele queria aumentar a participação de mercado sem que os produtos se tornassem commodities. Houve um caso em que um de seus principais clientes exigiu que ele baixasse o preço de uma pá de turbina da Howmet. Como o CEO havia analisado profundamente o como e o porquê desse produto, sabia que aquela pá de turbina era a melhor do mercado e se recusou a baixar o preço. O cliente foi embora, mas Plant não cedeu. "Você tem que ter força de vontade para dizer: 'Tudo bem, que seu deus o acompanhe e você seja feliz.'" Um dia, o cliente voltou e concordou em pagar o preço mais alto, porque o novo fornecedor não conseguira atender às suas rigorosas exigências. Plant concordou em fornecer a peça, mas insistiu em um pedido maior e um preço ainda mais alto que o anterior. O cliente concordou. Plant não tinha 100% de certeza de que o outro fornecedor não poderia oferecer o que o cliente queria; mas, como ele havia estudado profundamente o como e o porquê de seu produto, estava bastante confiante no retorno de seu cliente rebelde.

O que Plant fez ao negociar com esse cliente não é uma prática comum no setor aeroespacial. Geralmente, os fornecedores cedem às demandas dos grandes clientes. Plant diz que ser novo no ramo lhe permitiu adotar uma abordagem nova. Ele fez questão de não se prender às tradições e práticas rígidas do setor. Como explica: "Decidi não entrar na sociedade secreta. Em qualquer grande setor, sempre há um grupo de pessoas imbuídas de certas maneiras de fazer negócios. Minha coragem de fazer algumas das mudanças que fiz poderia ter sido prejudicada se eu estivesse disposto a seguir os conselhos desse grupo ou a me familiarizar demais com práticas comerciais estabelecidas. A fim de ser convidado para certos fóruns, eu precisaria me comportar de determinada maneira, e eu não queria ser forçado a me comportar assim. O preço para entrar no clube era muito alto."

Uma das características do aprendizado profundo é a capacidade de equilibrar a sede de conhecimento com um senso de certeza. Especialmente durante os primeiros anos de gestão de um CEO, é forte o desejo de provar do que é capaz. Afinal, ninguém quer seguir líderes que ficam mudando de ideia sem um bom motivo ou que, por outro lado, acham que têm todas as respostas. Ed Bastian disse que, quando foi nomeado CEO da Delta Air Lines, em 2016, queria provar que aquele era seu lugar e que estava preparado para assumir o cargo, mas levou alguns anos até se sentir à vontade na função. "O trabalho de CEO é intimidador e exige humildade. Eu era responsável por cem mil funcionários e duzentos milhões de clientes por ano, e me perguntava: 'Como cheguei aqui? O conselho tomou a decisão certa?' Essas coisas você nunca admitirá em público, mas internamente é uma luta."

Bastian prossegue: "A maneira de lidar com essa incerteza é aprendendo, aprendendo, aprendendo. Procurei pessoas para fazer perguntas, porque realmente queria ser o melhor possível. Acredito mesmo que a única coisa constante é a mudança, e um CEO precisa se sentir à vontade com ela e aceitá-la. E estar sempre atento para manter a flexibilidade e a prontidão, estar preparado para a disrupção, tanto em nível micro quanto macro, pensando no longo prazo. É assim que melhoramos constantemente nossa resiliência. Na verdade, o cargo de CEO é o único em que você tem que pensar pelo menos cinco anos à frente. Projetar adiante prazos tão longos e imaginar modificações no modelo de negócios e nas ofertas ao cliente é essencial para a reinvenção, tanto individual quanto institucionalmente."

Quando a pandemia de covid-19 estourou, no início de 2020, Bastian colocou à prova sua filosofia de aprendizado. "Todos os dias aprendíamos algo que contradizia o que no dia anterior achávamos que sabíamos", relembra. "O que precisávamos fazer para atravessar a pandemia era ficar desmontando nosso modelo de negócios e o remontando de maneiras diferentes, enquanto continuávamos liderando em meio a uma crise. Era difícil, porque você tinha que ser vulnerável. Mas eu afirmo que foi essa vulnerabilidade que nos ajudou a reunir nossos funcionários e clientes para passar por aquele período. Eu mostrei às pessoas que não tinha as respostas, mas que estava comprometido a trabalhar com elas para aprender e encontrar as soluções. Muito mais poderoso do que saber é dizer que você não sabe. Acredito que usar nossa vulnerabilidade para unir as pessoas aumenta nossa autoridade como CEO."

Nos primeiros dias da pandemia, por exemplo, Bastian ouvia muitas informações confusas e contraditórias sobre as formas de manter seus funcionários e passageiros seguros. O vírus é transmitido pelo ar ou pelo toque? As máscaras funcionam? Quais? Os sistemas de ventilação dos aviões podem ajudar a reduzir a exposição ao vírus? A companhia aérea deve exigir vacinas? Enquanto a maioria dos líderes seguia da melhor maneira possível as diretrizes — que mudavam constantemente — do órgão regulador de saúde dos Estados Unidos, o Center for Disease Control and Prevention (CDC), Bastian tomou a incomum atitude de entrar em contato com um dos principais estabelecimentos médicos do país, a Clínica Mayo, e trabalhar em estreita colaboração com os principais profissionais de lá, para entender melhor o comportamento do vírus. Inclusive, contratou o executivo da Mayo, Dr. Henry Ting, como o primeiro diretor de saúde da Delta. Como um médico da Mayo lhe disse: "A única coisa que posso falar, Ed, é que, seja lá o que você pensa que sabe hoje, será diferente amanhã." "Quando ouvi isso", lembra Bastian, "percebi que ele estava me dizendo que sempre precisamos estar dispostos a dar atenção àquilo que pode mudar e aprender com isso, e que, enquanto tivéssemos essa forma de pensar, estaríamos bem." Então, em essência, o aprendizado rápido e os ciclos iterativos de ação de Bastian criaram padrões e práticas de constante melhoria que protegeram a saúde dos passageiros e dos funcionários daquela companhia aérea.

Sua dedicação a aprender sem medo e sem preconceitos, sua disposição a questionar e repensar crenças e suposições antigas e sua capaci-

VERSATILIDADE

dade de estudar depressa e aprender com o grupo certo de especialistas ajudaram a Delta não apenas a passar pela turbulência da pandemia, mas também a sair, ainda no início, da crise no setor. Sob a liderança de Bastian, a Delta é a empresa aérea mais premiada dos Estados Unidos. O *Wall Street Journal* a declarou a melhor companhia aérea dos EUA em 2023, terceira vitória consecutiva e a sexta em sete anos.[16]

Saiba quando calar

Como vimos, a capacidade de assumir diferentes funções operacionais e obter conhecimento profundo sobre o próprio setor são dois elementos-chave para ser um líder versátil. Um terceiro, e que tem assumido cada vez mais importância, é ter as habilidades corretas para comunicar o posicionamento político e ambiental de uma empresa. Nos muitos Bower Foruns que realizamos, esse tema é constantemente discutido. Os participantes perguntam: quando é apropriado posicionar-se? O CEO fala pela empresa ou precisa obter a aprovação do conselho e dos investidores? E se as crenças pessoais do CEO entrarem em conflito com os interesses dos funcionários e de outros stakeholders? Como lidar com a reação negativa de se posicionar sobre questões ambientais e sociais controversas? Pessoas que se sentem tentadas a abraçar publicamente questões progressistas talvez se lembrem da fala de Michael Jordan, astro da NBA: "Republicanos também compram tênis."[17]

Na conjuntura atual, no entanto, a neutralidade não é mais uma opção viável. Em muitos casos, os líderes devem deixar claras suas crenças, para construir uma gestão autêntica. Caso contrário, a reação negativa de funcionários e clientes pode ser rápida e custar caro. Os líderes devem se perguntar: "Devo lançar este ou aquele produto? Devo escolher ou promover essa pessoa caso seus valores não se encaixem bem com os meus? Minhas operações estão prejudicando a comunidade de alguma maneira que eu possa evitar?" Os líderes sabem que essas situações às vezes geram compromissos muito difíceis, o que demanda abrir mão de oportunidades lucrativas, mas não consistentes com a bússola moral de sua empresa.

Por exemplo, você deve parar de fazer negócios com a Rússia após a invasão da Ucrânia ou sua operação lá é essencial para o bem-estar dos cidadãos russos? Você acredita em mudanças climáticas e, se sim, suas metas de carbono zero são confiáveis ou só para inglês ver?

É tentador ficar calado e esperar que o problema desapareça. Don Hewitt, o lendário criador do *60 Minutes,* programa da CBS, certa vez foi questionado sobre o que faria se a imprensa ligasse para ele. "Eu desligaria!", brincou. Afinal, às vezes, posicionar-se pode prejudicar uma empresa — alguns políticos, agora, estão mirando em organizações que consideram *woke*, e buscam medidas punitivas que vão de boicotes a legislação para atingi-las.

O mundo não funciona mais desse jeito. É preciso encontrar um equilíbrio, porque se calar o tempo todo não é mais uma opção em um mundo onde o escrutínio das mídias sociais corre solto. Conforme coloca Dan Vasella, ex-CEO da Novartis e coach do Bower Forum: "Jornalistas têm uma demanda legítima por acesso ao CEO. Mas você precisa modular isso para evitar superexposição. Para a mídia, você é um produto. E a imprensa vai pintá-lo como um herói ou um vilão — o que vender mais. Então, se o pintam como um herói hoje, você precisa estar preparado para ser pintado como vilão amanhã. Nem tudo que você fizer vai dar certo todas as vezes, e é preciso aceitar que as pessoas serão injustas." Como Vasella sugere, é sensato limitar os momentos em que você deve falar. Mas, claro, não faz sentido tuitar em resposta a cada manchete ou preocupação dos funcionários. Os CEOs precisam estabelecer diretrizes sobre quando falar e quando se calar sobre uma questão controversa. Concluímos que os CEOs só devem assumir um posicionamento público em relação a algum assunto quando este for autêntico e relevante para a empresa.

O CEO da Delta Air Lines, Bastian, por exemplo, decidiu que algumas questões sociais são importantes demais aos seus funcionários

VERSATILIDADE

para que ele as ignore. Na primavera de 2021, a Geórgia aprovou uma lei que restringia o acesso ao voto no estado. Ele e outras pessoas viram isso como um esforço para suprimir a participação de pessoas pretas no processo eleitoral. Não foi uma decisão fácil para Bastian manifestar-se contra essa lei, mas ele o fez. "Há momentos", comenta, "que você se vê empurrado a um tema que tem relevância para seu pessoal, seu negócio e sua comunidade local, e as pessoas o procuram para saber sua opinião sobre o que está acontecendo." Neste caso, a lei eleitoral era especialmente relevante: a Delta é a maior empregadora privada no estado da Geórgia e está comprometida com fechar as lacunas de diversidade na liderança e em todos os níveis da empresa para criar uma companhia equitativa. No início, Bastian tentou ficar alheio à briga; mas, ao saber das crescentes preocupações de seus funcionários e membros da comunidade, decidiu se manifestar. "Eu não conseguia explicar a eles por que deveríamos apoiar essa lei. Ela simplesmente não refletia nossos valores, e havia muita pressão para assumir uma posição. Quando olhei ao redor, toda a comunidade corporativa local estava relutante em se posicionar, por isso senti a obrigação de me opor à lei."

Muita gente se ofendeu com o posicionamento de Bastian, mas muitas pessoas concordaram com ele. Depois que ele se manifestou, centenas de CEOs em todo o país expressaram sua oposição à lei. Olhando para trás, Bastian diz: "Isso mudou alguma coisa? Não, a lei ainda está aí. Mas mostramos que tínhamos uma voz que importava, e os consumidores fazem negócios com empresas que têm e praticam valores."

Conforme Bastian descobriu, envolver-se com política às vezes é difícil e estressante, especialmente em uma grande corporação cujos interesses comerciais e stakeholders estão divididos sobre o assunto. O desafio é encontrar a postura e a linguagem corretas em situações complexas e controversas. Acreditamos que existem valores básicos e comuns compartilhados sobre os quais qualquer CEO ou líder de organizações sem fins lucrativos deve sempre se posicionar, como a proteção de vidas inocentes e a condenação de ações terroristas e assassinas. Isso não é questão de escolha, e sim de obrigação. Mas pronunciar-se sobre escolhas políticas específicas não faz sentido, em nossa opinião, a menos que, igual ao caso da Delta, a questão seja de fato relevante para seu pessoal e sua comunidade. Portanto, nosso conselho é falar abertamente sobre uma comunhão de valores, mas pensar duas vezes quando for algo relacionado à política.

Embora os líderes devam levar em conta todos os seus stakeholders, ainda é papel do CEO criar valor para os investidores. Alguns investidores querem que as empresas atendam aos fatores ambientais, sociais e de governança (ESG). Outros talvez sejam indiferentes a essas questões e desejam apenas um retorno saudável. Ao considerar se e de que maneira devem expressar uma opinião, os CEOs precisam conhecer seus stakeholders e tentar equilibrar suas necessidades, e ao mesmo tempo levar em conta clientes, funcionários e outros integrantes. Não é fácil. Por exemplo, no momento que este livro foi escrito, o consenso em torno da primazia das questões ESG estava desgastado. Embora o rótulo ESG tenha se tornado, talvez, menos útil porque foi politizado, os elementos subjacentes a ele ainda são importantes. Os líderes precisam ser versáteis para saber o que é importante para eles e para sua empresa, e como sinalizar a importância dessas questões, reformulando-as de uma forma que seja mais relevante para todos os stakeholders, como funcionários, investidores externos e políticos.

Uma prática que ajuda é pensar no impacto da decisão no longo prazo. *Não* se posicionar prejudicará o valor da empresa no longo prazo, mesmo que falar abertamente signifique sofrer um golpe financeiro no curto prazo? "É uma visão que resistirá ao teste do tempo quando seu sucessor chegar?", pergunta Plant, da Howmet. "A nova liderança assumirá esse manto e essas visões, ou elas provavelmente serão alteradas? Você está colocando seus sucessores diante de uma visão expressa da empresa que eles não compartilham?"

VERSATILIDADE

Plant, que foi diretor da Alcoa e da Masco, diz que participou de uma reunião do conselho na qual o CEO disse que queria comentar publicamente as mudanças climáticas. E um dos diretores falou: "Por quê? Isso nos ajudará a vender mais latas de tinta?" É compreensível ter fortes sentimentos em relação a um problema, mas caso envolver-se não agregue valor, por que entrar na controvérsia? Contudo, se você acredita que *não* fazer uma declaração sobre um problema ambiental impedirá a empresa de, digamos, atrair e reter os melhores talentos, reúna as evidências para respaldar seu argumento e apresente-o ao conselho.

Muitas vezes, os CEOs dizem que defendem questões ambientais, ou direitos LGBTQIAPN+, ou liberdade de expressão... mas as ações da empresa respaldam esses ideais? Se você decidiu se envolver em uma questão controversa, pergunte a si mesmo se essa decisão é autêntica e se o mundo a perceberá como tal. É fácil dizer o que é certo, mas, caso sua organização não esteja pronta ou não seja capaz de alocar tempo e dinheiro para a causa, você poderá se expor a acusações de hipocrisia.

Vejamos a causa mais comentada nas empresas estadunidenses hoje: mudanças climáticas. Muitos líderes bem-intencionados prometeram que suas empresas teriam zero líquido da emissão de carbono até, digamos, 2030 ou 2040, mas realmente sabem como chegarão lá? Claro, se uma empresa tem um plano definido para descarbonizar e investiu fundos significativos para isso, é uma coisa. Mas esse tipo de compromisso profundo tende a ser a exceção. Muitas vezes, as empresas que anunciam uma meta de carbono zero não se empenham seriamente na descarbonização. Isso os deixa sujeitos a ser acusados de demonstrar falsa preocupação com o tema. Na Howmet Aerospace, Plant adota uma abordagem diferente e que considera mais autêntica para as mudanças climáticas. Ele se recusa a assumir um compromisso de zero líquido para 2030 ou 2050 porque não acha que isso seja crível, ou, em suas palavras: "Isso não passa de balela. As pessoas assumem esses compromissos, mas não estão falando sério, porque não sabem como cumpri-los. Elas nem estarão no cargo em 2030, muito menos em 2050, não é?"

Então Plant diz a seus funcionários e a qualquer um que lhe pergunte que a obrigação da Howmet é não poluir o ar, não poluir a água e não causar nenhum dano às pessoas que vierem depois deles, para que seus filhos e netos possam viver em um ambiente limpo. Na prática, isso significa que a Howmet investe dezenas de milhões de dólares para tornar sua fabricação mais eficiente e cortar carbono onde for possível ao longo de toda a cadeia de valor. "Todas essas grandes declarações sobre atingir zero carbono são apenas teatro político", comenta. "Se você não as respaldar com ações, serão declarações vazias. É preciso ser autêntico; é preciso acreditar no que diz e expressar valores. Se quiser que as pessoas o sigam, precisa ser sincero com elas."

Como vimos, o mundo externo pode ser um campo minado para CEOs, especialmente para os novos que participam do Bower Forum, os quais não têm experiência profunda em se comunicar com pessoas de fora. Em uma das sessões, estava um novo executivo que se sentia perdido tentando explicar para os stakeholders externos a posição da empresa sobre uma série de questões. "Quando falar e quando decidir que o silêncio é uma virtude?", perguntou ele. "Meus stakeholders acreditarão no que eu disser e estarão dispostos a ajudar a resolver meus problemas?" Fisher, do Cincinnati Children's, sugere pensar profundamente em sua missão, seus principais stakeholders e sobre quais questões você tem legitimidade para opinar, quais refletem sua experiência. "No Cincinnati Children's", lembra Fisher, "tínhamos uma boa noção de quais questões eram mais importantes para a saúde das crianças, portanto falar sobre vacinas era importante para nós; mas, sobre as mudanças climáticas, embora fosse algo com que nos importávamos, não achávamos que precisávamos estar à frente e no centro da questão. Trabalhamos com nosso conselho a fim de antecipar possíveis grandes questões de políticas e relações públicas que persistiriam ou provavelmente surgiriam nos próximos seis a doze meses, para, assim, ter nossas declarações sobre posicionamento e planos de ação prontos, se precisássemos delas."

VERSATILIDADE

Quando surge uma crise ou uma questão importante, muitos CEOs não sabem a quem recorrer. "Um dos meus vários mentores", afirma Fisher, "me disse que é sempre bom ter relacionamentos antes de precisar deles, por isso eu acho que um CEO precisa ter uma boa visão periférica para saber quais instituições e relacionamentos com stakeholders serão importantes para as reviravoltas que surgem na vida." O segredo é investir tempo na construção de relacionamentos com clientes, funcionários, a comunidade e autoridades eleitas *antes* de precisar da ajuda deles. Você deve conhecê-los bem para poder contatá-los pessoalmente — e não por meio de representantes — em uma emergência. Se os relacionamentos forem fortes, explica Fisher, quando houver um problema ou uma crise, eles podem até entrar em contato com você antes que as coisas fujam do controle e oferecer conselhos construtivos, ou ajudá-lo a contornar uma situação complicada.

Durante a pandemia de covid, Fisher decidiu exigir vacinas a todos os funcionários — mesmo sabendo que isso não seria bem recebido por alguns profissionais da saúde que relutavam em tomar as vacinas. Na época, outros hospitais da região chegaram à mesma conclusão. Fisher, tendo estabelecido bons relacionamentos com cada CEO, orquestrou um anúncio conjunto de sua decisão de exigir vacinas contra a covid-19. Ele acredita que a mensagem conjunta ajudou a mitigar algumas incertezas dos funcionários porque, na verdade, o que transmitia era o seguinte: "Vejam, estamos todos unidos para propiciar o ambiente mais seguro e o melhor atendimento à saúde aos moradores de nossa comunidade, e todos nós analisamos nossas instituições e decidimos que isso é importante." Esse é o poder de fazer parte de um ecossistema, e não simplesmente fazer as coisas sozinho.

Embora este livro não seja sobre bem-estar pessoal, vimos ao longo dos anos que tentar encontrar equilíbrio entre trabalho e vida pessoal pode ser muito estressante. Quando seu trabalho é exigente e consome muito tempo, é normal que você se preocupe se está passando tempo suficiente com sua família e seus amigos. Ao sentir a pressão deles sobre tempo e atenção, é difícil ser o melhor no trabalho e em casa. Há cerca de uma década, especialistas prescreviam um equilíbrio estrito entre trabalho e vida pessoal. A ideia era compartimentar, separar a vida profissional e a vida pessoal, estabelecendo limites nítidos — em outras palavras, deixar suas preocupações com o trabalho no escritório quando estiver em casa e vice-versa. Mas o mundo mudou desde então. Após a pandemia, muitas pessoas passaram a trabalhar em casa pelo menos um ou dois dias por semana, se não mais. E o uso crescente de e-mails, mensagens de texto e videoconferências fora do horário comercial confundiu ainda mais essa linha. Hoje, realmente não existe uma linha rígida entre trabalho e vida pessoal.

Cada um tem sua maneira própria de lidar com esse equilíbrio; no entanto, nos últimos anos estamos notando alguns padrões. Os melhores líderes primeiro entendem o que interfere em seu trabalho e em sua vida, e são sinceros em relação a isso, buscando maneiras de administrar essas situações. Então, percebem que há algo em comum entre a vida pessoal e a profissional: ambas ficam menos estressantes quando eles não tentam fazer essa separação. E, por fim, sabem que a energia é mais importante que o tempo, que estar mentalmente presente com os amigos ou familiares por curtos períodos é melhor que passar muito tempo com eles quando se está distraído. Com isso em mente, gostaríamos de compartilhar com você algumas histórias de líderes que encontraram o equilíbrio na questão trabalho/vida pessoal.

Daniel Vasella teve uma reviravolta interessante em seu tempo com a família. Como muita gente, o CEO tentava o máximo possível tomar café da manhã e jantar com ela, limitando suas refeições de negócios a almoços. Mas ele usava seu trajeto de uma hora e meia retornando da sede — na Basileia, Suíça — para casa e falava com a esposa, pelo telefone, sobre o que havia acontecido durante o dia, a fim de que, quando ele chegasse para jantar, às 20h, não precisassem falar disso. "Para muita gente, é difícil desconectar-se ao chegar em casa. A cabeça ainda está no trabalho, ou a pessoa fica olhando os e-mails no celular. A família o percebe preocupado e emocionalmente indisponível. Como falo ao telefone com minha esposa, é como se eu tivesse chegado em casa uma hora antes. Essa ligação permite que eu me desligue do trabalho."

Lynn Elsenhans, ex-CEO da petrolífera Sunoco, acredita que o mais crucial é ter uma família que a apoie. "Eu digo às mulheres mais jovens que a decisão mais importante que podem tomar na vida é quem será seu parceiro, porque é muito difícil chegar aos níveis mais altos em uma corporação sem ter um parceiro que a apoie. É difícil encontrar a pessoa certa. Estou casada com a mesma pessoa há mais de quarenta anos, tive a sorte de encontrar a pessoa certa."

Gerenciar a tecnologia pode ajudar muito a encontrar o equilíbrio entre o trabalho e o bem-estar pessoal: "Os smartphones e outros dispositivos são incríveis para melhorar nossa produtividade, mas também nos impedem de estar totalmente presentes", diz certo executivo. Todas as manhãs, ele passa os primeiros 45 minutos após acordar sem tocar no celular. Ele se conecta com sua esposa, e os dois falam sobre o que vão fazer no dia, ouvem música indiana e tomam uma xícara de chá. "Acho esse tempo que passamos juntos incrivelmente valioso e realmente define o resto do meu dia. Meu conselho a todos é que passem a primeira meia hora ou 45 minutos do dia em coisas que lhe deem significado e permitam que vocês estejam totalmente presentes. Isso os ajudará durante o dia."

Algumas pessoas, como Eddie Ahmed (que comanda a divisão internacional da MassMutual), acham que construir uma carreira de sucesso é tão abrangente, que nem tentam separar o trabalho e a vida pessoal — uma postura que muita gente, especialmente a geração millennial, que tende a priorizar a segunda em vez da primeira, consideraria ruim. "Desde que comecei a trabalhar, na casa dos vinte, tenho a perspectiva de que trabalho e vida se misturam. Sempre senti que meu trabalho fluía para minha vida pessoal e vice-versa. Acho que não tirei um dia de férias de verdade em mais de 25 anos. Não que eu não tire férias, mas sempre acabo fazendo algo de trabalho. Não defendo que os outros façam isso;

digo ao meu pessoal que tirem férias, guardem o celular e não enviem e-mails. Mas simplesmente não é assim que eu funciono. Lido bem com o fato de saber quando preciso tirar uma folga e refletir. Não tenho necessidade de definir uma semana ou um mês para programar uma folga. Vou parar quando achar que devo."

Como exemplo, Ahmed diz que, depois de uma reunião do conselho, em Boston, ele foi para Los Angeles passar 48 horas escalando o Half Dome no Parque Nacional de Yosemite com seu filho de 25 anos; então, pegou um avião rumo a Londres para outra reunião. "Eu consegui fazer algo realmente de qualidade com meu filho e, ao mesmo tempo, não perdi um único movimento do meu trabalho. Essa é uma mistura que reúne tudo para mim."

Às vezes, sentimos que estamos perdendo o controle porque simplesmente não existe tempo suficiente para fazer tudo no trabalho, muito menos para passar mais tempo com a família e os amigos. Se o tempo é o bem mais precioso de um líder, por que tantos delegam seu uso a outros? Anju Patwardhan, ex-diretora de uma fintech chinesa, percebeu que estava gastando muito tempo coordenando seu calendário. Embora tivesse uma assistente, ela achava que as inúmeras idas e vindas eram exaustivas e não eram o melhor uso de seu tempo. Um dia, estava reclamando disso com um CEO chinês que empregava quarenta mil pessoas espalhadas pelo mundo e cuidava da própria agenda. Quando ela perguntou por que ele não deixava que a assistente fizesse isso, ele respondeu: "A coisa mais valiosa que tenho é meu tempo; quero administrar meu próprio tempo. Quero decidir o que é prioridade ou não." Patwardhan começou a gerenciar a agenda de reuniões externas e logo viu que era muito mais conveniente. "Às vezes, quando surge a oportunidade de me encontrar com alguém em cima da hora, sei se é importante a ponto de eu começar meu dia às 7h, em vez de às 8h, ou se devo reagendar alguma coisa. Faço isso muito mais rápido que minha assistente porque sei em qual dia consigo trabalhar até tarde da noite, em qual tenho uma reunião do conselho que não posso perder, o que é essencial e o que não é. De outro modo, eu perderia três dias com minha assistente tentando coordenar tudo."

Embora consideremos algumas dessas técnicas úteis, elas só vão até certo ponto para enfrentar o que julgamos ser a motivação do estresse causado pela tentativa de manter um equilíbrio entre trabalho e família. O que aprendemos ouvindo diversos CEOs é uma lição simples. Se você não está feliz no trabalho, é provável que não esteja feliz em casa. Uma pessoa que está infeliz no trabalho pode passar muito tempo com a família, mas esse tempo pode ser satisfatório se ela está preocupada, perturbada ou deprimida? Uma pessoa apaixonada pelo trabalho pode não conseguir passar muito tempo com a família; mas, quando o faz, provavelmente é um tempo de qualidade, porque está feliz, animada e fazendo o que lhe faz bem. A família consegue ler nosso humor, e, se você estiver para baixo, essa vibração vai colorir seus relacionamentos. Se voltar para casa orgulhoso do que conquistou no dia, suas chances de passar um tempo de qualidade com seus entes queridos aumentam.

Também aprendemos que isso funciona no sentido contrário. Ter relacionamentos sólidos em casa pode ajudar você em seu trabalho. É um ciclo de reforço mútuo — de feedback positivo. Para certo CEO, foi o que o ajudou a salvar sua carreira. Ele nos contou que estava passando por dificuldades porque havia se divorciado da esposa, que estava tendo um caso, e ele havia assumido a guarda de seus três filhos, cujas idades variavam entre 7 e 15 anos. Disse ao grupo que "estava ficando sobrecarregado" e que estava pensando em largar o emprego. Outro presente falou sobre a importância de ter entes queridos solidários em casa e como usar essa energia no trabalho diário. Depois de deixar o Bower Forum, o CEO divorciado refletiu profundamente sobre o que havia ouvido. Começou a ver a família como uma fonte de força e encontrou uma maneira de usar esse amor em casa para impulsionar o trabalho. Em pouco tempo, conheceu outra pessoa e se casou; ela era muito atenciosa e o ajudou a reduzir a tensão de ser um pai solteiro, o que lhe permitiu continuar sua jornada de executivo de sucesso.

Perguntas para ajudar você a desenvolver sua versatilidade

- Que novas habilidades e experiências de versatilidade preciso desenvolver e em quais tarefas e funções posso adquiri-las?
- Que novas áreas, experiências, programas de treinamento ou oportunidades de reflexão devo levar em conta?
- Quais são minhas abordagens de aprendizagem e com quais membros da equipe e especialistas preciso trabalhar para poder aprender?
- Quanto tempo preciso reservar para expandir minha versatilidade, tanto para aprendizado no trabalho quanto para estudo aprofundado?

Perguntas para ajudar você a saber quando se posicionar ou não

- Envolver-me em um tema ou controvérsia pública realmente agrega valor à empresa?
- Ao considerar se devo ou não expressar uma opinião, levei em conta as necessidades dos acionistas, clientes, funcionários e outros integrantes?
- Meus valores e minhas crenças (e os da empresa) são bem claros e eu os compartilho segundo a autêntica autoridade que tenho para falar pela organização?

Em resumo

Com todas as mudanças aceleradas e cada vez menos previsíveis em torno de geopolítica, tecnologia, cadeias de suprimentos, atitudes do consumidor e mudanças climáticas que enfrentamos, ser versátil é essencial para ser um líder bem-sucedido. Escolher algumas áreas que são mais importantes para você e sua organização e se aprofundar nelas é uma prática que os líderes precisam aprender. Perceber que você não é a pessoa mais inteligente em todos os tópicos é fundamental para o aprendizado contínuo.

Todas as novas práticas sugeridas em liderança humanizada e descritas na Parte 1 têm como objetivo ajudar você a se conhecer melhor e a voltá-lo "para dentro". Na Parte 2, adotamos uma visão mais externa, contando histórias de líderes que pegaram o que aprenderam sobre si mesmos e se voltaram para o exterior, aplicando as novas habilidades humanizadas para promover mudanças em suas equipes e organizações. Em essência, eles aprenderam a liderar de dentro para fora e, a seguir, foram além de si mesmos.

Parte 2

Indo além de si mesmo

7

Estabelecer um propósito

O impossível começa com você

Os líderes que estavam à mesa em um Bower Forum ouviram uma nova CEO reclamar de sua equipe executiva. "Eu tenho uma estratégia definida e estou pronta para executá-la, mas minha equipe não tem paixão pelo que estamos tentando realizar. Eles ficam fazendo perguntas, apresentando pretextos e problemas para discussão, o que é bom, pois estou aqui para ouvir e decidir; mas isso também consome muita energia. Nosso plano estratégico parece estar parado."

Um dos CEOs mais experientes perguntou à nova líder se ela havia definido o propósito da empresa e estabelecido metas claras que se alinhavam com ele. E, se fosse o caso, se ela havia conseguido envolver e incentivar a equipe para atingir essas metas juntos. Outro CEO entrou na conversa e disse que, para isso, um líder precisa ser absolutamente claro sobre como o propósito se vincula às metas financeiras que precisam ser cumpridas e, quando não se vincularem, ser implacável: "Claro que você pode ouvir os problemas, mas contratou sua equipe executiva para apresentar soluções, e não dar desculpas. Se eles não conseguem fazer isso, pessoas erradas estão ocupando esses cargos importantes na sua empresa."

Como essa CEO descobriu, muitos profissionais hoje buscam significado no trabalho, e, se você não conseguir criar um senso de propósito, até mesmo as estratégias mais bem-elaboradas não vão vingar. Na última década, mais ou menos, vimos uma evolução no paradigma de liderança, que passou de um modelo no qual se dizia aos funcionários o que fazer e eles executavam as ordens a um no qual o líder tem que ser claro sobre seu próprio propósito e o da instituição. Você precisa se perguntar por que quer ser CEO. A quem está tentando servir e o que está fazendo pela sociedade? Depois de tomar uma decisão consciente, precisa liderar com propósito e, ao mesmo tempo, fazer que seu pessoal entenda e abrace essa aspiração.

Para ser bem-sucedido nessa busca, lembrar que o propósito não tem a ver só com você ajuda. Líderes bem-sucedidos têm uma visão clara do mundo e um propósito que vai muito além de si mesmos. Eles reconhecem do que o mundo precisa para ser um lugar melhor e como podem aproveitar o poder de sua organização para avançar em direção a essa mudança. Só assim poderão mobilizar instituições e promover mudanças de verdade.

Na Parte 2 deste livro, adotaremos uma visão mais externa, contando histórias de líderes que pegaram o que aprenderam sobre si mesmos e aplicaram na promoção de mudanças verdadeiras em suas organizações. Neste capítulo, exploraremos o sétimo elemento do processo: estabelecer um propósito. Pediremos aos líderes que definam propósitos e ajudem seus funcionários a desenvolver um forte senso do motivo de irem trabalhar todos os dias. Sem dúvida, em algumas organizações o trabalho é mais fácil do que em outras. Se você administra uma empresa de energia solar ou de alimentos orgânicos, pode reunir as tropas em torno de combater as mudanças climáticas ou de ajudar as pessoas a ter uma vida mais saudável. Paul Polman, o ex-CEO da Unilever, inspirou os funcionários nessa gigante de alimentos e cuidados pessoais ao enfatizar a diferença que eles poderiam fazer vendendo produtos, neste mundo em desenvolvimento, que enfatizassem uma vida saudável. Yvon Chouinard, fundador da marca de equipamentos para atividades ao ar livre Patagonia, fez do meio ambiente uma parte essencial da missão e dos valores da empresa.

ESTABELECER UM PROPÓSITO

Isso ajudou a criar um forte senso de propósito e significado entre os funcionários, que sentem estar contribuindo para uma causa maior, ao trabalhar para a empresa.

Mas e se você estiver administrando um setor como o de rolamentos ou o de autopeças, que, em um primeiro momento, parece carecer de um propósito inspirador? Esses produtos não costumam ser motivo de muita euforia. Esse é exatamente o dilema que o CEO da Delphi, Rodney O'Neal, enfrentou quando estava no meio de uma das maiores — e que acabou sendo uma das mais bem-sucedidas — reviravoltas da história corporativa.

Em 1999, depois que a GM desmembrou a divisão de autopeças Delphi, a empresa recém-independente se destacou como uma das maiores fornecedoras do setor, fabricando em trinta países produtos para infoentretenimento, segurança, sistemas de fiação elétrica e eletrônicos, entre outras coisas. A Delphi, no entanto, teve de enfrentar o peso de custos inflacionados, gestão intermediária incoerente, contratos sindicais rigorosos e moral baixo. Em certo momento, devido às normas sindicais, a empresa teve de manter na folha de pagamento funcionários desnecessários, e eles ficavam sentados no refeitório todos os dias, a um custo de 1 bilhão de dólares por ano para a Delphi. Em 2005, a empresa declarou falência, e dois anos depois O'Neal, que havia sido presidente, assumiu o título de CEO.

Embora a falência tenha liberado a Delphi dos contratos sindicais onerosos e lhe permitido dedicar-se ao desenvolvimento, a empresa tinha um caminho brutal pela frente. A maioria das organizações não sobrevive à falência — até porque chegaram lá por um motivo —, e a equipe executiva de O'Neal se sentia derrotada após anos administrando uma instituição que perdia dinheiro a cântaros. Eles não tinham paixão nem senso de direção. A primeira coisa que ele fez foi uma reunião com seus subordinados diretos e, nela, estabeleceu um plano estratégico claro, com o qual todos concordaram. À primeira vista, o plano era simples: livrar-se de uma longa lista de produtos básicos e investir em P&D para fazer produtos de alto valor com vantagem competitiva. A parte complicada era a execução.

O'Neal sabia que o bem-estar psicológico de sua equipe executiva era importante, e queria incutir orgulho neles e fazer com que se apaixonassem pelo trabalho que estavam fazendo. Sabia da importância do apoio psicológico; cresceu pobre e preto em Dayton, Ohio, com pais que valorizavam educação. Cursou a faculdade no General Motors Institute e, como engenheiro, teve que lutar para subir na hierarquia da montadora; O'Neal diz que não teria conseguido sem o forte apoio de um mentor chamado Bill. Como ele recorda: "Independentemente de quanto eu tivesse que lutar, às vezes, contra aquela cultura tão diferente, a solidão e a sensação de isolamento por ser afrodescendente, Bill conseguiu me manter lá, aconselhando-me a ficar e mudar as coisas, em vez de desistir. Sempre tive a sorte de estar cercado e de ter o apoio de indivíduos que se importavam comigo, pessoas que altruisticamente me deram a mão e me mostraram o caminho para o sucesso." Então, ele aplicou um pouco desse mesmo apoio psicológico à sua equipe. Aumentou a pressão, argumentando que podiam ser os melhores entre os melhores; explicou que a falência poderia ser uma ferramenta positiva, e não um estigma, e que tinham a oportunidade de trabalhar em uma empresa que realmente dava dinheiro.

Mas havia mais: tudo mudaria. O'Neal sabia que não conseguiria executar sua estratégia ambiciosa se a equipe não acordasse animada para ir ao trabalho. Operar uma reviravolta é um trabalho exaustivo e, às vezes, desanimador. O CEO precisava de um grito de guerra que ajudasse o time a sentir que estava fazendo diferença no mundo. Após longas discussões com a equipe, O'Neal chegou ao lema da Delphi; fazer produtos que fossem "safe, green, and connected" [seguros, ecológicos e conectados]. A frase era simples, mas poderosa. "Seguro" evocava a ideia de que as peças que a Delphi fabricava protegeriam as famílias e as crianças que andassem em carros equipados com elas. "Ecológico" era um desafio para que produzissem peças com a menor pegada de carbono possível e contribuíssem na luta contra as mudanças climáticas. "Conectado" se referia ao uso crescente de microchips e softwares em

ESTABELECER UM PROPÓSITO

carros. Para a equipe, era um desafio fazer da empresa a mais tecnologicamente sofisticada do setor. A beleza do lema era que enfatizava a natureza global dos negócios da Delphi. "A ideia", relembra O'Neal, "era que nossos produtos fossem atraentes para além das fronteiras nacionais. Independentemente de onde morem, todos querem um veículo que seja seguro, ecológico e conectado."

Assim que O'Neal soube aonde queria chegar, teve que descobrir como chegar lá. "O segredo para qualquer revolução radical é levar as pessoas a fazer o que elas dizem que vão fazer. Não venha me dizer que você não consegue persistir em determinada tarefa, porque, se não consegue, teremos que encontrar alguém que consiga." Na época, ele captou no ar sinais de recessão. Havia ido a Washington muitas vezes e ouvira falar de um sistema financeiro global desequilibrado. O'Neal sabia que precisava agir depressa. A economia estava dando indícios de desgaste, e o colapso que seria conhecido como a crise financeira de 2008 estava prestes a acontecer. A GM, que entraria com pedido de falência em 2009, era responsável por 60% dos negócios globais da Delphi. Para sobreviver, esta precisaria se expandir globalmente, ganhando cada vez mais clientes entre os fabricantes de automóveis estrangeiros, que seriam atraídos por seus produtos de ponta.

O'Neal ouviu o que sua equipe tinha a dizer, e esse trabalho conjunto os ajudou a articular um senso de propósito compartilhado. Bastava apenas equilibrar a humildade e a paciência que havia demonstrado ao desenterrar essa paixão compartilhada, com a coragem de agir decididamente. Primeiro, ele sugeriu que o time usasse o novo senso de propósito como um norte. Deveriam descartar produtos que não atendessem ao mantra "seguro, ecológico e conectado". Então, reunido com a equipe executiva, O'Neal estabeleceu metas extremas para que pisassem fora da zona de conforto. Ele queria que a Delphi tivesse as maiores margens de lucro e retorno sobre o capital investido do setor (ROI). Essa é uma tarefa difícil para qualquer empresa, especialmente para uma que vinha perdendo dinheiro havia anos. E exigiria disciplina humanizada. A maioria dos líderes quer ser amada, faz parte da nossa natureza. Mas

O'Neal acredita que o respeito é mais importante. Ele usou sua forte personalidade e coragem para constantemente lembrar a equipe de que não havia desculpas. Era a única maneira que ele conhecia de conseguir que tudo fosse executado da melhor forma possível: "Você dá um número à sua equipe, e eles precisam atingi-lo. Essa era a diferença entre a minha equipe e as outras. Qualquer um pode colocar todas essas coisas em uma apresentação de PowerPoint, e vai ficar bonito, mas poucos conseguem de fato executar o que apresentam na tela." Tentar atingir essas metas ambiciosas é estressante e exaustivo, mas o senso de propósito que O'Neal incutiu no time o ajudou a avançar dia após dia.

Nem todos os funcionários deram conta do estilo de liderança "sem desculpas" de O'Neal, e isso causou um dilema. Como ser inspirador, respeitado e querido, enquanto exige padrões extremamente altos das pessoas e depois as demite quando fracassam? "Quando uma pessoa não faz o que deveria fazer", explica O'Neal, "você deve tirá-la de campo de uma forma ética e justa." O segredo era não haver surpresas. O CEO diz que não precisava dar avaliações anuais a seus subordinados, porque era totalmente transparente e lhes informava em que pé estavam todos os dias. "Quando eu tinha que demitir alguém, o resto da equipe dizia: 'Quer saber? Essa pessoa mereceu.' Você tem que usar o poder de maneira criteriosa." Veja a situação oposta, na qual um líder quer ser querido e, portanto, não demite em tempo hábil um funcionário de baixo desempenho. Esse tipo de comportamento pode ter um impacto negativo nos outros colegas de equipe, que certamente ficarão ressentidos com aquele que não está fazendo sua parte, e podem acabar ressentidos com o líder também por não agir.

O'Neal aplicou uma política de transparência total às finanças da empresa. Normalmente, as corporações mantêm dois livros contábeis, um que define metas financeiras internas ambiciosas e outro que vai para Wall Street, cujas metas são mais alcançáveis. Os objetivos de O'Neal eram um só: as metas financeiras compartilhadas com os investidores eram as mesmas para a equipe executiva. E esses números tinham que respeitar o mantra "seguro, ecológico e conectado" como o princípio estratégico orientador para o portfólio de produtos da Delphi. "Tínhamos um número que meus executivos me deram e achavam que comseguiriam atingir. Assim, se o plano enguiçasse, eu dizia: 'Não me venha dizer que não vai atingir sua meta, porque eu aprovei o capital para você alcançá-la, e é isso que está impulsionando meu retorno sobre o investimento e minhas margens. Foi por esse motivo que lhe dei o dinheiro quatro anos atrás; portanto, não me diga que você não consegue chegar lá.' Não é uma questão do que será feito; é só uma questão de quem o fará."

É claro que O'Neal fazia tudo em seu alcance para ajudar o time a atingir as metas. Com frequência, os planos estratégicos mudam, bem como as prioridades, e são implantadas táticas que não ajudam o plano maior nem estão alinhadas com o propósito da empresa. Para evitar isso, o CEO mantinha a equipe focada em atingir o maior ROI e as maiores margens do setor. Por exemplo, na época seria tentador entrar em mercados de rápido crescimento, como Índia e Rússia, mas O'Neal concluiu que não conseguiria lucro suficiente nesses países, então a Delphi ficou de fora. Ao mesmo tempo, ele aumentou drasticamente os gastos com P&D, centrando-se em produtos de ponta que a concorrência teria dificuldade de copiar. Antes, a empresa distribuía prêmios para engenheiros e pesquisadores que inventassem algo legal, como direção nas quatro rodas, mesmo que não vendessem bem. Com O'Neal, os prêmios iam apenas para quem inventasse um recurso que vendesse bem e tivesse alta margem de lucro. "Não queríamos estar em todos os carros", comenta ele. "Só queríamos estar nos de luxo, sofisticados, com produtos que fossem seguros, ecológicos e conectados. O líder tem que entender em qual ramo está e onde ele vende, e ser fiel a isso. Não importa se nossa tecnologia era muito boa, porque, se estivesse em um carro que não vendesse, não ganharíamos dinheiro."

O plano de O'Neal funcionou, e a Delphi passou a ser muito lucrativa. Mas ele não parou por aí. Foi preciso manter a pressão pela excelência. "Quando chegarmos lá, ficaremos lá. E é assim que você se faz grande, porque a grandeza é definida por conseguir ficar lá." Para qualquer empresa, é fácil escorregar uma vez que chegou ao topo, porque às vezes a liderança se acomoda. Quando isso acontece, a concorrência vê a quantidade de dinheiro que a outra empresa faz e começa a competir em áreas nas quais não competia antes. O'Neal pressionava sua equipe a continuar inovando, canibalizando a linha atual de produtos com ofertas mais avançadas. Ele também encontrava maneiras criativas de motivar a equipe. Um dia, disse a um funcionário que queria que todos fossem como o texugo-do-mel, que é um animal feroz. De brincadeira, O'Neal lhe enviou o vídeo de um indo atrás da presa, e o arquivo viralizou na empresa. Em pouco tempo, todos os gestores tinham fotos dos texugos na parede de suas salas.

Em 2015, quando deixou o cargo de CEO, O'Neal havia aumentado as margens da Delphi para dois dígitos em um ramo no qual as margens de um dígito eram a norma. O retorno sobre o capital atingiu 30%, e as ações da empresa duplicaram, a partir do momento que abriu seu capital, em 2011, até a saída de O'Neal do cargo de CEO, em 2015.

Isso pode parecer um capitalismo radical com base em números, mas ele justifica sua abordagem: "A única razão de você existir é para ganhar dinheiro, e só depois que ganha dinheiro pode fazer coisas boas para a sociedade, pagar seus funcionários e fazer do mundo um lugar melhor. Quando abrimos fábricas nos países em desenvolvimento, deixamos a água e o ar mais limpos do que quando chegamos lá. As pessoas passam da agricultura de subsistência para empregos bem remunerados em fábricas. E tudo isso só é possível se eu continuar fazendo a minha parte e atingir minhas metas."

Muito bem, usar o propósito como motivador é uma parte crucial da boa liderança; porém, às vezes não fica claro qual deve ser esse propósito. Alguns funcionários, principalmente entre as gerações millennial e Z, estão buscando algo mais. Mas o que exatamente eles querem? Ao contratar e motivar seus funcionários, Claire Babineaux-Fontenot, CEO da Feeding America, sempre busca o porquê. Ela mantém conversas transparentes e sinceras visando entender o propósito e as intenções das pessoas. O trabalho do líder é ouvir as aspirações de seu pessoal na vida e, então, encontrar uma maneira de vincular esse senso de propósito à estratégia da empresa.

No início da carreira, quando Babineaux-Fontenot era diretora tributária do Walmart, ela havia definido algumas metas brutais de eficiência tributária e precisava incentivar seu time para o desafio. É difícil ter uma paixão grande por ajudar uma corporação gigante a economizar dinheiro em impostos, mas Babineaux-Fontenot encontrou um jeito. "Conversei com a minha equipe", relembra, "que claramente perguntou: 'Por que isso importa? No fundo, o que de fato fazemos no departamento tributário?'" A resposta à qual Babineaux-Fontenot e sua equipe chegaram após algumas conversas longas e sinceras foi que, ao reduzir os custos para o Walmart, eles ajudavam a empresa a cumprir a promessa de "baixo custo diário para os consumidores", o que significava que as pessoas poderiam economizar e viver melhor. Funcionou. Como vimos no Capítulo 5, Babineaux-Fontenot e sua equipe atingiram essas ousadas metas tributárias, economizando uma quantia considerável para o Walmart e os clientes.

Nessa empresa, ela logo começou a questionar o próprio porquê. Foi diagnosticada com câncer e, de repente, toda a sua vida ficou sob uma perspectiva completamente nova. Ela tinha uma carreira de sucesso, mas sentia que faltava algo. Enquanto crescia, viu pessoas de sua comunidade carente que, contra todas as probabilidades, achavam uma maneira de contribuir para a sociedade e ajudar os outros. No fundo, ela sabia que, um dia, iria querer fazer o mesmo que aquelas pessoas, como seus pais fizeram; mas sempre dizia a si mesma que tinha muito tempo para isso. O diagnóstico a fez recordar-se dessa antiga promessa de uma forma mais profunda. "Encarando a morte, eu não tinha mais como ficar me enganando com a ideia de que teria mais tempo no futuro para ser útil. O caminho que estava trilhando no Walmart não me ajudaria a realizar meu sonho de retribuir profundamente à sociedade." Muitos amigos e colegas tentaram dissuadi-la, dizendo que todos se sentem perdidos com o grande choque da descoberta do câncer, que não era sensato tomar decisões precipitadas. Mas ela se conectou profundamente com seu porquê e, após cinco cirurgias e sessões de quimioterapia aparentemente intermináveis, o câncer entrou em remissão, e ela saiu do Walmart. Logo depois, ocupou o cargo de CEO da Feeding America. "No primeiro ano", relembra, "eu me desculpava quase toda vez que conhecia pessoas que trabalhavam no terceiro setor durante a maior parte da carreira. Eu dizia: 'Lamento por ter demorado tanto.'"

Embora os motivos para qualquer pessoa trabalhar em uma organização como a Feeding America pareçam enraizados, Babineaux-Fontenot testaria a força e a profundidade disso em seus funcionários. Porque aquele emprego podia ser um desafio inclusive para pessoas que acreditavam muito na erradicação da fome. E isso foi particularmente verdadeiro na pandemia de covid-19.

No início da pandemia, quando ninguém sabia muito sobre a doença, o pessoal da Feeding America tinha que tomar decisões de vida ou morte quase todos os dias. Estavam na linha de frente, tentando alimentar as pessoas, e as diretrizes provenientes de agências governamentais eram confusas, na melhor das hipóteses. Primeiro, máscaras não eram necessárias; depois, eram obrigatórias, mas as de pano serviriam, não precisava de uma N-95. Depois, opa, só a máscara N-95 que era útil. Babineaux-Fontenot colocava a vida das pessoas em perigo ao enviá-las a campo, e, de fato, muitos funcionários dela contraíram covid enquanto alimentavam gente que precisava ser alimentada. Alguns morreram.

Algumas pessoas perguntaram a Babineaux-Fontenot por que deveriam arriscar a própria vida. Antes do início da pandemia, ela perguntava aos membros da equipe e aos novos contratados por que estavam ali e o que esperavam realizar. As respostas eram sinceras: a maioria queria ajudar a comunidade. Mas esse porquê deu pouco conforto durante a pandemia. "Tive muitas conversas aos prantos, com gente que estava com medo", comenta ela.

Liderar por meio do propósito exige que os líderes sejam humildes e escutem de verdade os medos e as inseguranças que surgem quando as pessoas se desdobram para cumpri-lo. Os melhores líderes não são

ESTABELECER UM PROPÓSITO

apenas bons ouvintes, também são flexíveis e percebem quando sua causa começa a exigir um preço alto demais dos funcionários. Babineaux-Fontenot conquistou sua equipe porque não exigiu que ninguém fosse a campo e, mais importante, porque reconheceu o medo que o time estava enfrentando e foi transparente sobre os riscos associados às decisões que seriam tomadas. "Eu disse", relembra, "que eles poderiam ser boas pessoas e atender ao chamado de formas diferentes. Alguns, seja por medo, seja por motivos de saúde, decidiram não ir à linha de frente, e eu não os critiquei por isso. Eu os apoiei, porque era a decisão certa para eles e suas famílias. Tentei criar espaço para que pudessem tomar uma decisão diferente da que outros estavam tomando." Quanto a si mesma, embora fosse uma sobrevivente de câncer com um sistema imunológico enfraquecido, sentiu que o risco pessoal que corria com a covid-19 era superado pelo potencial impacto que poderia causar indo pessoalmente aos bancos de alimentos e centros de distribuição da Feeding America por todo o país, e tinha uma regra: a única pessoa do escritório nacional que viajaria durante a pandemia seria a CEO. Até 2024, os testes de Babineaux-Fontenot não haviam dado positivo para a covid-19.

Assim sendo, os melhores líderes incentivam seus funcionários a entender o porquê das coisas, dando-lhes espaço para decidir como isso se aplica ao trabalho de cada um. Conforme Babineaux-Fontenot descobriu, a maioria dos colaboradores da Feeding America arriscou a própria saúde e a vida saindo para alimentar pessoas que passavam fome. Eles tomaram essa decisão porque a CEO os ajudou a desenvolver uma forte paixão pelo que estavam fazendo. Ela os ajudou a resolver seu porquê.

Quando tenta incutir paixão e propósito nos membros de sua equipe, o CEO da BIC, Gonzalve Bich, gosta de contar histórias. "Uma coisa que toda geração ama, especialmente as gerações Z e Y, é um herói. Se quiser inspirá-las, crie heróis, porque elas não costumam subir ao palco e contar as próprias histórias. Mas é tarefa minha, como líder, ajudar as gerações a estar lá ou fazer que seus colegas de equipe os reconheçam pelo sucesso e pelas vitórias." Uma história que Bich gosta de contar e com a qual seus funcionários se identificam é sobre uma equipe de engenheiros que, frente a um problema com uma máquina em uma das linhas de produção, não sabia o que fazer. Na segunda-feira de manhã, quando todos voltaram ao trabalho, a máquina estava funcionando. O homem da manutenção a consertara no fim de semana usando fita adesiva e outros materiais facilmente encontrados no depósito. O objetivo da história é mostrar o que a dedicação, iniciativa, ajuda aos outros e inovação, qualidades que Bich gosta de ver em sua organização, podem fazer, e ele acredita que falar sobre elas é uma forma de reforçá-las.

O CEO também percebeu que a geração emergente era muito engajada em pautas como a equidade social e as mudanças climáticas, portanto talvez ficasse com o pé atrás de trabalhar em uma empresa que estava prejudicando mais do que ajudando. Por exemplo, antes de Bich assumir como CEO, em 2019, a empresa precisava de uma maneira melhor de explicar aos candidatos o que estava fazendo em relação às mudanças climáticas. Embora a BIC tivesse programas ecológicos em vigor, eles não eram organizados nem divulgados. É difícil sair dessas situações só com palavras. Mesmo que a empresa já estivesse progredindo, Bich redobrou o empenho da empresa em sustentabilidade depois que assumiu o comando. Ele aumentou a porcentagem de materiais reciclados em seus produtos, definiu metas de carbono zero para suas operações e criou programas de redução de resíduos. Também prometeu que, até 2025, todas as embalagens seriam recicladas, reutilizáveis, compostáveis ou ecológicas — 97% dos isqueiros BIC agora são vendidos sem embalagem. Para oferecer aos consumidores opções cada vez mais sustentáveis, ele também adquiriu a Rocketbook, empresa que fabrica blocos de notas que permitem digitalizar a escrita de forma simples e reutilizá-los infinitamente.

"O segredo", diz ele, "é ser autêntico sobre o bom trabalho que está fazendo." Primeiro, uma empresa não pode tentar resolver todos os problemas sociais. Bich escolheu três áreas que achava que faziam mais sentido para sua marca: segurança para os operários das fábricas, sus-

ESTABELECER UM PROPÓSITO

tentabilidade e contribuição à comunidade com ênfase na educação — o último combina com o fato de a BIC ser uma empresa de instrumentos de escrita. Em relação ao meio ambiente, não estabeleceu uma meta impossível, como desperdício zero ou 100% reciclável, primeiro porque é cientificamente impossível e, segundo, porque o custo seria proibitivo. Com os barbeadores BIC, por exemplo, não se pode eliminar o aço da lâmina, e ele não é reciclável. Alguns plásticos são necessários para a integridade estrutural dos isqueiros da BIC, porque a empresa se recusa a comprometer a segurança do consumidor. Dizer que a empresa se esforça para chegar a uma redução de 100% não seria verdade. Bich estabeleceu metas mais realistas — uma redução de 50% no desperdício de produtos — e é muito transparente acerca da quantidade de capital que gasta em sustentabilidade. "Nossos funcionários gostam da visibilidade e da prestação de contas, e eles nos dizem: 'Tudo bem, a BIC não é perfeita, mas ela está fazendo o que prometeu, e podemos aceitar isso.' É incrível ver essa ligação entre liderança autêntica e engajamento do talento das novas gerações."

Às vezes, até os melhores funcionários de uma organização podem começar a perder seu senso de propósito. Normalmente, essas pessoas fazem um ótimo trabalho durante anos ou décadas, mas começam a perder o ímpeto e se perguntam por que ainda estão ali. Na empresa de serviços de tecnologia Cognizant, o então CEO Frank D'Souza descobriu que esse era o caso de alguns membros de sua equipe executiva que estavam lá havia anos, eram financeiramente independentes e começaram a se sentir esgotados. Como não queria perder os melhores e mais experientes executivos, D'Souza criou um programa muito bem-estruturado chamado "Success to Significance" [Do sucesso para a relevância]. A ideia era ter conversas sinceras e abertas, para explorar se a equipe ainda achava seu trabalho importante e, em caso negativo, entender o motivo disso. D'Souza projetou o programa para incutir um novo senso de propósito nas pessoas.

Nele, o executivo reunia o time principal para encontros de vários dias fora da empresa, com um facilitador que os incentivava a falar sobre a vida pessoal, as esperanças e os desejos de todos os integrantes. Abordavam temas como significado, autenticidade, propósito e coisas que eram importantes para eles. O programa exigia que os líderes ficassem muito vulneráveis, mas isso era valioso porque permitia que as pessoas contassem suas jornadas pessoais e profissionais, algo que quem ocupa cargos de alto escalão quase nunca faz. Eles compartilhavam a criação que haviam tido, o que seus pais lhes ensinaram, como chegaram ao lugar onde estavam e seus maiores fracassos e sucessos. "Isso levou as pessoas a um nível diferente e mais profundo de cuidado e compaixão umas pelas outras, pela empresa e pelos resultados que estavam gerando", diz D'Souza. "Criamos uma atmosfera na qual as pessoas se sentiam à vontade e seguras. Isso deixou claro que não estávamos apenas trabalhando para clientes, e sim que o que fazíamos era parte de algo muito maior. Pessoas que antes se viam apenas como executivos que comandam determinada parte da empresa, de repente, pareciam mais humanas umas com as outras, e todos se importavam mais."

No caso de D'Souza, ele usou um dos encontros do Success to Significance para contar a jornada de sua vida para a equipe executiva. "Eu me senti nervoso", relembra, "mas valeu a pena, porque acho que me humanizou como líder." Falou que o pai era um diplomata que se mudava a cada três anos e levava os filhos e a mulher junto, e matriculava as crianças nas escolas locais. Isso significava que, a cada três anos, D'Souza tinha que aprender uma língua nova, adaptar-se à culinária local e fazer novos amigos. Nesse evento externo, explicou aos colegas como essas mudanças frequentes eram difíceis, mas que, olhando para trás, não faria nada diferente. A experiência de morar no exterior lhe ensinou resiliência. Com cada nova cultura assimilada, aprendeu que somos mais parecidos do que diferentes.

Após retornar desses encontros, D'Souza viu que seus principais executivos, mesmo os que estavam na Cognizant havia vinte anos, passaram

ESTABELECER UM PROPÓSITO

a abordar o trabalho com energia e senso de propósito renovados. A experiência Success to Significance os ajudou a ser mais abertos, atenciosos e melhores como líderes, qualidades que começaram a se espalhar pelo restante da organização, equipe por equipe.

Conforme D'Souza descobriu, a pergunta que todos nós precisamos nos fazer é: será que entendemos a história das pessoas com quem trabalhamos? Entendemos todo o seu passado, seus medos e suas motivações? Para atingir esse nível de empatia, precisamos nos esforçar mais para entender o que move nossos colegas. Só então poderemos crescer profissional e pessoalmente.

Perguntas para ajudar você a avaliar se está conduzindo sua organização em direção a um propósito claro

- Eu sei o que alimenta minha energia e meu senso de propósito? Posso falar claramente sobre a relação entre isso e o propósito de minha organização?
- Nós, uma equipe de liderança, compartilhamos um senso de propósito comum? Estamos alinhados sobre a maneira de ele orientar nossas decisões?
- Como posso entender melhor o que impulsiona a energia e dá significado às pessoas com quem trabalho? Como posso usar essa informação para dar significado e propósito à nossa organização?
- Dedicamos tempo para garantir que esse propósito seja amplamente compartilhado na organização e que todos os funcionários entendam como ele aparece em seu trabalho diário?
- Ao contratar funcionários-chave, como posso ter conversas mais abertas e sinceras para entender os propósitos e as intenções deles?
- De que maneira viver nosso propósito influencia o desenvolvimento de carreira na organização?

Em resumo

Todo ser humano precisa se conectar com um senso de propósito para trilhar sua jornada tão desafiadora e exigente. Todos os grandes CEOs ouvem o que os outros têm a dizer e então cuidadosamente elaboram um propósito claro para a organização, algo que inspire a eles mesmos e a seu pessoal. Às vezes, precisarão usar esse senso de propósito para ajudar a guiá-los, quando se depararem com a necessidade de uma mudança radical de direção. O segredo é alimentar essa paixão e um compromisso inabalável com o propósito de sua organização ao fazer movimentos grandes e ousados.

8

Inspirar ousadia

Tire o medo do banco do motorista

No ambiente turbulento e desordenado de hoje, descobrir os movimentos grandes e ousados a fazer, e em seguida conseguir o apoio entusiasmado dos funcionários, é uma tarefa difícil. A fim de desenvolver uma gestão para a mudança forte e clara, todo líder precisa pensar em formas de equilibrar prioridades e intenções às vezes contraditórias: desempenho de curto prazo *versus* de longo prazo; necessidade de cuidar de seu pessoal, mas também de pressioná-lo para apresentar um bom desempenho. Você quer estar na vanguarda da tecnologia e da inovação — o que, no caso de uma tecnologia como IA/IAGen, requer muito tempo e esforço para chegar a dominá-la —, mas, ao mesmo tempo, entende que isso não vai dar retorno imediato. Portanto, os líderes precisam administrar essas tensões e prioridades.

Em nosso oitavo elemento de liderança, exploramos a noção de que liderar não é apenas tomar decisões; requer coragem e confiança para fazer movimentos ousados e arriscados quando as circunstâncias assim exigem, inspirando sua equipe a auxiliá-lo a chegar aonde precisam chegar. Isso implica que você alinhe sua equipe com o propósito e a estratégia da organização e que constantemente ajude a renovar os ânimos e o entusiasmo de todos, sintonizando suas interações pessoais com eles.

A verdade é que ninguém sabe como será uma organização daqui a cinco anos. Os melhores líderes criam um sistema que permite à empresa avaliar movimentos ousados de todos os ângulos e depois testá-los para reconhecer quais deles se mostram mais promissores. Às vezes, esses grandes movimentos são impopulares ou nem são testados, mas mesmo assim valem o risco porque, se bem-sucedidos, renderão grandes dividendos, criando uma vantagem competitiva mais defensável.

Para fazer movimentos ousados, é necessário primeiro superar o medo de fracassar para, depois, persuadir os outros a embarcar nessa jornada de risco com você. Se estiver hesitante e inseguro em relação ao caminho que deve seguir, sua equipe também estará. Mas, se reunir coragem, realmente acreditar na nova direção que deseja que a organização tome e mostrar que é apaixonado pela missão, poderá contagiar os outros. Como Winston Churchill disse: "Antes que possa inspirar com emoção, você deve ser inundado por ela. Antes que possa provocar as lágrimas dos outros, as suas devem fluir. Para convencer os outros, você mesmo deve acreditar."[18]

No mundo corporativo, jogadas grandes e diferenciadas podem ser apostas únicas ou uma série de movimentos que, durante sua gestão de CEO, moldam o futuro da empresa. Ao longo dos anos, fomos testemunhas de várias jogadas diferenciadas, então vimos que elas podem ser movimentos internos, como implementar um novo modelo organizacional, criar uma estrutura para alocação de recursos ou reinventar o centro de P&D. Às vezes também podem ser movimentos externos que moldam o setor, como fusões e aquisições, parcerias, avanços na inovação de produtos ou novos modelos de negócios. Em algumas situações, é necessário ter coragem para parar de fazer algo, como sair de um mercado, diminuir um portfólio ou encerrar um investimento.

Um exemplo clássico é de 2011, quando o CEO da Netflix, Reed Hastings, sentindo que o streaming de vídeo era o futuro, começou a desvalorizar o bem-sucedido negócio de DVD de comércio por correspondência.[19] Seja qual for o caso, é preciso coragem para reunir a vontade de fazer a jogada, e é preciso habilidade para contagiar a equipe executiva com a mesma coragem, energia e paixão de fazer dessa grande aposta um sucesso.

Este livro não é sobre os detalhes básicos da construção de equipes executivas. Diversas outras obras deram conselhos valiosos de como montar uma equipe de ponta atraindo membros com diversidade de expertise e natureza complementar de experiências, além de valores compartilhados, propósito, confiança mútua e princípios operacionais. Aqui, nosso foco é como fazer com que sua liderança, tanto na equipe quanto na organização, seja mais ampla.

Para pedir à sua equipe executiva que o acompanhe em uma jornada ousada, você precisa incutir nela a confiança de que ela está no lugar certo, e ela deve saber que você a apoia. Ou seja, é necessário dar suporte emocional e prático, ser como uma caixa de ressonância para pensamentos e ideias deles, de uma maneira segura e sem julgamentos. Vejamos um exemplo: alguns membros de uma equipe executiva estavam opondo resistência ao executivo porque achavam que ele não os empoderava. Um deles lhe disse que estava com medo de fracassar em uma tarefa, e o CEO respondeu: "Contratei e treinei você por seis meses. Grande parte de seu sucesso é meu sucesso. Quando você fracassa, eu fracasso." Compartilhar esse sentimento o fez se mostrar vulnerável, mas, uma vez que ele se abriu, a equipe demonstrou uma melhora em desempenho. Eles sabiam que o CEO os apoiava.

Stéphane Bancel, CEO da Moderna, empresa que ajudou na criação de uma vacina contra a covid-19, realizou algumas jogadas diferenciadas sob imensa pressão e conseguiu fazer que seus funcionários o acompanhassem na jornada. Ele é um exemplo perfeito de nosso oitavo elemento de liderança, "inspirar ousadia". Bancel temia estar colocando em risco o futuro de uma empresa que tinha muitos medicamentos promissores para salvar vidas em fase de desenvolvimento, mas reuniu coragem para fazer apostas grandes e ousadas e colocar em tempo recorde no mercado a vacina Moderna contra a covid-19 e mobilizar sua organização para alcançar o que achavam impossível.

No início, não parecia haver nada com que se preocupar. No final de 2019, alguns moradores de Wuhan, na China, contraíram uma gripe severa e tiveram dificuldade para se recuperar. Logo depois, a doença começou a se espalhar rapidamente. A China isolou Wuhan, e as autoridades logo perceberam que tinham nas mãos o início de uma pandemia mortal. Em 11 de janeiro de 2020, cientistas chineses divulgaram na internet a sequência genética desse coronavírus nunca antes visto, na esperança de que a comunidade médica mundial encontrasse maneiras de combatê-lo.

Dez dias após a China ter disponibilizado os dados, Bancel, CEO de uma pequena empresa de biotecnologia norte-americana chamada Moderna, estava participando do Fórum Econômico Mundial em Davos, na Suíça. O executivo dirige a empresa desde 2010 e era um engenheiro químico com MBA em Harvard. Antes, havia participado da direção de uma empresa de biotecnologia francesa, a BioMérieux.

Em Davos, no entanto, ele tinha em mente mais que apenas a economia global. Durante o Natal de 2019, viu uma pequena matéria no *Wall Street Journal* sobre um surto de um tipo diferente de gripe na China que estava se espalhando depressa. Embora não fosse médico, acabou estudando doenças infecciosas enquanto CEO de uma empresa de biotecnologia. Sua experiência na indústria farmacêutica lhe dizia que havia algo errado, então Bancel mergulhou fundo no assunto. Estudou a pandemia da gripe espanhola em 1918 e, usando-a como referência, começou a mapear a potencial disseminação desse novo patógeno. Sabia que a velocidade de replicação de um vírus é exponencial, e criou uma planilha de Excel para prever a disseminação da covid-19. O que Bancel viu o deixou alarmado. "Percebi que havia uma boa chance de, em um mês, estarmos em uma pandemia. O vírus apareceu primeiro na China, na Tailândia e no Japão. Aviões com pessoas infectadas estavam pousando em todas as capitais da Ásia e da Europa e em todas as cidades da Costa Oeste dos EUA."

Quando chegou a Davos, no fim de janeiro de 2020, Bancel concluiu que a situação era ainda pior do que imaginava. "Acordei às 4h da manhã suando, pois percebi que seria como a pandemia de 1918, e milhões de pessoas morreriam." No dia seguinte, o CEO se reuniu com vários funcionários de grupos de saúde pública, que o incentivaram a trabalhar em uma vacina contra a covid-19. Por causa do trabalho que a Moderna havia feito com a SARS e a MERS — vírus semelhantes ao da covid-19 —, Bancel acreditava que a tecnologia de vacinas da empresa tinha 90% de chance de funcionar. "Então, quando essas duas coisas se juntam — uma boa chance de que o medicamento funcione e a alta probabilidade de uma pandemia na qual muitas pessoas vão morrer —, você pensa: 'Tudo bem, vamos lá!'" Naquela noite, Bancel ligou para o cofundador da Moderna, Noubar Afeyan, e os dois decidiram correr o enorme risco de produzir, em tempo recorde, um novo tipo de vacina que poderia ajudar a acabar com esse novo vírus.

O que deu a Bancel a coragem de agir, de dar um passo que, se não desse certo, poderia levar a empresa à falência? O grande aprendizado e a curiosidade que ele tinha sobre doenças infecciosas lhe permitiram desenvolver uma visão substancial sobre os riscos envolvidos nessa grande decisão, o que, por sua vez, o levou a ser mais ousado e tomar uma decisão mais corajosa. Em outras palavras: quanto mais você aprende, mais curioso fica sobre seu ramo, e, quanto mais tempo gasta pensando sobre ele, mais confiança tem para fazer jogadas diferenciadas. Como Bancel disse: "Se eu não tivesse estudado doenças infecciosas e a história delas nos últimos vinte anos, não teria sido capaz de ligar os pontos tão depressa e ver que seria como a epidemia de 1918. E, se eu não tivesse um conhecimento vasto e detalhado da tecnologia da Moderna, talvez não conseguisse avaliar que tínhamos uma boa chance de fazer uma vacina eficaz contra a covid-19."

O restante da história todo mundo já conhece. Apenas 34 dias depois de os dois executivos tomarem a fatídica decisão, a Moderna entregou uma vacina à Food and Drug Administration dos EUA, para testes. Nos meses seguintes, cerca de 30 mil voluntários participaram de testes clínicos, e no fim de 2020 a FDA aprovou a vacina para uso emergencial. Historicamente, as vacinas levaram anos, se não décadas, para chegar a esse estágio. A Moderna fez isso em menos de um ano. Até agora, mais de um bilhão de doses dessa vacina que salva vidas foram administradas no mundo todo. E essa não foi a única razão de os grandes movimentos de Bancel terem valido a pena. Em 2020, a empresa quadruplicou seu caixa disponível para 5,25 bilhões de dólares e gerou fluxos de caixa positivos pela primeira vez em dez anos de história. No início de 2024, a capitalização de mercado de ações da empresa estava em 40 bilhões de dólares.

Menos conhecido é o fato de que a aposta de Bancel naquela noite de janeiro, em Davos, poderia ter representado o fim de sua empresa, que, além de não ter receita, na época via sua reserva de caixa minguando cada vez mais e empregava oitocentas pessoas. Tomar decisões arriscadas não é fácil. Dinheiro, empregos e reputações estão em jogo. O CEO precisava encontrar maneiras de superar dúvidas e ansiedades para impor mudanças no jogo, ter atitudes diferenciadas e persuadir sua equipe executiva a acompanhá-lo nessa jornada. Ele precisava usar os recursos internos para posicionar a organização rumo a um crescimento lucrativo no futuro e alinhar sua força de trabalho a fim de construir uma empresa forte.

Quando Bancel entrou na Moderna, não estava claro se a tecnologia de RNA mensageiro (mRNA) seria viável. Na década seguinte, a organização fez experimentos com essa tecnologia para criar vacinas contra o HIV, câncer e outras doenças, mas ainda não tinha colocado um produto no mercado quando a covid-19 surgiu. O mRNA das vacinas da Moderna diz às células para criar uma proteína que desencadeia uma resposta imunológica de ataque ao vírus real. O resultado é que essa tecnologia pode ser rapidamente ajustada e adaptada a necessidades médicas diferentes. Em um blog, Judy Savitskaya, uma empreendedora do ramo de biotecnologia, e Jorge Conde, sócio-geral da empresa de capital de risco Andreessen Horowitz, escreveram que bioplataformas como a tecnologia de mRNA da Moderna eram para a indústria de biotecnologia o que a linha de montagem era para a indústria automobilística. "De 'oficinas' únicas nos primeiros tempos dos automóveis (quando matérias-primas como aço e borracha eram transformadas à mão, do início ao fim, nos primeiros carros), passamos à produção em linha de montagem, com componentes padronizados que podiam ser repetidos em novos modelos."[20]

Praticamente todo mundo achou que Bancel estava doido por tentar desenvolver uma vacina, e em tempo recorde ainda por cima. A empresa nunca havia feito testes de medicamentos na fase III, além de não ter funcionários nem infraestrutura para fabricar e distribuir em escala uma nova vacina. Seus fornecedores, concorrentes e alguns dos próprios funcionários diziam que ele estava perdendo tempo.

Ignorando os críticos, Bancel colocou a Moderna no modo crise e liderou ele mesmo o programa de vacinação contra a covid-19. O CEO não dava importância a títulos nem a papéis definidos; queria que todos assumissem o problema e agissem depressa. Para ele, o segredo era construir uma empresa extremamente empreendedora e agressiva. "Queríamos maximizar nosso impacto nos pacientes e sabíamos que cada dia importava, portanto estávamos dispostos a correr riscos calculados. Quando as vantagens são muitas e as desvantagens, poucas, é uma decisão fácil. Queríamos que a Moderna fosse uma empresa de tecnologia que assume riscos, em vez de ser uma típica indústria farmacêutica."

Um desses riscos calculados surgiu em meados de 2020, quando a Moderna estava tentando desenvolver sua capacidade de fabricar um bilhão de doses da vacina contra a covid-19 e precisava de um grande financiamento para acelerar o processo. Devido às grandes quantias de dinheiro envolvidas, se a vacina fosse um fracasso, a incipiente empresa também fracassaria. Depois de, sem sucesso, Bancel ir atrás de grandes fundações e governos para conseguir financiamento a fim de expandir a fabricação, em maio daquele ano ele decidiu recorrer aos mercados públicos para levantar 1,3 bilhão de dólares. Mas enfrentou um dilema. Os dados dos testes de fase I sobre a segurança da vacina só seriam divulgados dali a um mês. Se ele esperasse até que os dados estivessem disponíveis e os resultados fossem positivos, seria muito mais fácil e barato levantar capital; mas o atraso de um mês reduziria drasticamente a capacidade de fabricação da empresa, e, devido à gravidade da pandemia, o timing era essencial. Em seu coração, Bancel sabia que o bem-estar do paciente era prioridade para a Moderna, portanto decidiu fazer uma jogada diferenciada. E valeu a pena. Ele levantou o 1,3 bilhão de dólares de que precisava.

Outra iniciativa de Bancel foi desacelerar os ensaios clínicos de fase III, cujo objetivo é provar a eficácia da vacina. A empresa iniciou essa etapa em 27 de julho de 2020. Nas primeiras semanas, os resultados foram melhores que o esperado, mas os ensaios não incluíram uma quantidade suficiente de voluntários de minorias, em especial os afro-americanos, que estavam sendo particularmente atingidos pela covid-19. O CEO disse à equipe: "Se uma das comunidades mais impactadas pelo vírus não acreditar na vacina e não a tomar, teremos falhado com a sociedade." Então, depois de muitas discussões durante alguns dias, Bancel e sua equipe decidiram desacelerar o estudo para recrutar mais minorias, o que, claro, atrasaria a aprovação do medicamento. "Foi difícil", observa ele. "Meu pessoal passou oito meses dando duro, sacrificando noites e fins de semana, até que eu precisei tomar a decisão. Mas, no fim, acho que, quando você dá um passo para trás e tem uma visão mais ampla da situação, as decisões difíceis ficam mais fáceis. Fazer aquilo foi o certo."

No início de 2020, o grau de seriedade da ameaça do vírus ainda não era óbvio. Bancel teve que convencer sua equipe de que seria mesmo uma pandemia global e, como ele disse, "que eu não estava louco vendo algo que ninguém mais via". Isso custou algumas semanas de reuniões e muita persuasão, mas ele enfim conseguiu fazer com que as altas esferas da organização remassem na mesma direção, entendendo que, na corrida contra esse vírus, cada dia importava.

Para ir de 100 mil doses da vacina em 2019 para 1 bilhão em 2021, Bancel teve de dividir a empresa em duas. Ele criou uma equipe voltada para a covid-19 e uma para continuar trabalhando nos outros quase vinte medicamentos que a Moderna tinha em processo de desenvolvimento. A velocidade era essencial, de modo que começou a se reunir com a equipe executiva da covid-19 uma ou duas vezes por semana, deixando para trás os encontros mensais de antes. Bancel queria administrar uma organização descentralizada, na qual todos tivessem responsabilidades, mas também queria ter certeza de que suas metas de expansão estavam sendo cumpridas. Entre as reuniões semanais, ele falava com cada membro da equipe, escutava suas preocupações com atenção, discutia o processo e a eficácia da equipe, e verificava se alguma mudança de pessoal era necessária e se estavam atingindo as metas.

Sob extrema pressão de tempo para cumprir o prazo da vacina, Bancel criou metas claras e pressionou o time para não as perder de vista. Por exemplo, no final de janeiro de 2020, o CEO teve uma conversa com Juan Andres, diretor de fabricação. Bancel relembra essa conversa — que descreve como "surreal" —, na qual disse: "Preciso que você me diga como vamos fabricar um bilhão de doses no ano que vem." Andres olhou o CEO de um jeito engraçado e perguntou se ele estava fumando alguma coisa: "Cara, não tem como fabricar um bilhão de doses no ano que vem." Bancel respondeu que essa era a resposta errada. "O que eu realmente quero dizer é: fale para mim do que você precisa para fabricar um bilhão de doses no ano que vem." E Andres falou. Assim, o CEO se assegurou de que os principais membros da equipe estavam alinhados com as metas da empresa. Em seguida, incentivou-os a ser inovadores e renovou a energia de todos, expressando confiança neles e dando as ferramentas das quais precisavam para ser bem-sucedidos.

Bancel explica o truque para uma forte dinâmica de equipe: "Ser mais claro que o comum sobre os objetivos, anunciá-los cedo e fazer reuniões duas vezes por semana foi muito útil. Mas essas coisas também são importantes para que a equipe mantenha todas as bolas no ar ao mesmo tempo e para que não haja uma grande desconexão dentro do time. Precisa funcionar da seguinte maneira: quando eu não estiver presente e um subgrupo tiver que realizar uma tarefa, todas as peças do quebra-cabeça devem estar disponíveis para que toda a equipe esteja alinhada e possa ser eficaz em conjunto."

A ideia grande e arriscada que você tem em mente talvez seja exatamente o que é necessário para garantir o futuro de sua organização, mas ela não dará certo se você não tiver o apoio dos outros. Os líderes frequentemente têm dificuldade em obter a adesão do conselho e da equipe executiva. Muitas vezes, seguem o plano e, quando aparecem obstáculos ou atrasos — o que é inevitável nessas situações —, encontram-se sozinhos. De repente, diretores e membros da equipe têm muitas dúvidas, e, em casos extremos, a oposição pode crescer a ponto de descarrilar o plano.

Quando Peter Kelly, CEO da OPENLANE (antiga KAR Global), decidiu que uma transformação radical seria algo bom para a empresa, que é do ramo de leilões de automóveis, ele se dedicou bastante à discussão da iniciativa principal com seu conselho e membros da equipe executiva. Depois que assumiu o cargo de CEO, em 2021, ficou bem claro que era necessário acelerar o ritmo da empresa rumo à era digital. Essa organização de Indiana, com 2,3 bilhões de dólares de receita anual e 10 mil funcionários, era líder no ramo de leilões de carros. Todos os anos, cerca de 10 milhões de veículos são leiloados na América do Norte. Alguns deles provêm de leasing, outros são vendidos por revendedores de automóveis que não podem retirá-los de seus lotes, e outros, ainda, são vendidos por locadoras de automóveis e outros proprietários de frotas comerciais. Durante décadas, a empresa realizou leilões em aproximadamente setenta locais físicos na América do Norte; revendedores e proprietários de frotas transportavam os carros para o local, os compradores se reuniam para dar lances, e os vencedores os levavam rebocados.

Kelly achava que esses leilões físicos estavam ficando muito demorados e caros para seus clientes, somando os gastos das viagens e o transporte dos carros, e pensava que, no longo prazo, a solução seria uma plataforma digital para vendedores e compradores. Além disso, os leilões físicos também limitavam o número de compradores interessados nos carros usados, ao passo que um leilão digital abriria um mercado muito maior. Na verdade, a história de Kelly no setor começou quando ele foi cofundador de um leilão digital, o OPENLANE, em 1999, com o objetivo de agitar o ramo de leilões de carros usados e levar essas transações para o ambiente on-line. Depois de ser independente por doze anos, em 2011 a empresa foi adquirida pela KAR Global, que passou a se chamar OPENLANE em 2023.

Após a aquisição da OPENLANE, a empresa continuou desenvolvendo softwares sofisticados para inspecionar veículos, determinar o valor de um veículo usado e, então, permitir que os clientes dessem lances on-line. A adesão estava aumentando, mas não tão rapidamente quanto Kelly esperava; uma parte significativa do ramo ainda gravitava ao redor dos leilões físicos.

Quando passou de presidente a CEO no meio da pandemia de covid-19, ele sabia que era hora de acelerar a transformação digital da empresa. "Quando assumi o cargo, em março de 2021, estava claro para mim que grande parte dos planos era continuar essa transição para o digital; mas, naquela época, eu não pensava em me desfazer de todos os nossos ativos físicos nos EUA. Com o tempo, porém, percebi a dificuldade de manter o formato físico como base e, ao mesmo tempo, fazer a transição para um modelo digital, em vez de nos comprometermos totalmente com a transição digital." No final das contas, o movimento lógico era vender a parte de leilões físicos estadunidenses da KAR Global e acelerar a mudança para um modelo de negócio completamente digital. Ele sabia, também, que havia um comprador interessado no negócio de leilões: Carvana, o vendedor on-line de carros usados. Kelly reconheceu que vender o negócio de leilões físicos ajudaria sua empresa a pagar as dívidas — de tamanho considerável — e focar o novo modelo digital. Depois da venda, Kelly lideraria uma empresa menor em termos de volume, receita e número de funcionários, mas teria uma estratégia mais clara e focada e uma tese de investimento. Ele acreditava que essa era a troca certa.

Foi desafiador passar por uma transformação gigantesca como essa. As interrupções na cadeia de suprimentos, causadas pela covid-19, desaceleraram a produção de carros novos, fazendo com que a disponibilidade de veículos usados diminuísse e o valor aumentasse. Isso desacelerou consideravelmente o setor de venda de veículos usados durante a pandemia; mas, mesmo assim, Kelly sabia que vender a parte dos leilões físicos permitiria posicionar melhor os negócios digitais — nos quais já eram líderes —, visando a um crescimento acelerado. Em sua opinião, isso aumentou a lógica da argumentação pela mudança do modelo de negócios, visto que "tempos desafiadores exigem decisões ousadas e busca por oportunidades promissoras".

Mesmo sabendo que o que tinha em mente seria desafiador, ele conversou ativa e profundamente com o conselho de diretores e certos membros da equipe de gestão, buscando suas contribuições e seus conselhos. Também contratou consultores para fazer uma análise detalhada dos fundamentos do projeto. Internamente, houve muitas perguntas e certa resistência prudente. O leilão físico era a gênese e o legado da empresa. Havia quem se preocupasse por pensar que vender o leilão físico deixaria a empresa muito menor. Outros acreditavam que os desafios do setor que impactavam os leilões físicos eram temporários e que os bons tempos voltariam. As pessoas viam os benefícios de um futuro digital, mas também se sentiam intimidadas pelo que a mudança significava: perder quase metade da receita da empresa e metade dos funcionários. Mas Kelly acreditava na visão dele para a empresa, e, por fim, sua humildade, sua disposição em admitir que haveria desafios e o fato de aceitar feedback o ajudaram a se destacar. Ele alcançou o difícil equilíbrio de oferecer visão e direção, e de, ao mesmo tempo, convidar sua equipe de gestão e conselho para um debate vigoroso. Em 2022, a empresa fez uma ótima venda da parte de leilões físicos nos Estados Unidos para a Carvana e se comprometeu com um futuro totalmente digital.

Uma coisa é conseguir o apoio do conselho e da equipe executiva ao tomar uma decisão ousada, mas como fazer com que toda a organização apoie e execute seu plano? Esse é exatamente o desafio que o CEO da Nissan, Makoto Uchida, enfrenta ao preparar a empresa automobilística global, liderada por ele para a transição para veículos elétricos (VE). A montadora japonesa produz veículos há mais de noventa anos e, hoje, opera em todos os principais mercados do mundo. Em 2010, foi a primeira empresa a produzir um VE para mercado de massa: seu inovador modelo Leaf. Mais de uma década depois, no entanto, a Nissan continua sendo principalmente uma fabricante de veículos movidos a gasolina e etanol, e Uchida sabe que isso precisa mudar.

O mundo está se dirigindo aos VEs, e é imprescindível que as montadoras tradicionais façam a transição depressa, ou poderão se encontrar em uma grave desvantagem competitiva. Na China, por exemplo, que tem o maior mercado de carros do mundo, veículos de energia nova — uma categoria que consiste principalmente em VEs — respondem por cerca de um terço dos 30 milhões de unidades vendidas a cada ano. Para que a Nissan continue competitiva na China e em outros grandes mercados, a empresa precisa inovar de maneiras que gerem mais valor aos consumidores, a fim de que seus veículos se destaquem mais em relação aos líderes de mercado Tesla e BYD em preço e recursos. Além disso, a empresa precisa fazer tudo isso enquanto obtém margens de lucro e ROI fortes.

O dilema, como vê Uchida, é que a Tesla e as outras fabricantes de VEs foram construídas do zero. Elas são verticalmente integradas, controlam componentes críticos da cadeia de suprimentos, e ainda desenvolvem e fabricam grande parte de suas baterias e os componentes dos trens de força elétricos, bem como a maioria dos softwares para várias aplicações nos veículos. Além disso, suas tecnologias de fabricação são desenvolvidas internamente. Isso lhes dá uma vantagem competitiva em velocidade e custo sobre os fabricantes de automóveis tradicionais.

Em contraste, a Nissan e outras montadoras tradicionais são integradas horizontalmente, trabalhando em estreita colaboração com um enorme e sofisticado conjunto de fornecedores da cadeia global de suprimentos. Embora isso tenha funcionado bem por décadas, essas companhias precisam desafiar algumas práticas já estabelecidas e alavancar os pontos fortes inerentes à integração horizontal, a fim de competir com a nova geração de fabricantes mais enxutos, rápidos e ágeis de VE. "De que forma mudar a cultura de uma organização feito a Nissan, que opera como uma empresa automotiva tradicional há noventa anos", comenta

Uchida, "para poder competir com essa nova era de empresas gigantes e verticalmente integradas, como BYD e Tesla? Essa é a grande questão que estou enfrentando."

A Nissan tem um forte histórico de inovação; mas, como em qualquer grande empresa com uma longa e bem-sucedida história, a complacência pode começar a se infiltrar na cultura. "Temos cerca de 130 mil pessoas em nossa companhia, além de uma mentalidade consagrada, segundo a qual acreditamos ter uma ótima tecnologia. Até certo ponto, isso é verdade, mas precisamos mudar a forma de operar, para estarmos à altura da competição. Precisamos criar agilidade em nosso sistema e maximizar oportunidades diversas. O desafio é que as pessoas se sentem à vontade com a maneira como fazem as coisas, e é muito, muito difícil tirá-las dessa zona de conforto." Além disso, historicamente, a Nissan tem uma cultura com abordagem mais de cima para baixo, em termos de gerar iniciativas e inovação — outro obstáculo que Uchida precisa enfrentar.

O segredo é mudar a mentalidade das pessoas e a cultura. Para fazer a organização focar essa transformação e inspirar e motivar os funcionários, Uchida redefiniu o propósito da Nissan. Em 2021, a empresa embarcou em um plano de transformação: a visão Nissan Ambition 2030. O objetivo é diminuir a emissão do gás carbônico e aumentar a transparência quanto a isso, passando mais produtos e produção para veículos elétricos e autônomos, criando novos serviços de mobilidade sustentável e aplicando técnicas de economia circular aos processos de fabricação. E a Nissan precisa fazer essa transição e aumentar a lucratividade ao mesmo tempo, uma tarefa e um desafio enorme. Definir uma meta ambiciosa é uma coisa, mas fazer com que 130 mil funcionários alterem seus modelos e processos operacionais para atingi-las é algo totalmente diferente.

Uchida percebeu que, primeiro, era necessário mudar a si mesmo, antes de pedir isso dos outros. Assim, tinha que encontrar um equilíbrio entre ser um líder forte, que sabia ser necessário, e uma pessoa que podia deixar seu pessoal tomar iniciativas e fazer apostas arriscadas. "Um líder", afirma Uchida, "deve estar disposto a confiar em sua equipe e deixá-la fracassar, se necessário. É preciso liderar com o coração, e não só com a cabeça."

O CEO continua: "É difícil fazer isso em uma cultura na qual as pessoas estão acostumadas com líderes fortes. Se eu rejeitar ideias, se não delegar responsabilidades, meu pessoal vai achar que não confio neles. Então, passarão a pensar: 'Por que vou continuar me esforçando para ir além do que me pedem? Por que encarar mais do que os desafios necessários para sobreviver? Afinal, eu tenho minha família e minha vida é boa. Para que mudar minha maneira de trabalhar?'"

Encontrar o equilíbrio entre liderar com o coração e a mente, dar instruções claras e, ao mesmo tempo, deixar que as coisas aconteçam, convidando seu pessoal a tomar iniciativa e ser inovador, foi algo que ele aprendeu e praticou no programa Bower Forum.

A primeira coisa que o CEO fez na transformação cultural da empresa foi mudar a configuração do comitê executivo, porque ele acreditava que esse grupo definia o comportamento dos níveis de gestão abaixo deles, até os supervisores da linha de frente. Durante décadas, a sede da Nissan havia dirigido a empresa.

Para descentralizar a organização e torná-la mais ágil, Uchida convidou os líderes de mercado regionais — incluindo os diretores dos Estados Unidos, da China, do México, da África e da Europa —, além do diretor de planejamento dos produtos, para fazer parte do comitê executivo. "Se você observar o mundo hoje, os mercados estão passando por disrupções. Há fragmentação em todos os lugares. A rapidez é essencial, e as demandas dos clientes de cada mercado são diferentes, de modo que fazia sentido delegar mais autoridade às regiões e, ao mesmo tempo, garantir a padronização adequada de produtos, plataformas e designs da empresa. Ter uma equipe com um espírito novo e um estilo de negócios mais empreendedor passa uma mensagem poderosa a toda a organização."

Uchida acredita na utilidade de espalhar pessoalmente essa mensagem de inovação, iniciativa, assunção de risco e velocidade, e uma das maneiras de fazer isso é realizando uma série aparentemente interminável de mesas-redondas em todas as camadas, funções e regiões. Ele quer que a palavra se espalhe para os trezentos ou mais gestores seniores abaixo do comitê executivo e os vários milhares da linha de frente da empresa. A ideia é que o CEO estabeleça um novo tom para a mudança e deixe que ela se infiltre em todas as camadas de gestão. Ele quer mostrar que a Nissan é um lugar em que os funcionários sabem assumir riscos e os gestores incentivam seus subordinados a dar 100% de si.

Um dos grandes assuntos das mesas-redondas é como fazer que os colaboradores se sintam seguros para questionar seus líderes de equipe. "Você precisa mostrar que é um ser humano, e muito do trabalho é fazer perguntas de humano para humano", comenta Uchida. No passado da Nissan, sempre que um dos CEOs visitava uma fábrica, recebia cinco perguntas prontas para serem respondidas, enquanto todos os supervisores e empregados ficavam ao redor, calados, e o ouviam ler as respostas. Hoje, quando Uchida visita uma fábrica, nem olha as perguntas preparadas. Ele diz à multidão reunida: "Por favor, eu sou humano e estou aqui. Quero transformar a empresa em um lugar em que todos tenham orgulho de trabalhar. Podem fazer as perguntas que quiserem. E, sinceramente, se eu não souber a resposta, eu vou dizer. Então, por favor, fiquem à vontade para perguntar qualquer coisa." Ele conta que sempre tenta incentivar seus funcionários a falar algo "de coração".

Ao criar um ambiente mais aberto e humano, o objetivo do CEO é fazer com que as pessoas de todos os níveis da organização se sintam confortáveis para questionar as antigas maneiras de fazer as coisas. Nas décadas anteriores, por exemplo, a Nissan adotou uma série de processos de controle de qualidade. Uchida pediu a seu pessoal que questionasse esses processos, sem comprometer os bons resultados. O CEO quer que eles perguntem: Quando foi a última vez que alguém analisou isto aqui criteriosamente? Ainda faz sentido fazer assim? Isso agrega valor ao cliente? Existe uma maneira melhor, mais rápida e mais barata de obter o mesmo resultado?

Esse tipo diferente de mentalidade é difícil porque, na Nissan, se um líder de equipe faz uma sugestão, e seus colegas entendem apenas 70% do que está sendo dito, eles não buscam esclarecimentos, pois tendem a não questionar o chefe. Agora, Uchida está instalando uma cultura na qual se reconhece que um trabalho não pode ser feito corretamente sem todos entenderem 100% do que está sendo dito, e isso só pode acontecer se houver uma discussão sincera e aberta. O CEO martela essa mensagem incansavelmente em suas mesas-redondas. Ele conta que, agora, as pessoas lhe dizem: "Mas você diz sempre a mesma coisa." E é exatamente isso o que ele quer ouvir. Ele brinca: "Meu objetivo é parecer um disco arranhado."

Como Uchida sabe se sua transformação cultural está funcionando? Nas avaliações anuais, seus gerentes são avaliados em relação aos tópicos de trabalho em equipe, comunicação, inovação e iniciativa. O departamento de RH conduz uma série de pesquisas para avaliar como os funcionários veem os líderes de equipe, se há transparência, se existe incentivo para inovar e assumir riscos. Segundo o CEO, as pesquisas mostram que a Nissan fez um bom progresso nessa transformação cultural, mas que é um esforço de vários anos, motivo pelo qual continua insistindo nisso.

Ele conta: "Uma das coisas mais valiosas que outro CEO me disse foi que os funcionários não se lembram do que você falou ou conquistou, mas se lembram de como você os fez *sentir*. Precisamos tocar o coração das pessoas que trabalham com a gente. Conseguir que queiram fazer algo grandioso juntos. Para mim, essa é a definição de liderança."

Uchida começou a praticar a liderança com o coração e a mente primeiro para si mesmo e agora aplica essa abordagem a toda a sua organização.

Perguntas para ajudar você a envolver sua equipe e dar a ela coragem e determinação para fazer movimentos ousados

---

- Minha equipe é capaz de enfrentar os desafios futuros ou apenas conseguiu nos trazer ao lugar onde estamos?
- Faço aos líderes perguntas que os ajudam a realizar um movimento ousado ou só pergunto se isso é possível?
- Compartilhamos um senso de camaradagem e entusiasmo sobre o que é possível?
- Tenho clareza do que é necessário para vencer, das minhas expectativas para a equipe e do que eles podem esperar de mim?
- Liderança ousada é uma parte importante da avaliação de desempenho?

Em resumo

Grandes líderes reconhecem o movimento ousado que é mais promissor, reúnem coragem para executá-lo e, então, encontram maneiras de fazer o restante da organização entender e comprar, com entusiasmo, a nova estratégia ou iniciativa. Como vimos nos exemplos acima, isso requer que você deixe a estratégia e o propósito da organização bem claros e que ajude as equipes a renovar a energia e a empolgação. Também exige entender o que motiva cada pessoa e aprender como interagir com cada um de uma forma que realce o melhor deles.

Quando os funcionários estão alinhados, os melhores líderes sabem que é hora de dar espaço para que eles apresentem o mais alto nível de desempenho.

9

Empoderar pessoas

O controle é uma ilusão

Em um Bower Forum na cidade de Nova York, o CEO de uma indústria global lamentou o fato de que tudo parecia estar saindo do controle. Ataques cibernéticos eram cada vez mais comuns e frequentes, a pandemia e a guerra na Ucrânia interrompiam as cadeias de suprimentos, e a inflação prejudicava os resultados financeiros. "Sinto que estou passando mais tempo lidando com esses fatores externos que com os negócios", disse ele. "Isso se tornou uma grande distração para mim e meus gestores." Outra CEO sentada à mesa tentou colocar a situação em perspectiva. Ela falou: "Veja, não é possível controlar a política, as guerras que acontecem ao redor do mundo e o rumo que tomam as taxas de juros. Mas o que você pode controlar é como age em um momento de disrupção e incerteza. Se não pode controlar o fato de as taxas de juros mais altas ou a escassez na cadeia de suprimentos prejudicarem seus negócios, pode controlar a maneira como fala da proposta de valor, o modo como seus produtos crescem em termos de produtividade e eficiência, a forma como está investindo capital para quando tudo se resolver. Faça sua equipe focar o que é possível fazer: melhorar os negócios em tempos difíceis."

Semelhante a esse CEO de uma indústria, muito provavelmente você passou toda a sua carreira pensando que estava no controle. Esforçou-se muito e se saiu bem na escola, e depois, no trabalho, obedeceu às regras do jogo e foi subindo na hierarquia. Você sabia o que precisava fazer e fez, então foi recompensado por toda a sua dedicação. Mas, quanto mais alto sobe em uma organização, mais vê acontecer o seguinte: de repente, você é responsável por mais e mais pessoas e seu desempenho. Não consegue fazer o trabalho delas — apesar de que, maníaco por controle como é, bem que gostaria —, mas, mesmo assim, é responsável pelo sucesso da organização.

Os tempos dos CEOs imperiais acabaram. Hoje, os melhores líderes percebem que o controle é uma ilusão. Em nosso nono elemento de liderança, "empoderar pessoas", pedimos que você defina aquilo que *só você* pode fazer, dado que não pode fazer tudo. Pergunte a si mesmo: "Quais são as minhas prioridades?" Talvez seja pensar em uma nova estratégia, ou supervisionar uma transformação tecnológica, ou explicar sua gestão perante o conselho. Ou talvez seja tudo isso. Depois de decidir o que só você pode fazer, estabeleça a direção e mãos à obra. Pode ser que isso implique elaborar perguntas para as pessoas pensarem, em vez de lhes dizer o que fazer. Você pode até explicar como foi sua própria experiência, mas a resposta precisa vir do outro.

É necessário entender que, inevitavelmente, algumas pessoas irão na direção errada. Você deve ter paciência e deixá-las aprender com os próprios erros. Durante o Super Bowl LVII, o quarterback do Philadelphia Eagles, Jalen Hurts, perdeu a bola no final do jogo, contribuindo para a derrota de seu time. Em vez de ficar com dó de si mesmo, ele encarou isso como uma experiência de aprendizado. Após o confronto, disse: "Você vence ou aprende. Vencendo ou perdendo, eu sempre reflito sobre o que poderia ter feito melhor, qualquer coisa, para tentar dar o próximo passo."[21]

O segredo, então, é encontrar o equilíbrio entre controlar e deixar que as pessoas tenham atitude e liberdade para cometer erros — contanto que aprendam com eles e não os repitam. Rob Painter, participante do Bower Forum, é CEO da Trimble, uma empresa global de tecnologia que fornece softwares e hardwares de ponta para a agricultura, a construção, o setor geoespacial e o transporte. Ele diz que, em vez de lutar pelo controle, os líderes precisam abraçar a individualidade e a necessidade de todos de ter pelo menos certa liberdade para se expressar e implementar suas propostas. "A ideia é abraçar a individualidade", afirma, "mas vencer juntos." Em um programa de liderança que estava conduzindo em sua empresa, o CEO notou a grande mescla de funções representadas na sala. Pediu às pessoas que se colocassem umas no lugar das outras: "Quantos aqui já escreveram uma linha de código, quantos sabem como funciona um registro nos livros contábeis, quantos já criaram um documento de requisitos do marketing e quantos já tentaram fazer uma venda e sabem como é levar um não?"

Ninguém, nem mesmo o CEO, sabe fazer todos esses trabalhos, mas deixar que todos os jogadores ajam por conta própria pode ser caótico. A resposta de Painter é ver uma empresa como uma sinfonia, na qual todos os músicos se reúnem para fazer uma bela composição. "Pode ser extremamente reconfortante e extraordinariamente desconfortável ao mesmo tempo", afirma. "Como o CEO consegue ver mais da organização que qualquer outra pessoa, ele assume o papel de maestro da orquestra. Não sei tocar todos os instrumentos, mas sou capaz de criar um ambiente onde consiga refinar a orquestra. Posso ajudar todos a entender o que focar — qual obra devemos tocar, se estamos tocando muito devagar, se alguns instrumentos estão desafinados (e, se sim, o que precisamos fazer para consertar)."

Então, para um líder, a principal questão não é tanto como obter o controle, mas sim quais são as coisas que *só ele* pode fazer. O que você precisa controlar e o que deve liberar para que outros liderem? Esta é outra maneira de perguntar: Em que áreas você pode ter mais impacto? "Há uma série de tarefas às quais eu poderia me dedicar que são totalmente gratificantes", observa Painter, "mas, como CEO, não estou em posição de mexer com essas coisas."

Algumas coisas somente o CEO pode fazer, porque tem habilidades para isso, ou porque o trabalho abrange diversas partes da organização, ou porque tem um impacto desproporcional na organização.

Ciente disso, é preciso se perguntar quais são as prioridades, as coisas que só você pode fazer e que terão grande impacto. Na Trimble, a principal prioridade de Painter é estabelecer como a empresa vai ter sucesso. A segunda é definir perante o conselho uma gestão estratégica — algo que ele não pode delegar. E a terceira é garantir que a transformação tecnológica da empresa esteja no caminho certo. "Essas são as três coisas que acredito que posso fazer de forma única e às quais dedico mais tempo, para definir nossa direção", afirma o CEO. Em termos práticos, isso significa definir o sucesso e colocar as pessoas certas nos lugares certos da orquestra. Ao estabelecer seu trabalho dessa forma, Painter não tem controle total, mas ainda tem bastante, pois pode intervir onde identificar um problema.

Ele trabalha muito para que os gestores encarem o controle da mesma maneira. Em seu histórico, a Trimble era uma empresa muito descentralizada; as divisões de construção, agricultura e transporte basicamente administravam os próprios feudos. Como queria que a organização se tornasse mais matricial, Painter decidiu criar uma equipe de tecnologia centralizada para atingir eficiência escalável e dar mais liberdade ao pessoal de TI. Foi difícil vender a ideia aos diretores de cada divisão. "Tentei fazer meus gestores entenderem que não precisavam possuir ou controlar todos os recursos. Eu lhes dizia: 'O controle é uma ilusão. Sim, todas essas ferramentas cibernéticas são administradas por você, mas você tem ideia, realmente, do que isso faz? E tem capacidade de agregar valor?'" Hoje, a Trimble tem todos os seus especialistas em uma só organização, atuando como um serviço compartilhado, no qual os funcionários têm planos de carreira, mais autonomia e possibilidade de um desempenho mais eficiente. O controle, nesse caso, saía caro.

Como vimos neste capítulo, os melhores líderes concedem autoridade e tentam minimizar erros, estabelecendo um mínimo de controle e impedindo que as pessoas se afastem muito dos objetivos e valores da empresa. No dia a dia, é algo difícil de realizar. Os melhores CEOs usam métricas diferentes para monitorar e impor esse equilíbrio entre controle e autonomia. O desafio é criar um ambiente que forneça segurança psicológica e responsabilidade. Essa é outra polaridade que os líderes devem dominar. Por um lado, um ambiente seguro não deve sacrificar a responsabilidade que cabe a cada um, pois isso poderia levar a uma cultura de complacência, na qual conversas difíceis seriam evitadas e pessoas altamente motivadas perderiam o ânimo. Por outro lado, um ambiente seguro não deve ser sacrificado no altar da responsabilidade, pois poderia levar a uma cultura com base no medo.

Um líder que conseguiu criar um ambiente seguro com responsabilização foi Frank D'Souza, ex-CEO e cofundador da empresa global de serviços de tecnologia Cognizant, além de cofundador e sócio-gerente da Recognize, uma plataforma de investimentos em tecnologia. A Cognizant ajuda as corporações a modernizar sua tecnologia, repensar processos e transformar experiências, para que possam continuar na vanguarda deste mundo em constante mudança. D'Souza assumiu o cargo de CEO da Cognizant em 2007 e aumentou em mais de dez vezes a receita da empresa, que era de 1,4 bilhão de dólares por ano; quando deixou o cargo, em 2019, a empresa faturava mais de 16 bilhões de dólares por ano. A Cognizant saiu na lista das "100 empresas de crescimento mais rápido" da revista *Fortune* por 11 anos consecutivos. D'Souza atribui grande parte desse sucesso a um sistema que, segundo ele, ajuda a construir líderes fortes, independentes e motivados por propósitos, operando regularmente com desempenho máximo.

Quando D'Souza assumiu o cargo de CEO, enfrentou um problema que muitos líderes adorariam ter: a empresa estava em uma trajetória de rápido crescimento. Mas ele sabia que, se não atingisse certo tamanho e escala, ela empacaria em meio às outras do mercado, por ser grande demais para ter a agilidade de uma empresa pequena, mas não tão grande a ponto de competir nas primeiras divisões. Impulsionar o crescimento da Cognizant era essencial. Sua maior restrição, no entanto, não era capital; era liderança. D'Souza acreditava que precisava desenvolver líderes pelo menos 20% mais rápido que a taxa de crescimento da empresa; se a Cognizant crescesse 50% ao ano, precisaria desenvolver 70% mais líderes que no ano anterior.

D'Souza reconhecia que aquele crescimento lhe exigiria assumir riscos significativos e tomar decisões ousadas, o que representaria momentos cruciais para sua gestão de CEO. "Segundo minha filosofia, nós alugamos esses cargos, não os possuímos", afirma. "Ficamos no cargo por pouco tempo, por isso todos os dias temos que conquistar o direito de ocupar aquela cadeira. Se você não fizer isso, não deveria ocupá-la. E, se há alguém melhor que você, é seu dever renunciar. Minha administração da companhia e minha obrigação fiduciária para com todos os meus acionistas e stakeholders é maximizar o valor da empresa, não fazer o que é melhor para mim, Frank."

Em relação ao desafio de desenvolver líderes de alta qualidade tão depressa, D'Souza aplicou uma mentalidade da engenharia. Primeiro, ao contratar, escolheu pessoas altamente capazes e intrinsecamente motivadas. "Sendo um jovem CEO", relembra ele, "tinha um medo muito grande de não saber o suficiente para exercer meu cargo, então me cerquei de pessoas extraordinariamente qualificadas e mais inteligentes que eu. Essa era a única forma de aprender e crescer. Mas capacidade não era o suficiente; eu também queria pessoas com iniciativa e que soubessem passar por situações novas e complexas sem meu envolvimento direto. Eu havia lido muito sobre motivação intrínseca em obras de pesquisadores e escritores como Edward Deci, Daniel Pink e Jim Collins. Pessoas intrinsecamente motivadas querem autonomia, senso de maestria e propósito. Formar líderes intrinsecamente motivados e altamente capazes se tornou o cerne de nossa abordagem ao desenvolvimento de liderança."

Para ajudar seus líderes a ser bem-sucedidos, D'Souza criou um ambiente no qual os gestores da Cognizant eram incentivados a buscar autonomia, maestria e propósito, e então se afastava a fim de deixá-los fazer o que precisavam para ajudar nos objetivos da empresa. "Era uma cultura de segurança psicológica; as pessoas se sentiam à vontade trabalhando sozinhas e fazendo suas coisas." Ele deu a todos a liberdade de aprimorar habilidades e ser os melhores no que faziam.

Depois, o CEO combinou um intenso empoderamento com um rigoroso processo de gestão de desempenho para que se pudesse identificar partes em que os líderes estavam indo bem ou onde podiam melhorar. A ideia era que D'Souza mantivesse a autonomia de todos; mas, quando necessário, interviesse e tentasse ajudá-los a crescer. "Nossa filosofia central era a de atender a um pequeno número de clientes, mas atender-lhes da melhor forma possível", comenta. "Todo mundo diz isso, mas tentávamos muito viver esse ideal em tudo o que fazíamos. Para isso, tínhamos de manter a tomada de decisões muito próxima do cliente. Não podíamos agir de cima para baixo e ser burocráticos. Os problemas não podiam chegar até a sede toda vez que uma decisão precisasse ser tomada."

A fim de manter os líderes próximos aos clientes da Cognizant, D'Souza lhes proporcionou os recursos necessários. Também criou ferramentas para monitorar o desempenho. Instalou um painel de liderança que consiste em quatro métricas básicas, destinadas a manter os líderes no caminho certo: receita, lucratividade, satisfação dos funcionários e satisfação do cliente. Ele via essas métricas como grades de proteção que manteriam seus líderes intrinsecamente motivados, no caminho certo e alinhados com as metas e os valores da empresa. Para a Cognizant, sucesso era equilibrar essas quatro métricas. Atingi-las não bastava, se os clientes estivessem insatisfeitos. Mas clientes felizes não eram suficientes se seus funcionários estivessem infelizes, e isso provavelmente significaria que as equipes estavam ficando esgotadas. "No começo, quando precisávamos contratar líderes de fora, víamos que muitos deles priorizavam apenas algumas dessas métricas", afirma D'Souza. "Alguns vinham de empresas altamente competitivas que aplicavam a política de terra arrasada, onde haviam aprendido a apresentar números a todo custo. Como era de se esperar, eles tiveram problemas para liderar suas equipes e satisfazer nossos clientes. Mas, monitorando as quatro métricas, conseguíamos intervir e ajudá-los a mudar o comportamento."

D'Souza também procurava maneiras simbólicas de espalhar a mensagem de que o sucesso na Cognizant era mais do que atingir números. Para destacar a importância da satisfação do cliente, ele organizava encontros com mais de 3 mil funcionários, celebrando e premiando os que mais haviam feito pelos clientes. Todo ano, também convidava um grupo de oito a dez dos principais clientes da Cognizant para participar de um encontro de estratégia com o conselho de diretores e contar como era trabalhar com a empresa — tanto o lado bom quanto o ruim. "Esse ritual de levar os clientes a reuniões do conselho", diz D'Souza, "passava uma mensagem poderosa a toda a organização: o conselho levava a sério a forma como tratávamos nossos clientes." Por meio de boletins informativos e blogs, a Cognizant enviava a toda a empresa resumos do que os clientes falavam nessas reuniões. O recado era: Sim, você tem que atingir suas metas financeiras, mas não pode fazer isso à custa do cliente. "O cliente era nosso verdadeiro norteador."

Essa abordagem para construir líderes fez mais do que apenas tornar a Cognizant um sucesso financeiro e uma grande empresa em seu setor. O impacto e o êxito dos métodos de D'Souza foram vistos para além dos muros da empresa. Desde que o executivo saiu da organização, pelo menos 14 de seus principais executivos passaram a ser CEOs de outras empresas.

Manter o equilíbrio entre controle e liberdade é particularmente difícil no mundo do terceiro setor, onde um painel como o que D'Souza criou, contendo métricas de lucros e perdas, não é possível. Na ONG Teach for All — uma rede global de organizações nacionais que colocam pessoas motivadas e formadas em universidades para dar aulas em escolas de comunidades carentes e desenvolver habilidades de liderança —, a fundadora, Wendy Kopp, criou sua própria "estrela-guia", que chama de liderança coletiva.

Quando cursava política pública na Universidade de Princeton, Kopp teve uma epifania depois de ver universitários de primeira geração tendo bastante dificuldades nos estudos enquanto os colegas dela, que haviam frequentado as melhores escolas preparatórias, tiravam tudo de letra. A desigualdade do sistema educacional norte-americano a impressionou tanto, que sua monografia foi sobre a necessidade de um serviço nacional para professores. A ideia era persuadir jovens brilhantes de todas as especializações acadêmicas a se comprometerem a lecionar por dois anos em escolas de áreas de baixa renda. Depois de se formar, em 1990, Kopp arrecadou 2,5 milhões de dólares de patrocinadores corporativos e filantropos, para fundar a Teach for America. Em pouco tempo, a instituição se tornou parada obrigatória para muitos jovens formados nas principais universidades do país. Em 2022, havia colocado cerca de 70 mil professores nas escolas públicas dos Estados Unidos. A proposta era não só ajudar as instituições de ensino carentes, levando a elas professores jovens e brilhantes — muitos com as tão necessárias habilidades STEM —, mas também criar uma geração de líderes que entendessem melhor os desafios enfrentados pelos alunos marginalizados e pudessem influenciar mudanças ao trabalhar como educadores, inovadores sociais, políticos, especialistas em políticas, executivos ou jornalistas.

Durante os primeiros anos da Teach for America, Kopp passou horas a fio viajando, visitando universidades para recrutar alunos e percorrendo escolas carentes de todo o país a fim de oferecer o novo programa. Ela se dedicou a criar uma organização composta de escritórios locais encarregados de maximizar o impacto em suas comunidades, mas que fossem centralmente administrados.

A primeira adaptação internacional da empresa foi a Teach First, no Reino Unido, lançada em 2002. Em 2007, Kopp se viu atendendo a um número crescente de solicitações de pessoas do mundo todo que procuravam ajuda e queriam que seus países se beneficiassem de iniciativas como a Teach for America. Kopp tinha vontade de responder a essas solicitações, mas se sentia sobrecarregada só de pensar no desafio. Ela sabia o que havia sido necessário para fundar e desenvolver a Teach for America, e não tinha ideia de como fazer algo semelhante em escala global. Por fim, trabalhou com o fundador da Teach First para elaborar o plano de lançamento da Teach for All, uma rede de organizações independentes, lideradas localmente e vinculadas a uma organização global que aceleraria o progresso, ajudando todos a aprender uns com os outros.

Na noite anterior ao anúncio de abertura da Teach for All, feito pelo ex-presidente Bill Clinton e pelo primeiro-ministro britânico Tony Blair na Clinton Global Initiative, em setembro de 2007, Kopp entrou em pânico. "Pensei: 'Como vai ser isso? Ampliamos a Teach for America tendo uma obsessiva atenção aos detalhes e construindo fortes sistemas de gestão; de que forma poderemos ter um nível de impacto semelhante em uma rede tão grande e distante?'"

Um de seus parceiros de trabalho lhe garantiu que daria tudo certo: "Não há como voltar atrás; eles vão anunciar amanhã, e nós seguiremos daí." Hoje, essa rede global inclui organizações nacionais em mais de sessenta países de seis continentes que lutam para alcançar equidade educacional e excelência a todas as crianças de cada nação.

Grande parte do sucesso de Kopp com a Teach for All foi sua disposição de abrir mão do controle e confiar em parceiros ao redor do mundo, que assumiriam total responsabilidade pelo sucesso de suas organizações. Ela adotou essa estratégia, em parte, porque refletiu sobre a importância disso para o próprio sucesso como empreendedora social nos Estados Unidos. Além disso, achava esse aspecto importante, já que o propósito da rede era desenvolver líderes que pudessem ajudar as crianças a atingir seu potencial.

Para a abordagem funcionar, a Teach for All estabeleceu princípios básicos unificadores claros e, a seguir, criou uma cultura na qual os líderes aprendem constantemente uns com os outros e aplicam o aprendizado onde possível, cada um em seu país. O que outras organizações investem em gestão e controle, a Teach for All investe em facilitar o aprendizado e oferecer desenvolvimento de liderança. Diz Kopp: "É um trabalho duro e complicado, e haverá desafios, mas o que eu vi é que esse tipo de abordagem de rede promove uma melhoria contínua mais rápida."

Os princípios unificadores que ela criou começaram com dedicação a um propósito comum, uma teoria de mudança, uma visão e valores que definem como os participantes da rede se envolverão em escala global. A equipe de liderança global da Teach for All compartilha as melhores práticas com as equipes locais, para ajudá-las a tomar as melhores decisões possíveis em cada país. "Queríamos que todos os nossos parceiros de rede aprendessem com os que vieram antes deles, mas também que fossem capazes de inovar e adaptar conforme a necessidade de cada país. É algo muito poderoso promover esforços de gente comum e, ao mesmo tempo, ajudar essas pessoas a ganhar exposição global."

Enquanto desenvolvia a Teach for All, Kopp, uma empreendedora social motivada, precisava ficar lembrando a si mesma que, de fato, o controle é uma ilusão. Ela teve de dar um pouco de espaço e respeitar os líderes locais, os quais queriam criar suas próprias abordagens dentro da estrutura da Teach for All para que refletissem as necessidades culturais e as situações econômicas de seus países. "É difícil decidir quando intervir", comenta a fundadora da instituição, "porque é importante deixar que os líderes locais tracem o próprio curso; mas também não faz sentido deixar cada país ficar cometendo os mesmos erros várias vezes." Por exemplo, diferentemente dos Estados Unidos, os governos da Índia não pagam os professores; o sistema escolar é amplamente privado. Shaheen Mistri, chefe da Teach for India, tomou a iniciativa e criou uma organização de arrecadação de fundos para pagar os salários dos educadores, e também se empenhou em incutir mudanças políticas, persuadindo alguns governos locais a contribuir com os custos educacionais. A abordagem funcionou, e a Teach for India é uma organização próspera reconhecida no país e no mundo como uma história de sucesso. Ela serviu de inspiração para outros programas da Teach for All que enfrentam desafios semelhantes.

Sentar-se e observar enquanto organizações fazem escolhas diferentes requer uma profunda crença nas pessoas e muito respeito pelo julgamento dos outros. "Eu me solidarizava com quem estava começando, liderando aquelas organizações, pois eu havia feito o mesmo e sabia como era extremamente difícil", afirma. "Bem depressa percebi que minhas dúvidas iniciais quando criei a Teach for All eram infundadas, pois comecei a ver pessoas melhorando o que havíamos feito na Teach for America." A ideia era deixar a inovação florescer e intervir quando os princípios básicos fossem esquecidos.

Um princípio importante da liderança coletiva é que o aprendizado é uma via de mão dupla. Kopp, por exemplo, acabou vendo algumas coisas que a Teach for America poderia aprender com a Teach for India. Quando a Teach for India foi lançada, a empreendedora estadunidense foi visitar Mistri várias vezes. A Teach for India adotou grande parte do currículo de treinamento de professores da Teach for America, mas o adaptou ao contexto indiano. Nos Estados Unidos, o currículo focava principalmente o desenvolvimento de conhecimento e habilidades dos professores, mas Mistri o evoluiu, incluindo treinamento para a formação de uma mentalidade no qual os professores aprendiam a reconhecer e valorizar o potencial de alunos marginalizados, bem como a desenvolver coragem para aplicar altos padrões, mesmo quando confrontados com desafios extraordinários. Kopp ficou impressionada com o programa de treinamento dos professores de Mistri e pediu que a Teach for America levasse dezenas de instrutores à Índia, para ver como isso era feito. "É preciso liderança coletiva para mudar um sistema", observa Kopp. "Vemos isso em nossa rede, onde tantas pessoas brilhantes e comprometidas, influenciadas pela diversidade de contextos e culturas, estão inovando e desenvolvendo soluções fortes. Podemos aprender e avançar muito mais rápido se deixarmos os indivíduos inovarem e liderarem da maneira que pensam fazer mais sentido no país deles."

A Teach for All é muito mais que um mecanismo para fornecer bons professores a escolas locais. A maioria dos graduados que deixa o magistério após os dois anos previstos continua envolvida com a educação de várias formas. Dos mais de 100 mil ex-professores da rede Teach for All, 74% ainda trabalham em tempo integral para melhorar a educação e as questões sistêmicas relacionadas. "Não é possível mudar o sistema com uma só pessoa no topo", diz a fundadora da instituição. "É necessária uma liderança coletiva, pessoas diversas em todo o sistema, com atitude, gestão e propósito compartilhado, aprendendo e colaborando juntas."

*Perguntas para ajudar você a equilibrar
controle e livre-arbítrio*

///

- Quais são minhas duas ou três principais prioridades, coisas que só eu posso fazer e que farão a diferença? O resto eu deleguei?
- O que podemos controlar? O que não podemos controlar, e sim influenciar? O que não podemos controlar nem influenciar?
- Sou claro sobre quem pode tomar quais decisões na organização e como?
- Depois de definir uma direção para a empresa, dei a meu pessoal os recursos necessários para serem bem-sucedidos e lhes dei espaço suficiente para liderar?
- Que perguntas devo fazer para que as pessoas pensem, em vez de eu precisar dizer o que elas precisam executar?
- Como posso explicar menos minhas experiências e encorajar meus colegas a compartilhar suas opiniões e encontrar respostas?
- Como encorajar pessoas de outras áreas da empresa a compartilhar melhores práticas para evitar a repetição de erros?

///

Em resumo

Os melhores líderes encontram o equilíbrio perfeito entre controlar e deixar que as pessoas tenham liberdade para tomar a iniciativa e, inevitavelmente, cometer alguns erros. Eles sabem quais decisões devem ser tomadas para impulsionar a consistência e quais princípios orientadores permitem que todos tomem a decisão certa sem o risco de comprometer o propósito e os valores da organização. Ao fazer isso, podem focar apenas as coisas que são capazes de controlar. O mesmo vale para cada membro da equipe. Você pode ajudar o time a equilibrar a dicotomia entre controle e liberdade fazendo que eles se perguntem: O que podemos controlar? O que deve ser consistente em toda a organização? O que não podemos controlar, mas influenciar? O que não podemos controlar nem influenciar? E quais são as habilidades, mentalidades e capacidades de que precisamos para sermos líderes de sucesso?

Criar equilíbrio entre autonomia e controle, no entanto, só funcionará se você souber o que de fato acontece dentro de sua organização. Caso contrário, como será possível intervir quando um projeto ou iniciativa estiver a ponto de descarrilar?

10

Incentivar a verdade

Todo mundo esconde coisas do chefe

Um participante do Bower Forum que era CEO havia apenas um ano reclamou que, em sua organização, as pessoas não lhe contavam mais o que realmente acontecia. Desde que assumira o cargo, não tinha mais colegas nem conversas honestas com as pessoas. Ele se sentia perdido e preocupado, temendo que alguma notícia ruim pudesse pegá-lo de surpresa.

Um de nossos coaches, que passou anos comandando uma empresa global de manufatura da *Fortune 100*, explicou que, às vezes, é necessário obter a verdade fora da empresa, mas nem isso é o suficiente. Esse CEO veterano explicou ao jovem participante que ele deveria reunir seus subordinados diretos para uma reunião de estratégia, orçamento ou planejamento, e "convencê-los de que eles podem discordar de você, e você quer que eles discordem; precisa envolvê-los em um debate vigoroso sobre as questões. Diga que vai aprender algo com cada um e que respeita todas as opiniões, em vez de agir como um rei que não participa mais desse tipo de conversa".

Um ano depois, o jovem CEO relatou que, embora essas conversas abertas com a equipe fossem difíceis no início, depois as pessoas acabavam ficando mais à vontade para levantar questões delicadas e discutir más notícias. A cultura de sua equipe executiva passou a ser mais aberta, e ele, como CEO, passou a ser percebido como o primeiro entre iguais.

Como o coach destacou naquele encontro, ninguém quer ser o portador de más notícias, por isso o chefe costuma ser o último a descobrir o que realmente está acontecendo. Essa relutância em falar a verdade a quem detém o poder pode gerar péssimas consequências para uma empresa, porque é fundamental que todos estejam com a mesma visão da realidade. Se os funcionários de uma organização não tiverem um entendimento comum acerca dos desafios internos e externos que enfrentam na realidade, será muito difícil desenvolver a convicção, a convocação à ação e o senso de urgência dos quais toda organização bem-sucedida depende para operar bem. Se a equipe não sabe todos os fatos ou tem medo de compartilhá-los, erros e caos se tornam inevitáveis.

Os efeitos podem ser desastrosos. Em 1961, o presidente John F. Kennedy deu sinal verde para uma invasão à Cuba comunista, na Baía dos Porcos. A força de exilados cubanos que o governo dos EUA havia treinado e equipado para o ataque estava mal preparada, e a operação foi um fiasco; o governo cubano logo destruiu os invasores. Os conselheiros de Kennedy, descobriu-se mais tarde, não haviam informado o presidente sobre todos os riscos e potenciais desafios da operação. Se Kennedy tivesse recebido uma visão completa da situação, poderia ter evitado essa tragédia. Os historiadores debatem por que seus conselheiros não falaram abertamente com ele sobre os riscos; por que não lhe avisaram que o exército de exilados cubanos estava mal preparado; por que minimizaram a provável resposta forte do governo de Fidel Castro. Alguns argumentam que os membros da equipe de Kennedy talvez tenham hesitado em compartilhar más notícias com o presidente por medo de parecerem desleais ou de as pessoas pensarem que estavam sabotando a missão. Outros acreditam que a cultura da administração, na qual prevalecia o pensamento de grupo ou conformidade, não incentivava visões divergentes ou perspectivas alternativas. Seja qual for o caso, os conselheiros de Kennedy não o terem informado sobre os riscos da missão facilitou o desastre, que deixou uma marca duradoura no legado do presidente.[22]

Por outro lado, construir uma cultura pautada na abertura pode render grandes benefícios. Um exemplo notável disso foi observado na Ford Motor em 2006, quando Alan Mulally, um alto executivo da Boeing, foi contratado para colocar a fabricante de automóveis, que enfrentava dificuldades, de volta aos trilhos. Mulally desenvolveu um sistema no qual, em suas reuniões de equipe, os executivos assinalavam em verde um projeto se ele estivesse no caminho certo, e em vermelho se não estivesse seguindo conforme o planejado. Em uma reunião no início de sua gestão, todos os projetos receberam a marca verde. Incrédulo, o líder questionou os executivos, perguntando-lhes como todos os projetos poderiam estar indo bem se a empresa estava perdendo dinheiro. Finalmente, uma alma corajosa mudou a cor do seu parecer para vermelho — foi a gota d'água necessária para levar a uma discussão verdadeira de todos os problemas da Ford e, alguns anos depois, a uma guinada total.

Para conseguir informações sobre o que está acontecendo, os líderes precisam se aprofundar na organização. É importante ser acessível, ter uma política de portas abertas, mas isso não é suficiente. Como vimos no exemplo da Ford, a maioria das pessoas não conta ao chefe o que está acontecendo por medo de críticas ou reprimendas. Em nosso décimo elemento de liderança, "incentivar a verdade", sugerimos que os líderes criem círculos internos de conselheiros e que os escutem com atenção. Isso vale não só para o CEO, mas também, de forma mais ampla, para todos os líderes da organização. Uma maneira de dar início a esse processo é criar redes informais de "contadores da verdade" que mantenham seus pés no chão. Essas redes informais funcionam em todas as funções, regiões, setores e camadas da organização. Quando funcionam bem, podem fornecer feedback valioso, por meio de uma genuína troca de ideias sobre os rumos da empresa.

Embora muitos digam que acolhem a discordância, quando os funcionários realmente reagem os líderes às vezes ficam na defensiva ou se sentem inseguros ao tomar decisões. Uma abordagem que ajuda é o que chamamos de "discordância construtiva". O objetivo é transformar o conflito em debates criativos, incentivando as equipes a expor suas diferenças de uma maneira que expanda as perspectivas e convide à oposição saudável. Assim, tomar decisões e resolver problemas complexos fica mais rápido e acontece de forma mais inteligente.

As pesquisas de campo e a experiência prática da McKinsey apontam várias medidas que os líderes podem tomar para incentivar uma discordância saudável.[23]

Liderar para inspirar, não para mandar

- Dê poder para que o grupo tenha ideias: "Ninguém aqui sabe a resposta ainda, mas podemos encontrá-la juntos se aproveitarmos o melhor das ideias de todos."

Promova a dissidência buscando-a ativamente

- Busque visões diferentes de forma explícita; dê permissão para isso e incentive as pessoas.
- Inclua a discordância como um valor organizacional declarado.
- Crie condições para discussões abertas e sem restrições, durante o processo de preparação das tomadas de decisão.

Receba bem a discussão aberta, quando ela surgir

- Escute os dissidentes e os pessimistas, e agradeça-lhes suas ideias.
- Reconheça a discordância como um canal útil, sem filtros, para entender as percepções da organização sobre os problemas.
- Convide os dissidentes a fazer parte da tomada de decisão para que se tornem influenciadores positivos mais tarde, durante a implementação.

- Empregue técnicas como a estratégia pré-mortem (que consiste em imaginar que um projeto falhou, a fim de identificar o que de fato poderia causar o fracasso da operação), para ampliar o debate e mitigar o comportamento manada do grupo.

O objetivo geral é as pessoas falarem a verdade aos líderes, algo raro na maioria das organizações, onde a politicagem é o poder vigente. As pessoas têm antenas ligadas e captam depressa os sinais nas reuniões. É papel de um líder reforçar constantemente a ideia de que ele não é a pessoa mais inteligente dali e não só quer, como também exige, um diálogo saudável e a discordância construtiva. Jim Owens, que comandou a fabricante de equipamentos pesados Caterpillar de 2004 a 2010, e hoje é coach do Bower Forum, tem uma fórmula própria para fazer com que as pessoas apresentem as próprias ideias.

No início de sua gestão na Caterpillar, Owens logo percebeu que essa gigante global estava à deriva. A empresa tinha quinze objetivos — muitos deles empreitadas dignas —, mas a equipe executiva não tinha um direcionamento muito claro. Os gestores da empresa também não aderiam ao modo como as coisas deveriam ser. Na tentativa de dar à organização um pouco de tração e ajudar todos a entender para onde ela caminhava, Owens fez um movimento controverso: formou um comitê de planejamento estratégico e propositalmente deixou de fora muitos subordinados diretos. Pediu aos presidentes liderados por ele que indicassem quais pessoas da empresa eles achavam mais inteligentes. Owens solicitou que apresentassem uma combinação de gestores globais de engenharia, manufatura e marketing. Queria os melhores pensadores estratégicos da organização. O comitê acabou sendo composto de quinze pessoas, que se reuniram em uma sexta-feira ou sábado por mês, durante um ano. No final desse período, o grupo divulgou sua visão e seu roteiro, dedicando-se a conseguir a adesão de todos a um plano que levaria o navio a uma direção vigorosa, pelos próximos cinco a seis anos.

"Eu me lembro de uma das primeiras reuniões", comenta Owens. "Eu disse: 'Uma das coisas da qual todos nós temos que estar cientes é que eu

INCENTIVAR A VERDADE

não sou o cara mais inteligente aqui. A maioria de vocês sabe muito mais que eu sobre as áreas desta empresa. Espero que tenhamos um debate vigoroso e que vocês discordem de mim quando for o caso, e, se não se sentirem à vontade, é melhor que nem façam parte deste comitê.'" Nessa reunião, alguns gestores conheciam Owens muito bem e o levaram a sério. Quando os outros viram que esses gestores questionavam o líder, acabaram entrando na briga. Ao mesmo tempo, o executivo mantinha atualizados os presidentes de grupo que não haviam sido convidados para as reuniões, a fim de que se familiarizassem com as ideias do comitê quando fossem finalmente anunciadas. "Para ouvir a verdade, você tem que realmente se expor e mostrar que está disposto a aceitar a discordância das pessoas, porque não é o ideal não ter as melhores ideias de todos."

Duas grandes iniciativas resultaram desse comitê. Uma foi que a Caterpillar deveria manter o foco em ser líder na Ásia, especialmente na Índia e China. Isso não significava que a empresa ignoraria seus negócios na América do Norte, Europa e América do Sul, mas a ênfase seria vencer na Ásia, onde ocorreria grande parte do crescimento na demanda por maquinário de construção. A segunda iniciativa foi fazer com que cada uma das 28 divisões fizesse testes anuais de desgaste financeiro, para ter certeza de que a empresa resistiria a uma grave crise econômica e ganharia dinheiro mesmo no pior cenário. Historicamente, a organização passava sempre por ciclos de expansão ou retração. Quando a economia dos EUA colapsou, a Caterpillar foi junto. Durante a recessão do início dos anos 1980, a empresa perdeu 1 milhão de dólares por dia durante três anos consecutivos e quase faliu.

As estratégias de Owens foram muito boas para a empresa. Com o foco na Ásia, o crescimento da receita disparou porque todas as equipes estavam indo na mesma direção. Mas o teste anual de desgaste não agradava a todos os gestores. De 2004 a 2008, estavam crescendo bem, e muitos achavam que o teste era um desperdício de tempo e de recursos. Então, em 2008, o diretor de uma das maiores companhias globais de mineração disse à Caterpillar que compraria todos os equipamentos que ela pudesse fabricar. Mais tarde nesse mesmo ano, a crise financeira estourou, e em 2009 a Caterpillar viu sua receita cair drasticamente. Mas, como as divisões haviam se planejado por anos para tal evento, a instituição conseguiu agir rápido e demitiu 46 mil pessoas no primeiro trimestre de 2009, mantendo-se lucrativa. Quando a economia começou a se recuperar, a Caterpillar recontratou a maioria dessas pessoas e se recuperou em pouco tempo. Em 2009, o preço de suas ações estava sendo negociado em torno de 22 dólares; em 2011, estava de volta à sua alta histórica de 120 dólares. Incentivando seu pessoal a falar a verdade aos líderes, Owens formulou uma estratégia dupla que permitiu que a Caterpillar, antes volátil, prosperasse durante quase uma década.

Alguns executivos adotam uma abordagem mais sutil para fazer com que a equipe fale a verdade. Peter, CEO de uma gigante de mídia sediada em Nova York, enfrentou um desafio terrível que compartilhou no Bower Forum: como manter o diálogo em uma cultura notoriamente conhecida por prevalência do sigilo, traições, alianças pessoais e competição acirrada? Ele supervisionava um conjunto de feudos independentes, administrados por gestores obstinados. "Dá para imaginar o que acontece quando você pega um grupo de grandes realizadores que se consideram muito criativos e os mais inteligentes, e os insere em uma estrutura que empodera a independência de pensamento e a sonegação de informações. Ninguém queria falar sobre o que estava acontecendo. Era uma cultura na qual as pessoas disfarçavam as coisas e distorciam a verdade." Às vezes, para conseguir o que queria, um gestor simplesmente declarava que "o presidente disse que é isso que ele quer", mesmo sem ter falado com ele. Depois de se aposentar, uma executiva afirmou que a melhor coisa da aposentadoria era que não precisava mais andar pelos corredores e, ao ouvir alguém dizer bom-dia, pensar no que realmente a pessoa queria dizer.

Para entender de fato o que estava acontecendo naquela cultura sigilosa, Peter criou uma rede informal de escuta. "Você se engana se acha que sabe o que ocorre na empresa fazendo um tour pela fábrica ou dando uma palestra e, depois de conseguir algumas respostas (que podem ser filtradas ou plantadas por alguém), indo investigar em outro lugar. Você

INCENTIVAR A VERDADE

precisa de pessoas que lhe digam o que realmente está acontecendo." Para isso, ele conversava com funcionários de todos os níveis da organização.

Peter levava alguns para almoçar; com outros, jogava basquete; com outros, ainda, quando os encontrava no corredor, fazia questão de parar, conversar e realmente demonstrar interesse pelo que acontecia na vida da pessoa. Não virou amigo de todos, mas esse gesto induziu os funcionários a sentirem que podiam conversar com ele sobre muitas coisas. Sua rede de inteligência humana lhe informava o que de fato estava acontecendo: talvez um colaborador que estava passando por um momento muito difícil, por um divórcio, pelo câncer de um cônjuge ou por um filho gravemente doente. Ou duas pessoas de uma equipe executiva que não se davam bem. "Se você não souber", disse ele, "não poderá estender a mão e proativamente apoiar as pessoas."

"Meu objetivo", emendou Peter, "era fazer com que minhas fontes se sentissem seguras e, ao mesmo tempo, garantir confidencialidade para que pudessem falar sobre qualquer coisa. Eu não especulava, mas tentava inserir minhas perguntas em uma conversa natural sobre o rumo das coisas, sobre como a pessoa se relacionava com este ou aquele gestor etc. Isso era útil, porque, se eu passasse pelos canais normais, as informações seriam filtradas em todos os estágios e acabariam sendo, basicamente, as mesmas da política oficial."

Entre as fontes de Peter estavam um gerente do departamento de produção, o vice-diretor de publicidade e vários vendedores que tinham acesso a muitas partes da organização. Seus assistentes executivos eram algumas das fontes mais valiosas. Eles conversavam com outras pessoas do mesmo cargo e descobriam o que estava acontecendo nos demais setores. Mas, para fazê-los compartilhar uma informação que, às vezes, podia ser delicada, o CEO cultivava relacionamentos significativos. "É preciso mostrar às pessoas que você se importa de verdade com elas. Eu perguntava a uma funcionária como ela estava, como estavam as coisas em casa, conversávamos um pouco, e, depois de um tempo, as comportas se abriam, e ela dizia: 'Você não vai acreditar no que está acontecendo na divisão de vendas.'"

Peter tinha o cuidado de nunca usar nenhuma informação com fins punitivos. Esse exercício o deixou mais sintonizado com perspectivas diversas e o alertou de nunca esquecer que há um humano por trás de qualquer decisão.

Se uma equipe não está tendo um bom desempenho, pode ser porque alguns membros se sentem desconfortáveis, negligenciados ou desrespeitados. No Capítulo 4, falamos que os líderes precisam identificar seus próprios gatilhos e garantir que essas questões emocionais não levem a um comportamento negativo. Da mesma forma, precisam assegurar que os membros do time possam fazer o mesmo: reconhecer os próprios gatilhos e administrá-los de uma forma que mitigue o comportamento negativo.

Em um ambiente de grupo, aquilo que um funcionário diz ou faz pode desencadear uma reação emocional profunda em outro, ameaçando seu senso de identidade e o que é importante para ele. Um executivo com quem trabalhamos tinha uma necessidade intricada de manter a paz. Se as coisas não estivessem indo bem ou se os integrantes da equipe se envolvessem sempre em discussões acaloradas, desencadeava-se sua necessidade de harmonia, e ele tentava encerrar o debate e sugerir uma solução segura, mesmo que não fosse, necessariamente, a melhor para a empresa. Isso desorientava os demais funcionários, porque eles queriam debater para gerar ideias novas e desafiadoras; mas, toda vez que isso acontecia, o líder tentava parar a discussão. Ele precisava de harmonia.

Nas empresas, a maioria das equipes luta para participar da discordância criativa e da tomada de decisão em questões complexas, como definição de prioridades, alocações de capital e gestão de interdependências organizacionais. O que torna essas questões desafiadoras quase nunca é a resolução técnica ou a lógica de problemas; são as questões emocionais e de identidade que levam a dinâmicas humanas nada eficientes. Durante as reuniões, os líderes precisam perceber que quase todos os presentes estão no padrão de reação.

Executivos podem facilmente ser engatilhados e reagir por medo. Existem padrões previsíveis. Alguns tentarão interromper, assumir o controle, pressionar mais e comandar; outros preferirão se retirar, distanciar-se emocionalmente, agindo de maneira hiperlógica ou apontando falhas nos argumentos dos outros; e alguns deles, ainda, tentarão adiar as coisas, concordarão muito facilmente e evitarão conversas difíceis ou feedback, com medo de prejudicar relacionamentos. De repente, a tensão aumenta, e você acaba com um grupo de executivos seniores movidos por tendências reativas e desgastados tentando resolver um problema complexo. Isso não acontece por mal, mas sim porque eles se importam com as questões, e as apostas parecem altas. Nesses momentos, talvez você sinta que está com um bando de adolescentes buscando solucionar uma questão complicada.

Esses comportamentos reativos são motivados pelo medo. O antídoto não é fazer com que as pessoas se sintam mal, julgá-las ou envergonhá-las, apenas incentivá-las a ser curiosas. Algum gatilho foi disparado por um medo ou uma necessidade; faça a equipe reconhecer essa tensão e elabore perguntas para entender a preocupação, o medo ou a inquietação que justifica o comportamento reativo delas.

Esse tipo de atitude persistirá até que o time comece a ter discussões abertas sobre os gatilhos de todos. Enquanto toda a equipe não estiver ciente das palavras ou dos comportamentos que desencadeiam uma reação negativa em cada indivíduo, os velhos hábitos dominarão a dinâmica do grupo.

Em uma empresa financeira de Londres, propusemos à equipe executiva que passasse dois dias fazendo jogos de RPG e falando sobre seus gatilhos e as formas de contorná-los. Depois de um tempo, as pessoas começaram a se soltar e a falar livremente sobre medos e inseguranças. Falavam como seres humanos, não só como chefes de diferentes setores corporativos. Após o exercício, o conselheiro-geral disse: "Pela primeira vez, estou realmente animado para vir trabalhar na segunda-feira. Trabalhamos juntos há anos e até parecíamos uma equipe funcional; éramos superlegais uns com os outros, mas não nos conhecíamos de verdade."

Às vezes, as pessoas temem contar ao chefe o que de fato acontece por medo de despertar o lado ruim dele e sua raiva. A maneira como um líder interage com os colegas, especialmente em situações difíceis, pode ter um efeito revelador no nível de honestidade e abertura dentro de uma organização. Quanto mais irritação ou contrariedade um líder demonstra em suas ações, menos provável é que as pessoas que virem essa reação se disponham a compartilhar notícias ruins no futuro. É compreensível que os líderes reajam negativamente às más notícias em alguns momentos. Afinal, a maioria das decisões que os líderes tomam não são fáceis — essas já foram tomadas por outras pessoas ali. Como a responsabilidade acaba em seu colo, cabe aos CEOs o voto de Minerva.

O CEO da Trimble, Rob Painter, administra um negócio complicado; sua empresa usa GPS para fazer o levantamento topográfico dos locais de obras, fornece automação para equipamentos agrícolas a fim de maximizar o rendimento e minimizar o uso de fertilizantes, e usa análise de dados para otimizar a logística de remessa. Por tal razão, em muitas ocasiões cabe a ele o voto de Minerva. Para ter certeza de que sabia o que estava acontecendo na empresa antes de tomar uma importante decisão, Painter conversava com funcionários um ou dois níveis abaixo de sua equipe executiva. "Sou uma pessoa curiosa. Não ligo para hierarquia, então não me importo de atravessar as camadas para conseguir as informações das quais preciso. Ando pelos corredores ou pelo refeitório conversando com os funcionários; quero saber quem são os melhores e mais brilhantes, quem pode me ensinar algo que sacie minha curiosidade e quem tem a perspectiva adequada para me dizer o que está realmente acontecendo, mesmo sendo uma notícia ruim."

No início de sua gestão como CEO, descobriu que, quando estava em reuniões nas quais tinha que tomar uma decisão difícil, nem sempre seus colegas lhe contavam a verdade nua e crua. Após um pouco de autorreflexão, percebeu que ele tinha culpa nisso. Uma vez, em uma reunião importante, um de seus executivos deu más notícias sobre os números, e Painter deixou escapar: "Você só me traz más notícias! Preciso de boas notícias. Você está aqui para me dizer que temos um problema, para resolver o problema ou só para delegá-lo a mim?"

Cerca de um mês depois, um subordinado comentou com o CEO que tinha medo de lhe dar más notícias, e este pensou: "Ah, não! Eu criei um

INCENTIVAR A VERDADE

ambiente onde as pessoas têm medo de me dizer a verdade. Percebi que o que eu havia dito naquela reunião não só era errado, como também havia repercutido na organização inteira. Então, pedi desculpas. Reconheci diante de minha equipe que, quando havia dito que não queria más notícias, estava em um momento de fraqueza e exaustão, e falei que queria retirar essas palavras e que todos deveriam se sentir à vontade para me contar o que realmente estivesse acontecendo."

Depois dessa confissão, o líder viu que seu pessoal começou a ser mais aberto com ele, mas levou muito tempo para recuperar a confiança. O que um CEO diz pode alcançar todos os cantos de uma empresa. Hoje, sempre que se expressa, Painter escolhe suas palavras com bastante cuidado, tenta definir o tom certo e procura não deixar que suas emoções ou a exaustão o façam falar coisas das quais se arrependerá. "Agora, em qualquer reunião, fico superatento ao que vou dizer, porque conheço o poder de repercussão das minhas palavras, quão rápido elas se espalham e quão longe chegam."

Outra maneira de construir confiança e assegurar que sua equipe tenha uma perspectiva saudável é convidar os críticos, os que dizem a verdade e os que normalmente não falam a expressar suas opiniões. Você pode perguntar sempre: "Estamos esquecendo alguma coisa?" Isso ajuda o grupo a identificar riscos com antecedência e a resolver erros evitáveis. Também ajuda a aprender mais rápido com erros inevitáveis, ou até a criar erros intencionais por meio de experimentos que poderão reduzir o risco no futuro. O essencial é lidar com isso não para culpar e envergonhar, mas sim para aprender depressa e seguir adiante. Como descobrimos em muitos encontros do Bower Forum e em nosso trabalho mais amplo de atendimento ao cliente, os erros são sempre uma fonte inexplorada de lições profundas para melhor desempenho futuro.

Não é tão difícil abrir-se com pessoas com quem nos sentimos à vontade e que, de várias maneiras, são exatamente como nós — ou seja, que são do mesmo clubinho. Os melhores líderes sabem fazer os membros de sua equipe, que têm origens e ideias muito diferentes entre si, entenderem-se melhor e terem conversas mais abertas. Eles aprendem a se abrir para críticas, criando uma atmosfera não só de debate construtivo ancorada a fatos e informações, mas também de transparência em relação a suposições e pré-requisitos. Acima de tudo, criam uma cultura de confiança verdadeira, que se baseia na compreensão das diferenças, nos pontos fortes e fracos de cada um e nas boas intenções e propósitos de cada executivo.

Uma maneira de incentivar mais esse ambiente transparente é desfazer estereótipos profundamente arraigados. Quando Mark Fields, da Ford, passou a comandar o grupo de marcas de luxo da montadora na Europa — veículos como Aston Martin, Land Rover, Lincoln e Volvo —, os executivos de cada empresa não trabalhavam bem juntos, pelo contrário. Tinham mentalidades e definições diferentes sobre luxo, o que dificultava a colaboração e a possibilidade de economizar custos. Raramente cooperavam entre si. Fields queria que as diversas marcas analisassem suas plataformas, seus componentes e sistemas de software para ver o que poderiam compartilhar sem prejudicar a identidade da marca; mas alguns executivos eram britânicos, outros, alemães, e não faziam a menor questão de se ajudar.

Ele pediu à diretoria de cada empresa que se reunisse para um exercício de construção de confiança. Cada grupo teve de desenhar uma charge mostrando suas percepções dos outros grupos. O pessoal da Land Rover desenhou um executivo da Jaguar com um martíni na mão, e a equipe da Jaguar desenhou o executivo da Land Rover como um fazendeiro, com galochas verdes e jaqueta Barbour. "Depois de um tempo", diz Fields, "a sala inteira estava rindo. É difícil não gostar ou não confiar em uma pessoa quando você a conhece, não é? E é fácil não gostar quando não a conhece. Daí em diante, o grupo trabalhou melhor junto. Nós extirpamos os preconceitos que eles tinham e que impediam uma boa comunicação e um bom trabalho em equipe."

Na reunião do Bower Forum, um participante fez uma observação: "E se a questão for um membro da equipe que não está fazendo sua parte devido a problemas pessoais?" Administrar o estado mental de cada membro da equipe é um grande desafio. Os líderes já têm coisas de mais com que se preocupar sem ter que ficar por dentro do que acontece na vida pessoal de seus funcionários, e existem as questões óbvias de privacidade. Mas, como a força de trabalho das gerações Z e Y são mais sensíveis a seu bem-estar que as gerações anteriores, os líderes que ignoram a saúde psicológica de seus funcionários estão correndo grande risco.

O almirante Eric Olson, da Marinha, instrutor do Bower Forum, descobriu a importância da empatia na formação de equipes, ao dirigir o Comando de Operações Especiais dos EUA e supervisionar um grupo de guerreiros cuja principal característica não era exatamente demonstrar suas emoções. Quando Olson perguntava aos altos comandantes das unidades especializadas sobre a condição de seus soldados após tantos anos de guerra no Afeganistão e no Iraque, geralmente ouvia que as equipes estavam se saindo muito bem e que eles tinham muito orgulho do que faziam. Mas não viu o mesmo quadro otimista quando foi com a esposa conversar com os soldados, especialmente com as mulheres e maridos deles. O que encontrou foi um desgaste das forças de operações especiais. Para ter uma noção mais exata do problema, Olson criou uma força-tarefa que chamou de "equipes de detecção", as quais durante nove meses visitaram e entrevistaram soldados, bem como esposas, maridos, filhos e, inclusive, os professores dos filhos. Encontraram casos de separação sem divórcio, violência doméstica sem boletim de ocorrência, crianças brigando ou reprovando na escola, comportamento de risco fora do serviço e até tentativas de suicídio não relatadas. Isso estava prejudicando a capacidade e a coesão das equipes.

A força-tarefa também descobriu que algumas políticas e comportamentos da liderança do SEAL estavam contribuindo para o desgaste da força. Em decorrência disso, novas políticas foram implementadas para enfrentar uma grande variedade de fatores que estavam corroendo a confiança, degradando o ânimo, impedindo o treinamento ideal, causando muita separação familiar e criando instabilidade organizacional. Por exemplo, uma das principais fontes de frustração era a falta de estabilidade e previsibilidade na programação. Olson contou que ouviu de alguns soldados seniores: "Posso estar de serviço em três ou quatro dos próximos cinco Natais, se você precisar, mas me diga em quais estarei em casa e não mude a programação depois." Descobriu-se que uma das maiores causas de estresse era quando, digamos, um soldado tinha uma viagem marcada para a Disney com a família ao voltar do Afeganistão, e sua estada lá era inesperadamente estendida. Um soldado de operações especiais provavelmente não reclamaria disso, de modo que os altos comandantes começaram a responsabilizar os líderes de todos os níveis pela previsibilidade da programação. Uma vez que um cronograma era aprovado, não podia ser alterado sem que o nível de comando seguinte aprovasse a mudança.

Além de deixar os cronogramas mais previsíveis, o Comando de Operações Especiais criou equipes de apoio com psicólogos, nutricionistas, preparadores físicos, fisioterapeutas e muito outros profissionais, para melhorar a qualidade do treinamento e prontidão e acelerar o retorno ao serviço operacional após lesões. O ânimo melhorou, e a quantidade de divórcios, condutas perigosas e suicídios diminuiu. "Nós simplesmente não estávamos prestando atenção suficiente", diz o almirante.

Assim como os SEALs da Marinha estadunidense, todos os líderes precisam estar mais sintonizados com seu pessoal e com o que acontece na vida deles. É complicado administrar isso devido a questões de privacidade, mas os líderes precisam encontrar maneiras de ser mais sensíveis, ouvir e avaliar a dinâmica de suas equipes. Olson afirma: "A gestão da cultura é uma das duas ou três principais tarefas diárias de um líder de alto escalão. Há um velho ditado que diz que a cultura engole a estratégia no café da manhã, mas todo líder precisa desenvolver uma estratégia para construir e sustentar a cultura ideal."

Perguntas que ajudam você a fazer as pessoas falarem a verdade

- O que eu ouviria se convidasse os críticos, as pessoas que dizem a verdade e as que normalmente não falam, para expressar suas opiniões?
- Como identifico e evito lacunas em todas as dimensões relevantes — pessoal, dinâmica de equipe, planejamento de missão e comportamento e planos dos concorrentes?
- Devo culpar as pessoas pelos fracassos em vez de incentivá--las a aprender depressa e seguir adiante?
- Como posso promover a discordância de forma mais eficaz e incluí-la como um valor organizacional declarado?
- Como posso convidar os dissidentes a ser parte do processo de tomada de decisão e pedir que se expressem para que sejam influenciadores positivos mais tarde, durante a implementação do projeto?

Em resumo

Os melhores líderes constroem e alavancam redes informais de contadores da verdade que os mantêm ancorados na realidade e os ajudam a entender como seu pessoal de fato se sente. Eles lideram para inspirar, não para mandar. Além disso, fomentam uma cultura de dissidência buscando-a ativamente e acolhem a discussão aberta quando ela acontece. Esse tipo de transparência com certeza revelará algumas falhas na organização. A questão é como se recuperar delas.

11

Adotar a aprendizagem destemida

Pratique cometer erros

Você dá espaço para sua equipe errar? Quando essa pergunta surge em um encontro do Bower Forum, todos respondem: "Claro que sim." Mas ao pensarem um pouco mais no assunto muitos admitem que esperam que sua equipe não erre. "Não é meu papel minimizar erros?", perguntou o CEO de uma startup de tecnologia. "Não podemos nos dar o luxo de errar."

Sim e não. As equipes que evitam o erro perdem uma oportunidade, pois as pessoas aprendem tanto com os erros quanto com os acertos, se não mais. Talvez o primeiro impulso de líderes quando as coisas dão errado seja achar culpados — "Quem é o responsável por isso?" —, quando deveriam estar procurando as razões do erro. Se você começar a seguir uma direção e os fatos logo sugerirem que é o caminho errado, é preciso ter flexibilidade para mudar o curso e se questionar: "O que podemos aprender? Onde somos vulneráveis?" John Maynard Keynes, um economista dos séculos XIX-XX, destacou-se como um dos grandes da história, em parte porque tinha confiança e agilidade mental para mudar de opinião. Quando um crítico o acusou de ser inconsistente, Keynes retrucou: "Quando os fatos mudam, eu mudo de ideia. E o senhor, o que faz?"[24]

O décimo primeiro elemento de nosso processo de liderança, "adotar a aprendizagem destemida", enfatiza a importância da flexibilidade, de ter sempre a cabeça aberta e da capacidade de se adaptar às circunstâncias. Quando os líderes e suas equipes assumem um risco e as coisas não dão certo — o que inevitavelmente acontece em algum momento —, eles precisam aprender com os erros e se adaptar às novas circunstâncias. Muitas vezes, os líderes se apaixonam por uma estratégia ou ideia e seguem com ela até o fim, mesmo quando é evidente que não estão dando certo. Em geral, isso ocorre porque, uma vez que você se comprometeu com um plano e investiu tempo e esforço, é extremamente difícil mudar de ideia. Talvez as pessoas tenham medo de parecer fracos ou indecisos diante dos colegas, ou pensem que não foram muito inteligente na elaboração do plano, para começo de conversa.

É comum que os líderes se apeguem aos padrões e planos que os tornaram bem-sucedidos e não consigam mudar quando as circunstâncias também mudam. Mas os melhores líderes analisam com imparcialidade o mundo ao redor e se dedicam à aprendizagem destemida, incentivando suas equipes a fazer o mesmo. Em outras palavras, você não deve ter medo quando aprende algo que contradiz seu plano. As pessoas são bem-sucedidas porque não têm medo de fracassar. Elas tentam uma vez, depois tentam de novo. Elas olham para a frente, não para trás.

Deixar o medo de lado e se adaptar a condições dinâmicas é algo que o almirante aposentado Eric Olson entende bem. Como coach do Bower Forum, ele ajuda os participantes a ser mais ágeis e flexíveis quando as circunstâncias mudam no trabalho ou no mundo. Olson aprendeu o valor da flexibilidade enquanto servia nas Forças Armadas. Como chefe do Comando de Operações Especiais dos EUA, ele era o conselheiro militar sênior na Sala de Crise da CIA na noite do ataque a Bin Laden, ao lado do diretor da CIA Leon Panetta, que havia sido colocado no comando da operação pelo presidente Obama. O vice-almirante Bill McRaven era o comandante operacional alocado no Afeganistão. A missão não foi perfeita, de forma alguma, mas foi concluída com sucesso, em grande parte porque os operadores no ar e no solo foram extremamente hábeis e adaptaram o plano para caber nas novas circunstâncias.

Olson disse depois: "As tripulações aéreas e as equipes do SEAL devem ter o equipamento certo e habilidades refinadas, claro, mas o crucial é que são compostas de indivíduos que, sem hesitação, abandonam o plano A e passam para o plano B ou desenvolvem um novo. Se o mapa fala uma coisa e o terreno mostra outra, eles seguem o terreno, não o mapa."

Olson sabe, por experiência própria, que por mais que treinemos muito para acertar, as coisas às vezes dão inevitavelmente errado. É preciso ter raciocínio rápido e uma mentalidade que permita superar depressa a tendência inata a seguir o plano original. Nas primeiras horas da manhã de 2 de maio de 2011, duas dúzias de SEALs que estavam em dois helicópteros Black Hawk especializados desceram em um complexo escuro em Abbottabad, Paquistão, onde Osama bin Laden, o cérebro dos ataques de Onze de setembro de 2001, estava escondido. Antes que a equipe aterrizasse, o plano já havia dado errado, pois um dos helicópteros caiu em um terreno baldio ao lado. O outro helicóptero desviou para um local previamente planejado, também fora do complexo principal. Criando um novo plano na hora, as duas equipes quebraram o muro do complexo de Bin Laden em locais diferentes, o que representou uma delicada coordenação entre as equipes, que tiveram que correr uma em direção à outra na escuridão total, sabendo que havia inimigos armados ali. "Isso foi um ajuste de plano em tempo real na sua forma mais intensa", afirma Olson, "e eles o executaram brilhantemente." O helicóptero que caiu foi destruído com explosivos para proteger tecnologias confidenciais, Bin Laden foi morto, civis feridos receberam atendimento médico, e muitos computadores e documentos foram apreendidos antes que os helicópteros de extração pousassem para resgatar as equipes. Os Estados Unidos não sofreram nenhuma baixa naquele dia. A missão em terra levou apenas quarenta minutos.

A precisão e o raciocínio rápido e imediato que os SEALs demonstraram naquela noite durante o ataque a Bin Laden foram bem documentados. O que não é tão conhecido é que o ataque foi o ápice de anos de treinamento para erros, de modo que, quando necessário, cada membro da equipe pudesse tomar a iniciativa e assumir uma missão, um problema ou um projeto, adaptando-se a tudo que não saísse conforme o planejado. Isso funciona porque a confiança dos líderes de que seus subordinados tomem a decisão certa é quase absoluta. No mundo corporativo, muitas vezes líderes bem-intencionados não conseguem resistir a intervir e resolver problemas para sua equipe. Isso pode desmotivar e enfraquecer os indivíduos, os quais hesitam em agir com ousadia. Os melhores líderes sabem que o trabalho de quem coordena uma equipe é colocar as pessoas certas no lugar certo, dar-lhes as ferramentas para fazer o trabalho e, então, remover os obstáculos que possam impedi-las de resolver o problema em questão. Mas isso não é suficiente. Como líder, você deve permitir que seu time cometa erros para que aprenda com eles. Precisa esperar que erros aconteçam e ter planos de contingência para se recuperar deles. Precisa aceitar que, mesmo sem erros, as circunstâncias mudarão.

Uma equipe é tão boa quanto seus membros, claro, portanto selecionar pessoas com a aptidão física e o perfil psicológico certos é de extrema importância. Olson afirma que, ao montar uma equipe, vale a pena procurar pessoas que, além de boas solucionadoras de problemas, sejam também otimistas. Certa vez, a Marinha realizou um estudo para descobrir por que a taxa de desistência no treinamento SEAL era tão alta. Cerca de 75% dos candidatos tocavam o sino de bronze que fica pendurado perto do campo de treinamento, porque não aguentavam mais os exercícios extenuantes. O número não deveria ser tão elevado, uma vez que todas as pessoas que estavam ali, teoricamente, estavam aptas a se formar, pois já haviam passado por um criterioso processo de triagem. Alguns candidatos não conseguiam acompanhar as exigências físicas ou acadêmicas do curso, mas a maioria que desistiu o fez voluntariamente, não no meio de algum evento realmente difícil, úmido ou frio, e sim logo após o café da manhã ou almoço, quando estavam aquecidos e secos.

ADOTAR A APRENDIZAGEM DESTEMIDA

A Marinha descobriu que esses candidatos desistiram porque *previram* que talvez fracassassem no desafio ou exercício seguinte — uma corrida longa, uma prova de natação ou ficar deitado na areia, molhado e com frio, por horas. "Foi uma surpresa para mim", diz Olson, "quando descobri que as pessoas estavam desistindo de um sonho de vida por medo de fracassar, e não porque tinham fracassado." Curiosamente, as descobertas do estudo não levaram a Marinha a mudar muito seu regime de treinamento SEAL, e até hoje a taxa de desistência continua alta. "Determinamos que, se as pessoas desistiam porque tinham medo de enfrentar condições reais, era bom que descobríssemos isso em circunstâncias controladas, e não quando vidas ou o sucesso da missão dependessem delas", afirma o almirante. "Se desistissem durante um ambiente de treinamento e testes justos e igualitários, não achávamos muito ruim que fossem embora."

Assim, os 25% que conseguiam completar o treinamento eram otimistas, assumiam riscos, não tinham medo do fracasso e tinham mais chances de serem bem-sucedidos. Muitos haviam sido jogadores de polo aquático ou lutadores no ensino médio ou na faculdade, mas a verdadeira surpresa foi que muitos dos candidatos que se saíam bem eram também jogadores de xadrez. Na verdade, os atletas de ponta que também jogavam xadrez tinham muito mais probabilidade de ser um Navy SEAL que aqueles que não jogavam, pois eram bons em solução de problemas. "Jogadores de xadrez não desistem na hora do almoço porque terão uma corrida de 22 quilômetros à tarde", diz Olson. "Eles pensam mais à frente, descobrem o que farão na próxima semana, no próximo mês e depois de se formar. São pensadores estratégicos e solucionadores de problemas não apenas em determinado momento, mas também para o próximo e o seguinte."

A outra característica que a Marinha encontrou entre os candidatos bem-sucedidos do SEAL é que, independentemente da dificuldade do desafio, eles continuavam tentando encontrar uma solução. Como diz Olson: "Procuramos pessoas que saibam que sempre há uma maneira de resolver um problema." Ele poderia estar falando de si mesmo. Quando era criança, em Tacoma, Washington, Olson amava nadar nas águas frias do noroeste do Pacífico e queria uma roupa de mergulho, mas não tinha dinheiro. O que ganhava entregando jornais não era suficiente para isso, mas dava para comprar dois sacos de retalhos de neoprene e oito latas de cola para roupas de mergulho da Harvey's Dive Shop, em Seattle. Ele cortou e colou dezenas de retalhos para fazer sua primeira roupa de mergulho, a única que teve antes de entrar na Marinha.

Um aspecto fundamental para lidar com o fracasso é ser capaz de se recompor sob pressão extrema. No teste de competência subaquática dos SEALs, por exemplo, os instrutores criam desafios para os recrutas: tiram suas máscaras, desligam o oxigênio ou os sobrecarregam com peso extra. Vários candidatos não conseguiam ficar submersos durante os vinte minutos necessários. Para aumentar a taxa de aprovação, a Marinha criou um sistema de tomada de decisão chamado "The Big Four". São eles:

1. **Definição de metas:** Divida grandes desafios em micrometas facilmente realizáveis — primeiro, coloque sua máscara de volta e depois se preocupe com a mangueira de ar. Conforme for concluindo uma tarefa após a outra, sua confiança aumenta.
2. **Ensaio mental:** Visualize repetidamente um medo ou um desafio (como ser atacado debaixo d'água ou fazer uma grande apresentação em uma empresa), até se familiarizar com ele, assim será mais fácil enfrentá-lo sob pressão.
3. **Conversa interna:** Quando estiver estressado, aprenda a parar de falar sozinho com voz de pânico; use um tom mais calmo e razoável, que pode ajudá-lo a resolver problemas.
4. **Calma:** Quando se sentir sobrecarregado pelo estresse, tente desacelerar sua respiração e se concentrar.

ADOTAR A APRENDIZAGEM DESTEMIDA

Depois que os recrutas adotaram os "The Big Four", as taxas de aprovação no exercício subaquático aumentaram em um terço. Quando uma equipe de alto desempenho toma as decisões certas em uma situação estressante cheia de incógnitas, não é por acaso. São indivíduos intelectualmente curiosos, que sempre analisam a situação e desafiam ideias. Quanto mais uma equipe se prepara para desafios complexos, mais fácil é se desviar do que foi planejado e resolver um problema inesperado. Nos SEALs, eles chamam isso de abordagem ressonância magnética. Na medicina, uma ressonância magnética "corta" um corpo em centenas de fatias para ver se há algo errado em alguma delas. Nos SEALs, os líderes "fatiam" cada plano de missão cronologicamente, do início ao fim, para antecipar o que pode dar errado e, assim, preparar-se para tais eventualidades.

Como o risco de cometer erros é alto e público, Olson criou um senso de pertencimento, oferecendo um ambiente seguro para que todos se arrisquem e fracassem. Ele elaborou exercícios de aprendizagem (praticar o ataque a uma réplica do complexo de Bin Laden, por exemplo) e incutiu o conceito de foco no caráter e na humildade, enfatizando que os membros da equipe precisavam ser ágeis para mudar o plano quando as circunstâncias assim exigissem. Isso não significa que não há prestação de contas. Após uma missão, as equipes de Olson faziam uma análise rigorosa para ver onde haviam errado, extraindo aprendizados para missões futuras — no mundo corporativo, essa estratégia por vezes recebe o nome de post-mortem. Ao detectar o erro de um indivíduo na missão, o grupo discutia como recuperar a confiança. Obviamente, se a equipe não for composta de pessoas que tenham os atributos de caráter e os valores certos, essas discussões estarão fadadas ao fracasso. No contexto corporativo, isso é altamente aplicável e pouco feito.

Então, planeje o sucesso, mas esteja preparado para tudo. Isso vale também para o mundo dos negócios. Na Amazon, por exemplo, as equipes de desenvolvimento escrevem memorandos toda vez que têm uma ideia. Eles podem ter mais de seis páginas e são escritos na forma de um comunicado hipotético à imprensa, geralmente expondo o impacto de longo prazo do novo projeto e por que atrairia os clientes. A seguir, uma seção de perguntas frequentes expõe os detalhes do projeto, como o mercado, o preço, os recursos e o processo de fabricação. As equipes da Amazon dão duro nesses relatórios, ajustando-os até o dia em que apresentam a ideia para a cúpula. O fundador da Amazon, Jeff Bezos, faz todos passarem os primeiros vinte minutos da reunião lendo o relatório, para garantir que saibam do que se trata. Então, o projeto é vigorosamente questionado e debatido. Ajustes não são vistos como erros. O trabalho do time é expor as ideias nos mínimos detalhes para que as fraquezas sejam identificadas no início do processo. Se alguém encontra uma falha no conceito original ou uma solução melhor, ele o reconhece e faz a mudança na hora. Se o projeto receber sinal verde, o memorando de seis páginas servirá de modelo para mantê-lo no caminho certo — conforme o produto ou serviço progride, a equipe vai consultando o memorando para garantir que estejam se atendo ao conceito original. Supersucessos, que vão do Kindle ao Fire TV e à Alexa, nasceram com a ajuda desse memorando de seis páginas.[25]

"Todo esse papo de as equipes aprenderem com os erros é bom no papel", disse um CEO que recentemente supervisionou a fusão de duas empresas. "Mas e se as pessoas simplesmente não concordarem?" Ele nos contou que visões divergentes em sua equipe paralisaram um projeto importante na empresa enquanto discutiam que rumo seguir.

Quando se trata de conflito entre membros da equipe, o almirante Olson pensa que a expressão de opiniões variadas e a realização de debates calorosos são essenciais. "Acredito na maior diversidade possível de experiências e perspectivas", comenta ele, "porque, às vezes, a visão mais importante é a da pessoa menos óbvia. Diz um ditado do Navy SEAL que ninguém é júnior demais para ter a melhor ideia nem sênior demais para estar errado."

ADOTAR A APRENDIZAGEM DESTEMIDA

Mas Olson acrescenta: "Todos têm *voz* no processo, mas só aqueles que serão responsabilizados pelo resultado têm direito a *voto*. E, uma vez que a decisão é tomada, qualquer um que não assine embaixo precisa ser removido da equipe. Cabe ao líder pensar além da maneira como as coisas sempre foram feitas e encontrar uma solução que impulsione o projeto ou a organização para a frente." No caso do ataque a Bin Laden, o presidente Obama recebeu uma ampla gama de opções, incluindo bombas lançadas do ar e mísseis disparados de helicópteros ou drones; qualquer uma delas teria sido a abordagem mais segura, mas ele decidiu que um ataque das operações especiais seria melhor porque permitiria a verificação da identidade do líder da Al-Qaeda e possibilitaria a coleta de materiais valiosos para a inteligência, como notebooks, celulares e documentos. Sendo a pessoa responsabilizada pelo resultado, ele anulou vários conselheiros com sua decisão de autorizar uma inserção de forças terrestres por helicóptero.

Perguntas que deve fazer a si mesmo para avaliar se você e sua organização aprendem rápido

- Como equilibrar minha certeza sobre as estratégias da empresa e as principais iniciativas com flexibilidade, mente aberta e capacidade de adaptação a circunstâncias variáveis?
- De que forma encarar os erros como oportunidade de aprendizado e criar um processo para ajudar as pessoas a melhorar com seus erros?
- Eu invisto o bastante na construção das mesmas capacidades nos meus líderes?
- Criei rituais de aprendizagem em equipe, como a ferramenta post-mortem, para colher o aprendizado de nossos erros e espalhá-lo pela organização?
- Dei às pessoas um ambiente seguro para correr riscos pessoais, incentivando perspectivas externas e pedindo a verdade?
- Incentivo uma oposição saudável e procuro outras perspectivas a fim de identificar riscos e criar experimentos para testar e aprender, sabendo que o fracasso rápido pode acontecer?
- Como posso estabelecer uma cultura de aprendizagem destemida, com prontidão para questionar e revisar crenças e suposições arraigadas e antigas?

Em resumo

Os melhores líderes entendem a importância da flexibilidade, da mente aberta e da capacidade de se adaptar a circunstâncias voláteis. Eles sabem que erros são oportunidades de aprendizado e que cometê-los sem aprender é fracassar. Instauram confiança na equipe, criando um ambiente seguro para todos assumirem responsabilidades e correrem riscos; incentivando perspectivas externas; pedindo a verdade; estabelecendo um alto padrão de caráter e humildade. Encorajam a oposição saudável e buscam perspectivas a fim de identificar riscos e criar experimentos para testar e aprender, sabendo que o fracasso rápido pode acontecer. Criam rituais de aprendizagem, como a ferramenta post-mortem, que permite que as pessoas aprendam e cresçam. Isso requer uma base de segurança psicológica que não seja estabelecida sacrificando a responsabilidade de cada um, e sim equilibrando honestidade e cuidado.

Mas, apesar de toda essa ênfase no desempenho da equipe de ponta, muitos CEOs se esquecem da regra fundamental da liderança: as pessoas anseiam ser reconhecidas como seres humanos.

12

Demonstrar empatia

Para que as pessoas se importem, mostre a elas que você se importa

Bob Chapman, CEO da empresa de manufatura Barry-Wehmiller e coach do Bower Forum, fez uma pergunta simples aos participantes de um encontro recente: "Do que mais se orgulham na vida e, quando morrerem, o que quer que digam sobre você?"

Um participante, CEO de uma grande corporação, não hesitou. Respondeu que havia doado 120 milhões de dólares para sua antiga universidade criar uma bolsa de estudos. Chapman respondeu "Isso é maravilhoso" e perguntou por que aquilo significava tanto para ele. "Com meus alunos bolsistas, posso ser pragmático", disse o CEO. "Eu os oriento. É mais que o dinheiro que dou. É uma retribuição. Quando um aluno quis desistir, providenciei um tutor; escrevo cartas de recomendação para as empresas. Às vezes, parece que tenho dois empregos, mas sempre vou para a cama sabendo que fiz a diferença."

Chapman perguntou quantos estudantes o programa de bolsas ajuda por ano. "Quatro ou cinco" foi a resposta. Então, questionou quantas pessoas trabalhavam na empresa dele. "Cerca de 100 mil."

"A atenção que você dá a esses quatro ou cinco alunos é admirável", comentou Chapman, "mas e as 100 mil pessoas que vão trabalhar nas fábricas e nos escritórios no mundo inteiro, todos os dias? Como você mostra a elas que se importa?" Foi a vez de o CEO largar sua taça de vinho. "É claro que me importo com os meus funcionários." E depois de uma longa pausa, acrescentou: "Mas nunca vi a situação por esse lado."

Foi quando outro participante entrou na conversa. "Todo mundo diz que se importa com os seus empregados, mas o que isso realmente significa? Eu lhes dou mais e mais dinheiro e benefícios, e, ainda assim, eles pedem demissão." Chapman respondeu: "Eles não pedem demissão por causa de dinheiro ou de benefícios. Você tem que se olhar no espelho e ver de que maneira trata seus funcionários."

Chapman assumiu a missão de incentivar os líderes a adotar nosso décimo segundo elemento de liderança: demonstrar empatia. Ele sabe que, embora a maioria dos executivos diga que as pessoas vêm em primeiro lugar, fazer isso na prática do mundo real é difícil e requer habilidades e coragem para de fato se importar com elas.

Mas vale a pena o esforço. O relatório de 2023 da McKinsey, "Performance Through People" [Desempenho por meio das pessoas], analisou 1.800 grandes empresas de todos os setores em 15 países e descobriu que um foco nítido nas finanças, combinado com uma ênfase em capital humano, leva a um desempenho superior sustentado. Colocar as pessoas em primeiro lugar não precisa ser feito à custa dos resultados financeiros. Na verdade, o primeiro impulsiona o segundo. As empresas que desenvolvem sistemas e hábitos que colocam as pessoas em primeiro lugar veem um crescimento financeiro no longo prazo ao mesmo tempo que oferecem benefícios para os funcionários. Como o relatório da McKinsey afirma: "Em momentos de incerteza e escassez de talentos, os líderes podem escolher ter benefícios duradouros, garantindo que as organizações realmente trabalhem para os funcionários."[26]

Cuidar das pessoas também compensa de outra forma. No estudo da McKinsey, as instituições de alto desempenho que enfatizaram tanto as finanças quanto o desenvolvimento de pessoas tiveram uma taxa de rotatividade 5% menor do que as que focaram principalmente as finanças. Não só uma taxa maior de funcionários sai das empresas focadas apenas nos resultados, mas também essas empresas demitem com mais frequência, o que sugere que elas não fazem boas contratações ou não tiram o máximo proveito das pessoas que contratam.

Empresas de alto desempenho, como a varejista Costco, o Google e a empresa de roupas para atividades ao ar livre Patagonia prosperaram, em parte, por tratar bem seus funcionários.[27] Os salários e benefícios generosos da Costco e o bom ambiente de trabalho resultaram em baixas taxas de rotatividade e altos números de satisfação dos trabalhadores. O Google é famoso por oferecer comida de graça, academia na empresa e outras vantagens para ajudar na felicidade e saúde dos funcionários. A Patagonia oferece horários de trabalho flexíveis, creche no local e uma política generosa de folgas. De acordo com a empresa de pesquisas Great Place to Work, 91% dos funcionários da Patagonia dizem que lá é um ótimo lugar para trabalhar, em comparação com 57% dos funcionários de uma típica empresa sediada nos EUA.[28]

Embora seja necessário proporcionar vantagens, pagamento e benefícios, isso não é suficiente para construir um local de trabalho realmente compassivo. Os líderes precisam conhecer as preocupações, necessidades e frustrações de seus funcionários e procurar formas de amenizá-las. Sempre que possível, devem conhecer os colaboradores e fazer de tudo, dentro do razoável, para garantir que estejam bem. Pode ser oferecendo uma folga a mais quando a pessoa ou um familiar sofrer um problema de saúde, ou dando um jeito de amenizar conflitos no trabalho, como lidar com supervisores cujo comportamento está impactando a produtividade e o bem-estar mental dos outros. É preciso garantir que as pessoas sejam cuidadas como se fossem família.

É um trabalho árduo e demorado para qualquer um, especialmente para um CEO sobrecarregado ao máximo. No entanto, pesquisas mostram que tais esforços influenciam o resultado. A pesquisa mais recente do Índice de Saúde Organizacional da McKinsey analisou o burnout dos funcionários e a saúde geral de uma empresa, e descobriu que, enquanto o grupo das quatro organizações menos saudáveis tinha uma taxa de burnout de 68%, o percentual das quatro mais saudáveis era de apenas 25%.[29] Isso ainda é alto, mas baixo o suficiente para dar a essas instituições uma vantagem no desempenho. Na verdade, as melhores empresas durante um período de cinco anos desfrutaram de um retorno total aos acionistas quase três vezes maior que o dos grupos medianos. O burnout é uma indicação de que as pessoas não são cuidadas e não recebem o que necessitam. Quando uma organização sofre de uma alta porcentagem de burnout, inevitavelmente não colhe os benefícios de ter pessoas dando seu melhor.

Além disso, o relatório Performance Through People da McKinsey descobriu que as empresas que superaram outras ao focar tanto as finanças quanto as pessoas sabem que chefes e supervisores desempenham um papel descomunal na determinação da satisfação dos funcionários, o que, por sua vez, afeta o bem-estar deles. Infelizmente, três quartos dos entrevistados em uma pesquisa recente disseram que o aspecto mais estressante de seu trabalho era o chefe imediato.[30] Gestores da linha de frente e de nível médio na hierarquia são particularmente importantes e, em geral, precisam de treinamento para assumir essas funções. Uma maneira de garantir uma liderança eficaz e impedir que as más tendências de um líder prejudiquem o ânimo ou a eficácia é criar um sistema de feedback 360 graus. Outra forma é que o CEO e a equipe executiva deem o exemplo, procurando modos de mostrar que se importam de verdade com seu pessoal. Os gestores mais eficazes escutam tanto quanto falam, reconhecem que boas ideias (e a próxima geração de liderança) em geral provêm daqueles que estão na linha de frente. Ademais, seguem conscientemente uma abordagem que permite que os funcionários se manifestem, não apenas para implicá-los na definição da visão da empresa e oferecer ideias, mas também para falar abertamente quando as coisas não estiverem funcionando.

No caso de Bob Chapman, ele tem números concretos para provar que criar valor humano e econômico em harmonia — sem sacrificar um ao outro — é, de fato, a melhor forma de liderar uma organização. Desde que assumiu a presidência da Barry-Wehmiller (BW) em 1975, Chapman transformou a fabricante de maquinário para a indústria cervejeira, que tinha uma receita de 18 milhões de dólares. Fez isso diversificando-a para entrar em outros mercados por meio da aquisição de mais de 140 empresas, sem nunca vender uma. Hoje, a empresa de St. Louis tem uma receita de 3,5 bilhões de dólares por ano e emprega cerca de 13 mil pessoas em todo o mundo. Chapman diz que o preço das ações teve um aumento de mais de 10% ao ano por mais de duas décadas.

Ele chegou à sua filosofia humanizada da maneira mais difícil: cometeu alguns erros ruins. Quando seu pai morreu, em 1975, o executivo herdou um negócio em St. Louis que fazia lavadoras de garrafas e pasteurizadores para a Anheuser-Busch e outros fabricantes de cerveja. No início dos anos 1980, as empresas de cerveja estavam sofrendo com o excesso de capacidade, então cortaram pedidos e começaram a comprar máquinas com base no preço, não nos relacionamentos. De 1983 a 1987, Chapman, que havia feito MBA na Universidade de Michigan, viveu à beira da falência. Os bancos retiraram as linhas de crédito, e ele precisou fazer um empréstimo com um prestamista que trabalhava com ativos; o executivo afirma que foi como "pegar dinheiro emprestado de um cara em um beco escuro, dentro de um envelope". Tinha orgulho da trajetória da empresa, mas se deu conta de que a história não lhe dava um futuro viável.

Para crescer, teve que diversificar a organização para atuar fora do ramo de bebidas. Não tinha experiência nem recursos financeiros, mas começou a adquirir um portfólio diversificado com máquinas de embalagens — uma linha de produtos que ninguém mais queria e cujas vendas os vendedores praticamente precisavam financiar. "Desenvolvi um novo modelo de negócio que tinha mais foco na receita recorrente, com pouca concentração de clientes, tecnologia ou mercado, de modo que, se algum setor mudasse, ficaríamos bem." A jogada funcionou. A empresa estava indo bem.

Mas Chapman sabia que podia fazer melhor. Após construir o que ele chama de modelo de negócios com motor de Ferrari, precisava de gasolina premium para fazê-lo funcionar. Então, recorreu aos funcionários. Em 2000, teve sua primeira grande revelação. Adquiriu uma fábrica da Carolina do Sul e foi para lá para o primeiro dia como novo proprietário. Foi durante o March Madness (um tradicional campeonato da NCAA que ocorre em março, nos Estados Unidos), e todo mundo apostava que seu time de basquete universitário chegaria à final. Chapman observou alguns funcionários tomando café e falando sobre o resultado dos jogos e como os times estavam se saindo no campeonato. "Eu estava bebendo uma xícara de café", lembra o executivo, "e pensando que havia acabado de comprar aquela empresa, que ia sentar para conversar com a equipe de atendimento ao cliente. Não tinha nada planejado. Então, percebi que, quanto mais se aproximava o horário de começar a trabalhar, mais eu via o bom humor desaparecendo, pois as pessoas tinham que ir trabalhar." Quando Chapman se sentou com a dúzia de funcionários do atendimento ao cliente, do nada disse: "Vamos fazer nosso próprio March Madness. Quem vender mais peças de reposição a cada semana ganhará 100 dólares, e o time que vender mais ganhará mais 100 dólares."

O pessoal deu a Chapman vinte razões pelas quais não conseguiriam fazer isso, mas, como ele era o novo dono e queria que se divertissem, o jogo começou. Naquela semana, a receita aumentou em 20%; mas, de acordo com Chapman, a alegria aumentou em 1.000%. Em vez de ir trabalhar todos os dias para tirar pedidos, eles iam para vencer como equipe e como indivíduos. Uma mulher do time disse ao executivo: "Sempre achei que eu era legal com os clientes, mas agora sou muito mais."

Fascinado pelo resultado, Chapman tentou o experimento em outras áreas da empresa e logo viu o impacto positivo de alinhar a diversão com a criação de valor. "Eu falei: 'Algo grande está acontecendo aqui.'" Ele reuniu os vinte principais executivos para criar princípios de liderança inspirados no que estavam vivenciando. A equipe desenvolveu uma lista de uma página, na qual foi incluída uma dúzia de princípios projetados para criar mais dignidade no local de trabalho, como:

- Eu inspiro paixão, otimismo e propósito.
- Minha comunicação pessoal cultiva relacionamentos gratificantes.
- Eu me envolvo proativamente no crescimento pessoal dos indivíduos de minha equipe.

"Nós víamos isso como uma soma da Declaração de Independência com a Constituição dos EUA", comenta Chapman. "Um dos nossos líderes disse: 'Muitas empresas têm visões inspiradoras na parede, mas não as vivem.'" O CEO respondeu: "Não vamos colocá-las na parede. Vamos colocá-las no coração e na mente das pessoas." E ele passou a fazer exatamente isso: atravessava o país compartilhando seus princípios orientadores de liderança e perguntando às pessoas se os estavam vivenciando.

Visitando uma das fábricas no norte de Wisconsin, que empregava quinhentas pessoas, os gestores reclamaram que, quando Chapman falava dos princípios orientadores, todos ficavam inspirados, mas no dia seguinte voltavam a suas práticas tradicionais. Eles queriam saber como manter o espírito vivo quando o CEO não estivesse lá, "espalhando a palavra". Na época, Chapman, que é fã de carros, tinha uma picape retrô Chevy SSR amarela reluzente. Então, falou aos líderes da fábrica que dissessem aos funcionários para votar naquele cujo comportamento mais se alinhava com os valores da organização — como tratavam outras pessoas e seus clientes —, e essa pessoa poderia ficar com a SSR por uma semana.

Deixar um funcionário dirigir um carro chique por uma semana pode parecer condescendente, mas teve um grande impacto no ânimo da fábrica. Enquanto a picape amarela estava parada na calçada, os gestores da equipe anunciaram a vencedora: Mary, que trabalhava na contabilidade. Ela ficou no palco enquanto seus colegas liam declarações, elogiando-a.

DEMONSTRAR EMPATIA

A funcionária pegou as chaves do carro e começou a chorar quando o marido saiu de trás das cortinas com seus dois filhos, o reitor da igreja e seu cunhado, que estavam ali para vê-la ser reconhecida por sua bondade. Chapman percebeu que esse tipo de reconhecimento era profundamente significativo para a vencedora, e para todos os presentes, pois testemunhavam a reação da família diante da homenagem a um ente querido.

Ele repetiu essas cerimônias de reconhecimento cerca de quinhentas vezes em seu império, usando vários tipos de carros engraçados. Um vencedor falou: "Sr. Chapman, foi o maior reconhecimento da minha vida, e a primeira coisa que fiz foi ligar para minha mulher e dizer que ganhei. A segunda foi pegar o carro e levar minha mãe para dar uma volta."

Outra ganhadora, que trabalhava no departamento de TI, declarou: "Levei minha filha para passear nas colinas da Virgínia com aquele carro, e pelo menos trinta pessoas me perguntaram quando eu estava no posto de gasolina, no pedágio e no restaurante: 'Por que você tem um carro desses?' E eu respondi: 'Ganhei por minha postura no trabalho.' Então eles diziam: 'Queria trabalhar em uma empresa assim.'" Ela também acrescentou: "Sr. Chapman, infelizmente minha mãe morreu, mas quero que você saiba que andei com o carro pelo cemitério, para mostrar a ela que ganhei."

Esse tipo de reconhecimento e celebração se tornou parte do DNA da Barry-Wehmiller. Mas as reverberações disso vão além do ânimo. O estresse é uma das principais causas de absenteísmo e rotatividade. Cerca de 74% de todas as doenças ou males crônicos podem estar associados ao estresse. Pessoas que amam o trabalho requerem 40% menos assistência médica que aquelas que sentem a pressão de bater metas ou de permanecer em uma empresa que está demitindo. Não é coincidência que os ataques cardíacos sejam 20% mais frequentes nas manhãs de segunda-feira que em outros momentos. A BW foi vendo seu pessoal ficar mais saudável à medida que a dignidade no trabalho ia melhorando; seus custos com assistência médica são menores que a média do setor. Em uma economia na qual é difícil encontrar trabalhadores qualificados, a empresa não teve problemas para atrair talentos.

Então, veio a crise financeira de 2008. Chapman disse ao conselho que a companhia tinha um grande acúmulo de pedidos e não precisava demitir ninguém. O conselho argumentou que ele estava sendo otimista demais, e provaram estar certos. Durante uma viagem de negócios à Itália em 2009, Chapman recebeu um e-mail informando que um de seus maiores clientes havia suspendido temporariamente um pedido. Chocado, o CEO ficou sentado no quarto do hotel avaliando as implicações disso. "Pensei que nós medíamos o sucesso pela maneira como afetávamos a vida das pessoas, e que, se demitíssemos, faríamos muito mal a elas, porque não havia empregos sobrando por aí. Para as pessoas demitidas, é um dos pontos mais baixos da vida, pois elas têm que voltar para casa, para a família, e falar: 'Não sei como vamos sobreviver porque acabei de ser demitido.'"

E foi assim que ele teve uma ideia. Chapman imaginou que, se todos abrissem mão de um mês de salário, não precisariam demitir ninguém. Obviamente, muitos funcionários não podiam perder essa renda, de modo que ele criou um sistema de troca pelo qual colaboradores mais antigos e em situação melhor podiam trocar férias não remuneradas com alguém em dificuldades financeiras que não podia perder um salário. O pessoal podia trocar tantas férias não remuneradas quanto quisesse, desde que, no fim, a economia total na folha de pagamento daquele ano correspondesse a um doze avos.

Quando voltou aos Estados Unidos, ele anunciou o programa e obteve uma adesão extraordinária.

Os funcionários da BW sabiam que perderiam um doze avos de seus salários, mas os trocaram pela segurança no emprego. "Uma pessoa poderia olhar para Mary e Bill e dizer: 'Ao tirar um período de férias não remuneradas, eu ajudei Mary ou Bill a manter o emprego, e sei quanto eles precisavam do dinheiro.'" A empresa passou pela Grande Recessão sem nenhuma demissão e saiu da crise econômica ainda mais forte, validando sua cultura de cuidado e retenção de talentos. Se Chapman não houvesse passado vários anos pregando seus princípios orientadores de liderança, não teria pensado nessa alternativa às demissões como uma forma de lidar com a crise financeira.

DEMONSTRAR EMPATIA

Nessa difícil situação, o CEO foi bem-sucedido porque conseguiu equilibrar cuidado e sinceridade. Disse a seu pessoal o que faria sobre as demissões e descobriu a solução mais humana, dentro das circunstâncias em que se encontrava. Uma organização com muito cuidado pelos funcionários, mas pouca honestidade, não terá um bom desempenho porque não haverá feedback direto, ninguém contará a verdade, e faltará responsabilização. Por outro lado, muita franqueza sem cuidado suficiente com os funcionários não é muito melhor, porque constrói uma cultura que, além de ser cheia de ansiedade e medo, esconde erros. Os melhores líderes sabem que o cuidado não deve sacrificar a honestidade.

O segredo, aqui, é pensar no funcionário como o filho precioso de alguém e tratá-lo como você gostaria que seu filho fosse tratado. Os gestores usam os termos "redução" e "redimensionamento", por exemplo, para desumanizar o processo. Isso lhes permite sentirem-se melhor quando vão a um coquetel e à missa de domingo. Mas o processo é desumano: quando ocorre uma demissão em massa, os seguranças ficam ali para evitar que as pessoas roubem alguma coisa enquanto esvaziam suas mesas. "Se medimos o sucesso pela maneira como afetamos a vida das pessoas", diz Chapman, "e depois demitimos centenas, destruindo a vida delas, de que forma podemos dizer que nos importamos com elas?" Sim, há danos colaterais também. "Talvez você não perca seu emprego durante uma redução de pessoal, mas, caso a pessoa que se senta ao seu lado perca o dela e seja uma mãe solo com um orçamento apertado, você dirá a si mesmo que poderá ser o próximo. E aí precisará viver com esse nível mais alto de ansiedade e estresse, porque não há sensação de segurança ou proteção para sua renda." Portanto, importa menos *o que* você faz e mais *como* faz. O mais importante é demonstrar cuidado genuíno, criar espaços para escutar e processar fortes emoções em momentos difíceis.

Houve casos em que Chapman teve que tirar pessoas da organização, mas só depois de lhes dar muitas chances de melhorar. "Não gosto do termo *fire*, usado em inglês para se referir a demitir alguém, porque ele provém dos franceses, que inventaram o *firing squad* — pelotão de fuzilamento, no qual alinhavam as pessoas para atirar nelas. O que fazemos é chamado de educação parental rigorosa ou *tough love* (amor exigente)." Quando alguém não tem um bom desempenho, os líderes da BW são pacientes e orientam a pessoa até que ela mude, o que acontece na maioria das situações. O CEO compara isso a um ônibus seguindo uma rota. De vez em quando, o ônibus para, e o condutor pergunta a uma pessoa se ela gostaria de entrar. A pessoa pode dizer algumas vezes que não está pronta, mas uma hora vai embarcar. Contudo, isso não é uma utopia para os trabalhadores. "Às vezes, precisamos enfrentar a situação de uma pessoa que está realmente aborrecendo os outros", diz Chapman, "mas lidamos com isso de uma maneira humanizada, como se tentássemos ajudar nosso próprio filho ou filha problemática." Ele chama essa prática de "paciência com coragem".

A transição da gestão para a liderança se tornou um empenho para os líderes da BW. Dentro da empresa, o CEO criou a BW University, que treina líderes acerca dos valores institucionais, como escutar e respeitar as pessoas. Ele criou essa universidade porque um de seus maiores medos é que o foco no cuidado aos funcionários morresse consigo, igual ao que geralmente acontece com empresas ou movimentos de sucesso quando um líder inspirador se aposenta ou morre. Para criar discípulos, Chapman faz todos os líderes da BW participarem dos cursos intensivos. Como ele explica: "Toda vez que vou usar nosso jato corporativo, os pilotos fazem a checagem rigorosa de vários itens, para garantir que, quando eu colocar o pé naquela aeronave, tenham feito de tudo para proteger minha segurança. Então, pensei: 'Por que não criamos uma lista de itens para liderança, a fim de que, sempre que alguém colocar os pés em um de nossos edifícios, em qualquer parte do mundo, os líderes garantam a segurança de cada um?' Assim, criamos o que chamamos de lista de itens para liderança — coisas em que você, como líder, deve pensar todos os dias para ser um bom administrador das vidas que lhe são confiadas."

Entre os itens mais importantes da lista estão escutar, reconhecer e celebrar — marcas registradas de um líder empático, humilde, que sabe

DEMONSTRAR EMPATIA

ouvir as preocupações de seu pessoal e demonstra, de maneira oportuna e atenciosa, que se importa. A BW University também ensina "cultura de serviço", para incentivar os líderes a buscar oportunidades de servir aos outros. É uma ideia semelhante à usada nas forças armadas dos EUA, que honra aqueles que *se doam a serviço dos outros* — ao contrário do mundo dos negócios, que recompensa as pessoas que *sacrificam os outros a serviço de si mesmas*.

A BW University também paga dividendos fora da empresa. Uma mulher que dirige o departamento de pessoal da BW, em Minneapolis, disse a Chapman que ela havia acabado de fazer o curso de escuta, com duração de três dias, e que isso mudara sua vida. "O curso abriu minha mente e meu coração", comentou a líder. "Agora sei como criar melhor minha filha de 2 anos. Minhas filhas adolescentes conversam comigo, e tenho um relacionamento mais próximo com meu pai." "Histórias como essa", afirma Chapman, "mostram que a forma como lideramos impacta a vida das pessoas. Por isso, a liderança é uma responsabilidade tão incrível."

Os gestores da BW aprendem habilidades humanas, como escutar, dar reconhecimento aos outros e celebrar suas conquistas, e passam a adotar uma cultura de serviço — temas pouco ensinados nas universidades. "Vivemos em uma sociedade na qual o sucesso é visto como dinheiro, poder e posição. E mesmo assim, em uma economia global vibrante, temos uma epidemia de angústia e pobreza de dignidade, porque não sabemos cuidar dos outros em nossas comunidades e lares, e em nosso trabalho. O maior ato de caridade não são os cheques que doamos a causas nobres; é como tratamos as pessoas que estão sob nossos cuidados."

Esse executivo acredita que, para que a Liderança Verdadeiramente Humana — em inglês, "Truly Human Leadership", nome da filosofia de liderança que defende — se popularize, escolas e universidades devem adotar uma nova visão para criar os líderes de amanhã. O CEO está trabalhando com várias faculdades da área de gestão, bem como uma escola de ensino médio privada, mostrando formas de adotar habilidades que são a base da Liderança Verdadeiramente Humana. "Estamos nos autodestruindo nesta sociedade voltada para o ganho financeiro porque achamos que o dinheiro é a fonte da felicidade; mas sabemos que não é verdade. Precisamos começar a criar líderes que tenham as habilidades e a coragem para cuidar das pessoas que terão o privilégio de liderar."

O CEO relembra sua educação tradicional em faculdades de gestão e suas primeiras experiências, que lhe ensinaram a ver os funcionários da organização como quem cumpre meras funções para seu próprio sucesso. A jornada dele na transição de um líder empresarial tradicional para um mais humanizado se deu em resultado de uma revelação que o fez enxergar os funcionários sob seus cuidados não como alguém que cumpre funções, e sim como os filhos preciosos de alguém. "É minha responsabilidade", afirma o CEO, "garantir que todos se sintam seguros e valorizados em seus cargos, e fornecer-lhes uma fundamentada esperança no futuro."

Poucos CEOs discordariam de Chapman. A questão é: conseguiriam fazer o mesmo? Mostrar às pessoas que você se importa geralmente custa muito pouco, mas para os líderes é difícil, porque exige que eles saiam da bolha. Além disso, é um investimento cujo retorno é difícil de provar. Para muitos, parece uma questão secundária ou, pior ainda, um desperdício de tempo e dinheiro. Mas essa é a abordagem errada. Você não atingirá o sucesso se seu pessoal não se importar com o da empresa no longo prazo, e, para que se importem, eles precisam ver que você os enxerga como pessoas, não apenas como funcionários com tarefas a realizar. Eles precisam ver sua chama, seu interesse, sua atenção. Se você mostrar à equipe quanto valoriza cada um e que se importa com o sucesso de todos no longo prazo, não há nada a que eles não se dedicarão para realizar.

É uma verdade bem antiga que a maioria das pessoas gosta de ser reconhecida e valorizada por seus esforços. No mundo corporativo, isso é especialmente importante para o ânimo dos funcionários, como vimos no

DEMONSTRAR EMPATIA

caso de Bob Chapman e os programas de reconhecimento que ele estabeleceu na Barry-Wehmiller. Uma pesquisa da Gallup divulgada em 2023 constatou que, em empresas com fortes programas de reconhecimento, os funcionários tinham menos probabilidade de sair, eram 73% menos propensos a se sentir "sempre" ou "com muita frequência" esgotados e quatro vezes mais propensos a estar ativamente engajados no trabalho.[31]

Mas nas empresas, em especial nas que têm grande número de funcionários, dar atenção individual não é algo fácil de fazer. Como os líderes poderiam dar reconhecimento a tantas pessoas, e de maneira autêntica, se seu alto cargo demanda constantemente seu tempo e sua atenção? Além do mais, cada indivíduo tem necessidades diferentes, de modo que os líderes precisam aprender a tratar pessoas diversas de formas distintas. Tanto quanto possível, é necessário aprender a "lê-las" psicologicamente. A liderança precisa saber que Sally pode responder bem à disciplina humanizada, um amor mais "durão", mas George tem que ser tratado com luvas de pelica, porque, se o chefe disser uma palavra muito firme, esse funcionário vai ficar chateado e se fechar.

Como coloca Rob Painter, CEO da Trimble: "Temos cerca de 13 mil pessoas trabalhando aqui, 13 mil histórias de vida diferentes e 13 mil personalidades distintas. Essa individualidade é algo que tem sido, digamos, subestimado." Durante a pandemia, Painter começou a falar mais com seus funcionários por meio de chamadas do Zoom. Ele afirma que a pandemia lhe abriu os olhos para diversos desafios e experiências pelos quais alguns colaboradores estavam passando. "Eu vi", comenta o CEO, "que a experiência de vida deles podia ser totalmente diferente da minha." Ele começou a perceber melhor as diferenças individuais e a pensar em maneiras de integrar essa qualidade em seu estilo de liderança.

Quando passou a pensar sobre isso, Painter percebeu que seus treze subordinados diretos tinham diferentes necessidades e desejos de conexão pessoal. Com base em algumas avaliações 360 graus, descobriu que alguns de seus executivos ansiavam por mais contato com ele. Isso foi uma surpresa, porque sua própria necessidade de conexão pessoal era fácil de suprir. Ao falar com alguém, gostava de mergulhar direto no trabalho. Mas, para outros, esse não era o caso. Havia pessoas que queriam reservar um tempo para falar sobre o fim de semana, ou sobre os filhos, antes de começar a tratar da tarefa em questão. "Eu não estava percebendo isso", afirma Painter, "porque existe uma tendência humana em todos nós, um filtro pelo qual vivenciamos nossas experiências, e tendemos a achar que todos têm o mesmo filtro; mas não têm. Agora, passo mais tempo tentando ver as pessoas como indivíduos."

Para descobrir o que os motiva, Painter literalmente pergunta do que eles precisam em termos de conexão pessoal. Alguns membros de sua equipe se sentiam muito bem com a pouca proximidade estabelecida, mas havia dois que queriam mais, e Painter atendeu às necessidades deles. "Eu acho que se você for autêntico", comenta, "vai conseguir. Mas, se perguntar 'como foi seu fim de semana?' sem realmente se importar, isso fará mais mal que bem." Líderes, claro, são ocupados e muitas vezes não têm tempo para essas conversas. Painter diz àqueles que desejam mais conexão pessoal: "Eu só tenho uns minutinhos." Ou: "Tenho uma pergunta rápida para você." Assim, a pessoa sabe que você está com pouco tempo, então é menos provável que se sinta negligenciada.

Aprender a conhecer mais os seus funcionários não é fácil. É preciso despender bastante energia mental para entender a história de todos e ir além da troca de "como você está?" no início das reuniões. Ouvir histórias pessoais de forma autêntica e se referir a elas quando você novamente encontra o indivíduo requer grande dedicação mental. Se você, digamos, ouvir a história de vida de um funcionário novo e esbarrar com ele um ano depois, ele esperará que se lembre dele. Se você não lembrar, ele certamente ficará decepcionado, se não frustrado. Às vezes, basta ser autêntico e dizer: "Puxa, esqueci seu nome. Em que setor está trabalhando?" Painter conta que, nessas situações, tenta amenizar falando: "Ando com a cabeça tão cheia."

Suas chances de lembrar os nomes dos funcionários, dos filhos deles e saber o que fazem na empresa aumentam, afirma o CEO, se você se esforçar para estar presente no momento. "Estou em meu melhor quando estou atento e engajado, quando não estou no modo multitarefas ou pensando em mil coisas ao mesmo tempo. Vou para avaliações de negócios sem computador nem celular, apenas com um caderno e uma caneta. O desafio é limitar as distrações o máximo possível. Eu me livrei das redes sociais e tirei o LinkedIn do meu celular. A falácia da multitarefa é que ela acaba levando mais tempo do que se você se concentrasse em uma coisa só, porque, quando está presente, está em um modo ativo de processamento intelectual e emocional."

Como vimos, os CEOs têm tanto poder, que as palavras usadas e o nível de cuidado demonstrado por eles podem impactar drasticamente o ânimo dos funcionários. O desafio é usar esse poder com consciência.

Embora seja importante dar reconhecimento aos indivíduos no trabalho diário, o que fazer quando a empresa tem 300 mil funcionários? Não é possível conectar-se com todos eles, especialmente com os que trabalham na linha de frente e interagem com os clientes todos os dias. Para elevar o ânimo nessa escala, Frank D'Souza, ex-CEO da empresa de serviços de TI Cognizant, focou o que chama de "heróis, rituais e lendas". Em seus primeiros dias no cargo, percebeu que a Cognizant estava crescendo tão rápido, que 60% dos funcionários estavam na companhia havia apenas 18 meses ou menos. "Eu disse a mim mesmo", recorda, "que, se aquela tendência continuasse, perderíamos nossa cultura por completo." O jovem CEO começou a ler e pensar bastante sobre cultura, até encontrar um artigo acadêmico desconhecido que concluía que a cultura é promulgada pelos heróis, pelos rituais e pelas lendas de uma organização.

Os "heróis, rituais e lendas" se tornaram modelo de referência para promulgar cultura, porque lhe pareceu autêntico. "Você pode escrever uma declaração de valor e pendurá-la na parede, mas isso não funciona de verdade", diz D'Souza. "É preciso muito mais." Então, ele e sua equipe executiva fizeram um esforço concentrado para identificar os heróis e as lendas entre seus 300 mil funcionários, criando rituais por meio dos quais pudessem dar o exemplo aos outros. "A ideia era incorporar nossos valores nos rituais." Vejamos um pequeno exemplo disso: D'Souza tentava responder com rapidez a todos os e-mails que recebia, independentemente de provirem do maior cliente ou do mais novo funcionário da linha de frente. Era um hábito que ele havia aprendido com a mãe, a qual valorizava as conexões e a preservação dos relacionamentos quando a família se mudava de um lugar para outro. Essas respostas rápidas passavam a mensagem de que cada pessoa dentro da Cognizant era importante. A prática pegou, e todos os líderes da empresa começaram a mostrar a seu pessoal a mesma atenção e abordagem voltada ao serviço, que já era norma no modo como atendiam aos clientes.

Em uma escala maior, o CEO criou rituais para que a empresa celebrasse funcionários que atuavam de maneiras que se encaixavam nos valores da empresa. No setor de serviços de TI, o fator mais importante é a qualidade dos projetos que você faz para seus clientes; no caso da Cognizant, isso incluía atualizar sistemas de computação empresariais, ajudar clientes a fazer a conversão para a computação na nuvem e muitas outras tarefas tecnológicas críticas. D'Souza queria encontrar uma forma de impulsionar simultaneamente a satisfação do cliente e do funcionário. Em vez de escrever declarações de valor e memorandos enfatizando a importância da qualidade do projeto, ele criou um ritual que gerava heróis. Chamado de Project of the Year, ou Projeto do Ano, o ritual era um processo muito competitivo, no qual as equipes enviavam o projeto que consideravam o melhor em uma série de aspectos, incluindo alta satisfação do cliente, excelência técnica e entrega no prazo. Juízes externos escolheriam o projeto do ano, bem como o funcionário do ano da empresa inteira, e então a Cognizant celebraria esses heróis, por exemplo, durante um evento em um estádio de críquete alugado para que os 60 mil funcionários e seus familiares torcessem pelos vencedores.

"Esse ritual fazia os vencedores se sentirem bem", afirma D'Souza, "mas não era o principal. O verdadeiro benefício era que 60 mil funcionários, junto de suas famílias, olhavam para aquele palco e se perguntavam: 'Como faço para imitar esse comportamento e chegar lá ano que

DEMONSTRAR EMPATIA

vem?' Não havia dinheiro envolvido, só um pedaço de papel, mas era uma maneira muito poderosa de fazer que as pessoas participassem." Em outras palavras, para fazer que as pessoas se importem, mostre que você se importa.

Líderes precisam saber fazer as coisas difíceis de uma forma humanizada. Precisam tomar atitudes corajosas e ser sinceros no feedback, e tudo isso com compaixão. Quanto mais sênior você for, mais difícil será as pessoas verem sua compaixão. CEOs e líderes seniores geralmente precisam tomar decisões difíceis ou ter conversas complicadas. Lembre que, se você não mostrar, as pessoas que estão mais distantes do topo verão apenas os resultados difíceis, e não o fato de que você se importa. Para ter um, não é preciso sacrificar o outro. Quanto mais sênior você for, mais precisará pensar conscientemente sobre como demonstrará que se importa com seus funcionários.

*Perguntas que você deve fazer a si mesmo
em relação a como demonstrar empatia*

- De que maneira posso fazer o certo, mesmo que seja difícil, e fazê-lo de uma forma humanizada?
- Que rituais estabeleci para dar reconhecimento às pessoas que melhor representam nossos valores?
- Tenho presença de espírito e paciência para ouvir as histórias pessoais de meus funcionários com autenticidade? Como desenvolvo essas habilidades de empatia?
- Eu transmito transparência e justiça consistentemente, ao tomar decisões relativas aos funcionários?
- O que seria incluído na lista de minha equipe ao definir os elementos de um líder empático?
- Como nós, líderes, damos o exemplo de comportamentos empáticos?
- Eu me envolvo proativamente no crescimento pessoal dos funcionários de minha equipe, expressando empatia e oferecendo treinamento?

Em resumo

A Parte 1 deste livro focou líderes que aprenderam a ser pessoas mais compassivas e autênticas. As histórias que você acabou de ler na Parte 2 falavam sobre usar essas qualidades para liberar o potencial dos funcionários em uma instituição. Essa jornada começa com uma missão inspiradora e uma visão ousada, que dá às pessoas clareza e senso de propósito. Depois, os líderes devem dar espaço para deixar que seu pessoal execute tarefas, enquanto ajudam os outros a construir sentimento de propriedade e autonomia. E devem ajudá-los a desenvolver a capacidade para isso. Esse tipo de liberdade funciona em grande escala somente se houver o apoio de um sistema que incentive as pessoas a dizer a verdade, não a esconder coisas umas das outras. Por sua vez, tal transparência permite que a organização conduza experimentos naturalmente e aprenda com eles, desenvolvendo uma cultura que é sempre repensada, colaborativa e de alto desempenho. E, claro, os líderes têm que apoiar, com cuidado e empatia, todas as iniciativas de seus funcionários, criando um ambiente seguro, onde as equipes se sintam pertencentes e façam seu melhor no trabalho.

Dominar a abordagem de liderança de dentro para fora é gratificante, mas também pode ser estressante e exaustivo. No próximo capítulo, ajudaremos os líderes a formar um "plano de compromisso", projetado para tornar mais disciplinada e mais agradável sua jornada contínua de aprendizado e reinvenção.

Conclusão

> **Encontre seu espaço para reinvenção contínua**

A jornada nunca acaba

As histórias e o conhecimento que compartilhamos neste livro ilustram as diversas tentativas de líderes para se reinventar. Alguns aprenderam a escutar; outros a aprender — especialmente sem medo e com verdadeira curiosidade, sempre prontos para questionar velhas crenças e suposições. Alguns deixaram o ego de lado a fim de focar a construção de equipes que funcionassem bem e criar valor para a organização. Outros reuniram coragem para fazer movimentos ousados ou mudar de ideia quando as evidências argumentassem o contrário. Outros, ainda, tentaram ao máximo se conectar com os funcionários da organização com mais frequência e mais autenticidade.

Então, aonde você vai a partir daqui? Em nossos programas do Bower Forum e no trabalho que desenvolvemos com centenas de clientes na construção de liderança e na reinvenção de empresas, nós da McKinsey aprendemos que seria difícil, inclusive para os melhores líderes, dominar de uma só vez os 12 modos de reinvenção que destacamos neste livro. Na verdade, os que você escolher dependerão de seu ponto de partida, bem como de fatores internos e externos. Cada líder funciona de um jeito. Não

CONCLUSÃO

apenas operam em diferentes ramos — e alguns em organizações sem fins lucrativos —, mas também enfrentam situações distintas. Supervisionar uma recuperação industrial requer habilidades de liderança diferentes do que administrar o crescimento de uma empresa de alta tecnologia. Cada gestor deve analisar sua realidade específica e trabalhar para dominar as habilidades que melhor se adaptem à sua circunstância e ao seu estilo de liderança.

Dito isso, aprendemos que, no ciclo de vida de um CEO, algumas habilidades provavelmente serão mais relevantes nos primeiros anos do que nos anos intermediários ou finais. No início, o foco está em ouvir todos os stakeholders (incluindo clientes, parceiros de negócios e colegas do conselho), aprender quais prioridades e objetivos definir, e descobrir como alcançá-los. E você precisará fazer tudo isso enquanto navega pelos interesses às vezes contrários dos stakeholders e toma decisões ousadas que reinventarão a empresa para que ela seja bem-sucedida no longo prazo. Nos anos intermediários, geralmente se instala a complacência, e é importante trabalhar atributos como um senso de propósito e inspirar os colegas executivos e as equipes (bem como a organização mais ampla), o que ajuda a manter o nível de empolgação consistentemente alto. No estágio final da gestão de um CEO, a ênfase estará em deixar um legado forte, o que significa deixar o ego de lado e encontrar um sucessor capaz de liderar a organização rumo ao futuro. Em qualquer fase da gestão de um CEO, não se deve subestimar a importância da liderança altruísta, que envolve um compromisso contínuo e sincero de aprimorar as características da liderança humanizada.

Mas os melhores CEOs sabem que há dois elementos presentes em todos os estágios da gestão: reinvenção e aprendizado. Eles sabem que devem correr tanto na primeira volta quanto nas intermediárias e na última. Estão sempre desafiando a si mesmos e à organização. Sim, talvez tenham feito uma jogada mais ousada no início, mas estão cientes de que devem acrescentar uma segunda ou terceira mais tarde durante sua administração, porque nem todas as oportunidades de mercado aparecem nos dois primeiros anos de cargo.

Embora seja importante ter em mente esses estágios da gestão de um líder, é igualmente crucial entender que, não importa em qual ponto da jornada, você precisa tentar se desvencilhar do frenesi de ser um CEO e deve focar a reflexão e a reinvenção constantes. Isso significa nutrir a curiosidade e adotar muitas das mentalidades que discutimos nas páginas deste livro. Trata-se de ter a capacidade de mudar constantemente seu equilíbrio e abraçar as polaridades da liderança. De ser vulnerável e decidido, humilde mas corajoso, de dar mais espaço aos outros sem se distanciar, de estar disposto a mudar, mas também de se manter firme nos valores e propósitos da organização. Ao mesmo tempo, você deve pensar no todo e ser capaz de abraçar diversas perspectivas e ideias opostas, entendendo suas interdependências e estando ciente de todas as preocupações dos stakeholders.

E, quando estiver pronto para sair do seu grande posto, não veja isso como o fim da jornada. Embora seja difícil, para muitos, deixar a liderança de uma grande organização e abrir mão das vantagens, da atenção e da compensação (tanto real quanto espiritual), as habilidades construídas ao longo da gestão serão muito boas para você. É provável que você continue fazendo algo notável na vida. E, se tiver desenvolvido as habilidades que exploramos neste livro — escutar os outros, revelar o potencial de seus colegas, conciliar visões e ideias diferentes, ser humilde, sentir que pertence ao lugar que ocupa e fazer jogadas ousadas —, encontrará oportunidades consideráveis mais cedo do que imagina. Tenha orgulho de seu legado e siga em frente.

Os 12 elementos de liderança discutidos a fundo nestas páginas não são fáceis de dominar e demandam tempo. Ninguém consegue passar por uma transformação pessoal e profissional em um programa de liderança de dois dias. É uma jornada que leva anos, na qual você deve estar atento todos os dias ao que quer ser, aos passos de aprendizado e reinvenção pessoal que está buscando, e aos tipos de equipes e organizações que deseja construir. O bom é que nunca é cedo nem tarde demais para começar a jornada.

CONCLUSÃO

A maioria dos líderes que conhecemos em nosso trabalho e dos CEOs que participam do Bower Forum se esforça, nas semanas e nos meses subsequentes, para mudar a si mesmos e a suas organizações antes de finalmente se reinventarem. Um executivo japonês, por exemplo, saiu do Bower Forum com uma confiança renovada para enfrentar uma grande transformação corporativa. "Os outros CEOs que conheci lá estavam passando por desafios semelhantes. Isso me fez ver que eu não estava sozinho e me deu coragem para seguir com meu plano." Esse líder pegou o que aprendeu em nosso programa e voltou ao trabalho sabendo que precisava dominar o equilíbrio — como definir uma direção clara e ser ousado e humilde, embora disposto a dar aos funcionários espaço para inovar e assumir riscos.

Mas também vimos o que acontece quando não há continuidade ou comprometimento com o aprendizado e as constantes melhorias pessoais. Alguns líderes esquecem o que descobriram sobre si mesmos e voltam aos velhos hábitos — não escutar, pensar que têm todas as respostas, microgerenciar a equipe e não se importar o suficiente com seu pessoal. Normalmente, não duram muito no cargo e perdem funcionários fiéis em suas organizações ao longo do tempo.

É por isso que sugerimos aos nossos participantes que façam um plano de compromisso para o sucesso, a fim de se lembrarem do que aprenderam em nossos encontros. É fácil sentir-se muito motivado pelos aprendizados obtidos em um evento como o nosso, mas depois perder essa sensação de energia e renovação quando as tensões do trabalho diário o puxam em várias direções. O plano de compromisso precisa incluir as promessas que cada um fez a si mesmo, aos membros de sua equipe executiva e à organização. (Isso é coerente com nossa abordagem de liderança tridimensional: lidere a si mesmo, lidere sua equipe executiva e lidere sua organização.) Acreditamos que também seria útil para qualquer pessoa que tenha lido este livro e queira aplicar, em sua carreira, aquilo que aprendeu.

Não existe um plano de compromisso certo ou errado. Cada um será adaptado à jornada individual da pessoa. A ideia é criar práticas que ajudem você a continuar aprendendo para além da zona de conforto. Como a função de gestão, em geral — e a de CEO, em especial —, exigirá muito de um profissional, os riscos parecerão altos e as responsabilidades pesarão. Você se sentirá solitário, às vezes. Por isso, não se cobre tanto e sirva-se de uma boa dose de autoaceitação e autocompaixão. O plano de compromisso está aí para ajudá-lo a reduzir o estresse e perseverar, sendo uma bússola na liderança.

Alguns priorizarão os passos para ser um líder mais humano — os que trouxemos na Parte 1. Outros colocarão no topo da lista o tipo de mudança organizacional que destacamos na Parte 2. Seja qual for o caso, um plano de compromisso deve ser aspiracional, listando os comportamentos e as mudanças que você deseja tanto para si mesmo quanto para sua empresa, como:

- Preciso ouvir mais atentamente meus stakeholders e refletir sobre as implicações daquilo que ouço.
- Preciso exercer uma gestão clara, levando em consideração perspectivas, áreas de foco e prazos.
- Preciso ser mais atencioso com meus colegas e ser um líder mais humanizado.
- Preciso mudar a cultura para que as pessoas que trabalham em minha organização me digam o que realmente está acontecendo.
- Preciso dar aos meus funcionários mais liberdade para tomarem iniciativas.
- Preciso encontrar maneiras de me reinventar constantemente e ficar de olho no equilíbrio que essas sutis mudanças de mentalidade exigem a cada momento.

Mas um plano de compromisso sólido vai além do aspiracional e lista *como* você pode alcançar suas aspirações. Um elemento imprescindível é criar ferramentas para ajudá-lo a avançar em sua jornada, que chamamos

CONCLUSÃO

de micropráticas, tipicamente estruturadas em três sentidos: "lidere a si mesmo", "lidere suas equipes" e "lidere sua organização". Por exemplo:

- **Lidere a si mesmo:** Analise seu calendário/agenda e redefina sua alocação de tempo para incluir as seguintes categorias: tempo profissional/corporativo, tempo com família e amigos, tempo espiritual (incluindo meditação e técnicas de atenção plena) e outro tempo pessoal (incluindo sono, exercícios e hobbies).
- **Lidere suas equipes:** No início de qualquer interação com alguém, primeiro pergunte como a pessoa está, mas com interesse genuíno (dedique a isso 20% do tempo agendado).
- **Lidere sua organização:** Crie um ambiente de trabalho que promova a criatividade e a experimentação. Por meio de e-mails para toda a empresa, celebre ideias inovadoras e realize competições de inovação para desenvolver novas propostas em torno de tópicos prioritários.

Listamos cem de nossas micropráticas favoritas nas páginas 239-255 do Apêndice, que ajudarão você a consolidar os comportamentos que discutimos, como ouvir melhor, tornar-se mais empático, ter mais energia e mais coragem para fazer movimentos ousados ou ser um jogador mais inclusivo no time.

Acreditamos que é essencial revisar e atualizar os planos de compromisso conforme os fatores externos e internos mudam e conforme um CEO progride na jornada. Um plano também pode ser útil quando tudo parece pesado demais e você se sente sobrecarregado por demandas de diversos tipos. Esse é um sinal para dar um passo para trás e refletir um pouco sobre seu plano de compromisso.

O CEO de uma grande empresa norte-americana de embalagens que participou de um Bower Forum é um bom exemplo de alguém com um plano de compromisso em ação. Ele sabia que a cultura de sua instituição, de capital fechado e familiar, precisava de transformação. A companhia enfrentava muitos desafios, desde a concorrência estrangeira até o aumento das restrições ambientais que ameaçavam a viabilidade de seus produtos plásticos. O executivo precisava fazer a organização se mexer mais rápido, assumir mais riscos e desenvolver as habilidades necessárias para lidar com todo tipo de cenários futuros, inclusive alguns desconhecidos. Mas, ao mesmo tempo, tinha que descobrir a maneira de equilibrar o respeito por uma cultura forte e duradoura com a necessidade de mudança. Estava animado para voltar ao trabalho, com uma sensação renovada de energia, mas outro CEO do programa lhe perguntou como planejava manter o ímpeto pela transformação quando voltasse ao escritório e se distraísse com as inúmeras responsabilidades que todo executivo enfrenta.

Os coaches do Bower Forum e outros participantes o ajudaram a elaborar um plano de compromisso em um quadro-branco. Esse executivo saiu do Bower Forum com um plano que priorizava uma gestão clara que impulsionaria o crescimento lucrativo e de longo prazo, a necessidade de mudança organizacional — tirando os funcionários da zona de conforto —, um movimento grande e ousado que alteraria a pegada ambiental dos produtos da empresa e um plano para criar um sistema operacional que buscasse a excelência e se destinasse a promover uma transformação cultural cheia de propósito. (Veja um exemplo de um plano de compromisso típico nas páginas 231-233.)

A beleza de um plano de compromisso, diz esse executivo, "é que ele traduziu meu trabalho em uma imagem simples do que minha função significa. É como uma lâmpada que se acende. Sim, é óbvio que há muita complexidade e detalhes para fazer tudo acontecer mesmo, mas o plano de compromisso nos mantém menos focados no que precisamos fazer hoje e mais no que precisamos fazer, como líderes, para sermos bem-sucedidos no longo prazo. Ele ajuda a nos preparar para uma série de cenários possíveis no futuro".

O segredo para elaborar um bom plano de compromisso é garantir que ele contenha estes três elementos básicos:

- **Liderar a si mesmo**: defina como você quer desenvolver suas qualidades de liderança humanizada. Por exemplo, aprender

CONCLUSÃO

a equilibrar polaridades como humildade e assertividade; ter certeza sobre o que sabe e estar aberto a aprender coisas novas; querer estar no controle, mas ter equipes empoderadas para tomar iniciativas. Aqui também deve ser incluída uma parte sobre gestão e prioridades gerais.

- **Liderar suas equipes**: escreva os atributos de liderança humanizada você quer que os membros de sua equipe executiva tenham e como planeja treiná-los para que possam aceitar mais efetivamente a necessidade de executar ações equilibradas, conforme descrito na Introdução. Na condição CEO, o que você pode fazer para ser um modelo melhor?
- **Liderar sua organização**: liste maneiras de espalhar por toda a organização seu novo estilo de liderança, sua mentalidade, seus comportamentos e suas transformações na governança. Por exemplo, quando sua equipe executiva começar a incorporar essas mudanças, peça que eles mesmos sejam modelos dos subordinados diretos deles, e assim por diante.

Exemplo de um típico plano de compromisso para criar valor de longo prazo e saúde organizacional

Gestão estratégica abrangente: Alcançar valor sustentável para todos os stakeholders por meio de uma transformação que envolva sistema operacional aprimorado (incluindo operações prioritariamente digitais); intimidade com o cliente e centralidade nele; portfólio renovado de produtos e serviços.

Lidere a si mesmo

1. Pratique a liderança inspiradora (por meio do engajamento e do reforço da visão, com acessibilidade às pessoas e incentivo para que libertem seu potencial).

2. Aprenda regularmente com líderes inovadores de dentro e de fora de seu ramo.
3. Adote versatilidade e habilidades relacionadas ao "crescimento lucrativo".

Lidere suas equipes
1. Envolva sua equipe executiva em diálogos sinceros, construtivos e mais afiados.
2. Dedique 30% de seu tempo a orientar outras pessoas.
3. Estabeleça um plano de sucessão com metas de transição para o próximo ano.

Lidere sua organização
1. Crie uma cultura mais inovadora por meio da celebração de uma assunção consciente dos riscos.
2. Equilibre liderança assertiva e liderança inclusiva.
3. Mantenha um foco implacável e constante nas necessidades do cliente.

Próximos passos para uma estratégia tática
1. Descreva cenários futuros para oportunidades estratégicas.
2. Defina o que significa vencer em cada cenário, com base nos diversos ângulos: clientes, acionistas, stakeholders, além de finanças e saúde organizacional.
3. Identifique e priorize movimentos ousados.

Estabelecer um modelo operacional para impulsionar a excelência funcional
1. Priorize áreas para focar e defina metas de apoio.
2. Crie iniciativas vinculadas a seus objetivos.
3. Defina um mecanismo de responsabilização.

CONCLUSÃO

Cultura com propósito e capacitação
1. Tire seu pessoal da zona de conforto.
2. Enfatize a importância de aprender rápido com os erros.
3. Exija abertura e transparência.

Depois de colocar o plano de compromisso no papel, os melhores líderes usam seu círculo de conselheiros — pessoas nas quais confiam e que, normalmente, são colegas, outros CEOs, amigos, mentores e mentores externos (como os do Bower Forum) — para assegurar que se mantenham fiéis a ele ao longo dos meses e anos. O valor da ajuda externa é imenso. Em nossa pesquisa, quase metade dos participantes do nosso programa disse que, depois de concluir o programa, contratou um mentor para ajudá-los na reinvenção pessoal. (Para mais resultados, veja as páginas 256-258 do Apêndice.)

Seja com um mentor em quem você confia, seja com um círculo de conselheiros, a ideia é marcar uma reunião regular, mensal ou trimestralmente, para discutir seu progresso em relação ao plano de compromisso. Mudanças pessoais são difíceis, por isso recorra a indivíduos de sua confiança, aqueles cujo estilo de liderança, sucesso profissional e qualidades pessoais você admira — quem demonstra solidariedade, mas é forte o bastante para ajudá-lo a avaliar, sem rodeios, seu progresso durante a jornada. O ideal é que esses conselheiros tenham operado, com sucesso, várias reinvenções em si mesmos e possam compartilhar experiências relevantes e fazer sugestões para mudanças. A ideia é criar um espaço seguro entre pessoas com quem você possa se abrir sobre as mais íntimas esperanças, dúvidas e ideias arrojadas. Seria como uma caixa de ressonância, onde você pode refletir sobre quem é, o que quer se tornar e o que quer alcançar.

As histórias que compartilhamos aqui não são os tipos usuais de estudos de caso que você lê nas faculdades de administração, ouve em programas de desenvolvimento executivo ou encontra em seu livro favorito sobre o tema. Os líderes que trabalharam e conversaram conosco para a criação de *A jornada da liderança* fizeram algo raro e corajoso: compartilharam lutas internas, dúvidas, esperanças, contratempos e histórias de reinvenção, tudo para ajudar você a aprender a ser um líder melhor, abraçando os princípios que traçamos nesta obra.

Esperamos que nossos leitores saiam com um entendimento pessoal que os leve à jornada rumo a uma mudança positiva de longo prazo. Sim, é um trabalho desafiador, mas isso não significa que precise ser difícil. Às vezes, a questão é tentar menos e fazer menos; aprofundar a consciência de nosso condicionamento (Como meus padrões aparecem em meus comportamentos e em meu corpo, o que parece estar em jogo no momento, que mentalidade me guia e quem sou eu neste momento?). Trata-se de ter autocompaixão e se comprometer com a prática disciplinada, melhorar as habilidades e os atributos de liderança já existentes, mas também adicionar novos. Ser um líder humanitário que lidera de dentro para fora é tirar as conclusões comportamentais corretas e traduzi-las em compromissos pessoais e coletivos. É também criar espaço para reflexão. Um momento de compreensão profunda pode desbloquear uma mudança profunda. A questão é estar presente, consigo mesmo e com os outros.

Conseguir que as pessoas se animem, mostrem iniciativa e sigam você em sua jornada é um grande desafio e uma oportunidade. A única coisa que sabemos é que não será possível fazer isso seguindo o manual de ontem. Como argumentamos no início, você precisa aprender a liderar de dentro para fora. Liderança, agora, implica transformação pessoal, ser a mudança que você quer ver no mundo e, então, inspirar os outros a segui-lo. Nossa esperança é de que *A jornada da liderança* atue como um farol a iluminar seu caminho para ser o seu melhor.

Agradecimentos

Embora haja quatro nomes na capa, os heróis são os líderes que contribuíram com tempo, experiência e sabedoria para as histórias que preenchem estas páginas. Obrigado a todos os nossos colaboradores e suas equipes por sua paixão, engajamento, colaboração, abertura, generosidade e cuidado. A oportunidade de compartilhar essas histórias e percepções de força interior e de liderança humanitária foi nossa inspiração para escrever este livro.

Tivemos muitos parceiros inestimáveis para tornar *A jornada da liderança* uma realidade; o primeiro é Brian Dumaine, ex-editor da *Fortune,* autor de *Bezonomics* e alguém que colaborou conosco desde o primeiro dia. Sem Brian, não teríamos conseguido dar vida às histórias e à inspiração dos líderes deste livro. Nossos agradecimentos especiais a Raju Narisetti, líder da McKinsey's Global Publishing, por sua ajuda e orientação, que foram fundamentais na forma como concebemos esta obra. Nosso pensamento inicial foi habilmente guiado por nossa maravilhosa agente Lynn Johnston, e um grande agradecimento à incrível equipe da Penguin Random House, em especial a Adrian Zackheim, Sabrey Manning e Niki Papadopoulos. Um agradecimento especial também a Merry Sun, por sua orientação inicial no manuscrito.

Tivemos vários patrocinadores e parceiros de discussão na McKinsey & Company. Agradecemos a Johanne Lavoie, pelas ideias e pela dedicação a este projeto, bem como pelo trabalho pioneiro por mais de duas décadas em liderança de dentro para fora. Faridun Dotiwala compartilhou conosco sabedoria, experiência e pesquisas que refinaram nosso raciocínio. A equipe do McKinsey Global Institute, nossa equipe de People & Organization Solutions e nossos colegas do Organizational Health Index (OHI) 4.0 foram parceiros essenciais de pesquisa e pensamento. Gostaríamos de agradecer especialmente aos participantes do Bower Forum CEO e aos nossos colegas professores do Bower Forum, que já foram executivos, por compartilharem experiências no programa e conhecimento adquirido em sua vida profissional e pessoal para o benefício deste livro. Também agradecemos a nossos colegas parceiros (que são muitos para serem citados pelo nome), por falarem de seus relacionamentos com CEOs — fosse como participantes do Bower Forum, fosse como entrevistados; o que vocês contaram nos deu acesso a esses altos líderes e nos trouxe mais conhecimento sobre eles.

Também nunca teríamos chegado a este resultado se não fosse por nossa experiência como líderes do Bower Forum durante muitos dos 13 anos de existência do programa, e pelo que aprendemos com os mais de quinhentos CEOs que passaram por lá. Claudio Feser fundou o Bower Forum no final de 2011 e, com André Andonian e Gautam Kumra, depois o expandiu para o mundo todo. Obrigado por sua visão e pela ajuda que proporcionou a outros líderes, para crescerem e aprenderem de dentro para fora. Obrigado aos muitos outros parceiros que foram os primeiros a adotar o Bower Forum e o ajudaram a crescer e chegar à capacidade de impacto que tem hoje. Agradecemos principalmente a nossos outros coaches do corpo docente do McKinsey Bower Forum, pela colaboração e parceria na troca de ideias. Somos gratos a vários líderes de nossa empresa, e em especial a nosso colega Homayoun Hatami, que hoje em dia supervisiona o departamento Capacidades Integradas do Cliente; obrigado por sua parceria na troca de ideias. E agradecemos também a Santiago Raymond, cujo esforço incansável tornou possível tudo que fizemos no Bower Forum. Muitos outros colegas da McKinsey & Company deixaram impressões digitais neste livro: a Tim

AGRADECIMENTOS

Carter, Greg Siviy, Priyank Sood, Julie Wong, Sophia Kummers e inúmeros outros que contribuíram, somos extremamente gratos.

Por fim, somos coletivamente gratos pela visão e liderança de Marvin Bower, o qual fez a McKinsey & Company se tornar a empresa que ela é hoje. Aqui é um lar onde todos nós crescemos na liderança e na carreira. Houve muitos líderes incríveis que continuaram seu legado na McKinsey, mas Ron Daniel tem sido um grande conselheiro para nós em nossas jornadas pessoais e é o mais importante entre eles. Também queremos expressar nossa gratidão a Ian Davis e Dom Barton, nossos ex-sócios-gerentes globais, e a nosso atual sócio-gerente global, Bob Sternfels, por apoiar o Bower Forum e seu desenvolvimento institucional durante todos esses anos.

Cada um de nós tem outras pessoas que nos apoiaram e contribuíram para este projeto, e também gostaríamos de agradecer a elas:

Dana: Eu entrei na McKinsey buscando resolver os problemas mais difíceis do mundo. Como engenheira de ciências da computação, estava focada em tecnologia e estratégia tecnológica. Uma década de trabalho me ensinou que resolver questões intelectuais pode ser difícil, mas o verdadeiro trabalho duro é engajar as pessoas e liberar o poder de ação da organização. Participar de um dos nossos programas de liderança abriu um novo capítulo para mim, que se tornou a essência de minha jornada pessoal e profissional desde então. Acredito que cada momento é uma oportunidade de aprender e crescer como líder, e me sinto realizada neste trabalho. Sou grata a meus colegas que confiam em mim, a meus clientes que têm a coragem de participar desta jornada comigo e com a McKinsey, a meus professores de ioga, liderança e pessoas e, claro, à minha família, sem a qual eu não teria o privilégio de estar aqui.

Hans-Werner: No início de minha carreira, estudei líderes das áreas corporativa, política, histórica e outros campos da sociedade, e tentei aprender especialmente com aqueles que tocavam as organizações e as pessoas por meio da combinação de coração e mente. Entrar na McKinsey me deu a oportunidade não só de trabalhar com CEOs e outros líderes em soluções para seus problemas profissionais, mas também de ajudá-los em suas jornadas de liderança e seus esforços para mobilizar e inspirar suas equipes e organizações. Desse modo, minha paixão por liderança humanitária, principalmente por jornadas de reinvenção, desdobrou-se e tornou-se o fio condutor de meu trabalho. Eu me reinventei algumas vezes, passei de um plano de carreira militar para a ciência e depois para gestão, com jornadas de liderança no centro. Sou grato a meus clientes e colegas, que têm sido meus parceiros e aprendido comigo, e a meus coaches e mentores da McKinsey. Também agradeço à minha família, que me apoia em todas as fases de minha trajetória.

Kurt: Sendo de uma família de educadores, sempre acreditei que o capital humano é tão importante quanto todos os outros tipos. Consequentemente, quero agradecer às muitas pessoas, além de nosso grupo de autores, que criaram a plataforma coletiva de nossos Bower Foruns e o nosso aconselhamento de CEOs ao redor do mundo. Uma das coisas mais inspiradoras sobre a McKinsey é o número de experimentos e parcerias em aprendizagem humana que acontece com executivos do mundo inteiro, o tempo todo. Pessoalmente, devo muito aos CEOs que tive o privilégio de servir, ou que ajudei meus colegas a servir. Agradeço-lhes a confiança, a disposição para aprender e as ambições que levaram à nossa parceria. Conhecer pessoas tão talentosas e suas trajetórias como líderes tem sido uma parte imensa de minha própria jornada (indireta) de liderança.

Ramesh: Meu caminho de liderança foi desencadeado por eventos da vida pessoal que me fizeram buscar meu propósito nas minhas profundezas. Oferecer meu sorriso e otimismo ao mundo é o que me tira da cama e me motiva todos os dias. Sou grato por toda a ajuda profissional que recebi e agradeço aos amigos e familiares que cuidaram de mim ao longo do caminho. Sou grato aos meus colegas e clientes, que foram ótimos professores e mentores. Por último, mas não menos importante, sou grato à minha esposa, Charuta Joshi, que é uma incrível força em minha vida.

Por fim, agradecemos a vocês, nossos leitores, pelo interesse neste livro. Queremos continuar nos aprimorando e ter um impacto maior com cada trabalho e, com essa mentalidade, agradecemos qualquer feedback que estejam dispostos a compartilhar. Vocês podem entrar em contato conosco pelo e-mail: Leadership_Journey@mckinsey.com.

Apêndice

Micropráticas

Neste livro, aprendemos como os líderes se reinventam, tornam-se mais presentes, mais cuidadosos, mais conscientes, mais curiosos e, por meio dessas qualidades, como aumentam sua eficácia. O que descobrimos é que, embora os melhores líderes tenham seu próprio estilo, eles aplicam conscientemente um conjunto de micropráticas universais que os ajudam a continuar melhorando isso que chamamos de Modelo Operacional Pessoal, ou seja, a maneira como cada um vê a si mesmo e se apresenta aos outros. Isso engloba, por exemplo, rituais executados todos os dias, toda semana ou todo mês, que o ajudam a ser quem você é em sua melhor versão. Que o ajudam a liderar com cada vez mais propósito, clareza e impacto.

Com isso em mente, compilamos nossas cem micropráticas favoritas e as categorizamos dentro das três dimensões essenciais para ser um grande líder: liderar a si mesmo; liderar indivíduos e equipes; liderar organizações. Não é uma lista exaustiva, e o que funciona para outra pessoa pode não funcionar para você; por isso, escolha as opções em nosso menu de micropráticas, para ver o que melhor se adapta a sua situação, seu estilo de liderança e sua maneira geral de trabalhar.

Liderar a si mesmo

Liderar os outros requer, em primeiro lugar, a habilidade de liderar a si mesmo, de aumentar a autoconsciência. Implica aprofundar sua compreensão sobre o que alimenta sua energia, o que você valoriza e quais emoções são fáceis ou difíceis em seu caso. Requer introspecção profunda e auto-observação sincera.

1. Coloque o ser antes do fazer

- Nunca esqueça seu propósito e seus valores. Anote os cinco principais valores em um post-it, redija uma "declaração de propósito" pessoal e coloque tudo no espelho ou na mesa do escritório, onde possa vê-lo regularmente.
- Cultive a atenção plena. Por meio do silêncio, da contemplação ou de outras práticas meditativas, mantenha uma rotina para expandir a consciência e focar a mente.
- Crie uma lista de coisas a fazer. Comece escrevendo todos os dias de um a três atributos que você deseja incorporar, perguntando a si mesmo o que as pessoas mais precisam de você e praticando essas habilidades no trabalho.

2. Faça pausas para uma reflexão produtiva e para momentos a sós consigo mesmo

- Reflita pela manhã. Dê uma volta sem levar o celular e pense sobre o dia que está se iniciando, sobre sua lista de tarefas e sobre as principais prioridades. Se tiver um animal de estimação, preste contas de tudo a ele!
- Reflita após as reuniões. Não pule direto para a próxima tarefa após uma grande compromisso ou evento. Em vez disso, pergunte-se: Que emoções experimentei? Algo dis-

parou algum gatilho em mim? Se sim, o que foi e como reagi?
- Mantenha um diário. Reserve 15 minutos todos os dias para refletir sobre seus pensamentos e ações do dia; avalie quando você esteve em seu melhor momento e o que desencadeou reações negativas. Foque uma prioridade alcançável para o dia seguinte.

3. Busque e aceite o feedback dos outros

- Crie um grupo de pessoas que contem a verdade e, regularmente, pergunte às pessoas de sua vida pessoal e profissional o que elas observam em seu comportamento quando você está na melhor fase e quando não está. Converse sobre como suas atitudes as impactam.
- Não espere; peça feedback o mais rápido e o mais apropriadamente possível após um evento, enquanto ele ainda está fresco na cabeça das pessoas.
- Olhe para a frente. Compartilhe suas metas de crescimento e prioridades com os outros e peça conselhos visando o futuro.

4. Aprenda sempre

- Estabeleça metas. Pergunte aos outros quais livros estão lendo, quais audiolivros ou podcasts estão ouvindo, e estabeleça metas (por exemplo, três a cinco obras por mês).
- Expanda seus horizontes. Reserve um período longo (por exemplo, quatro horas no fim de semana ou uma tarde de sexta-feira por mês) para se aprofundar em temas prioritários fora de suas áreas de especialização.
- Aprenda da fonte. Interaja com pessoas da linha de frente (analistas, clientes, fornecedores), em vez de saber das coisas por meio de um relatório.

- Conecte-se com especialistas. Converse com pessoas altamente informadas; não há maneira mais rápida de aprender que com uma caminhada de duas horas com um verdadeiro especialista.

5. Abrace o otimismo

- Cultive a gratidão. Comece e termine cada dia refletindo sobre cinco coisas pelas quais você é grato.
- Concentre-se nas soluções. Tire seu foco do problema, descubra o que está sob seu controle ou sua influência. Em vez de perguntar "Qual é o problema?", pergunte "O que eu/nós preciso/precisamos resolver?".
- Cerque-se de otimistas. Mantenha contato com indivíduos que sempre o elevam e o inspiram, dentro e fora do trabalho.

6. Crie novas fontes de inspiração

- Use grandes líderes como modelos. Leia bastante para aprender com grandes líderes por meio de romances históricos, biografias ou discursos famosos.
- Passe tempo de qualidade com as pessoas. Aceite convites para visitar a casa de colegas e cultive amizades pessoais, quando apropriado.
- Tenha um hobby. Dedique duas horas por semana (uma noite ou manhã) ao que lhe dá energia e realização fora do trabalho e da família.
- Encontre o espaço onde você tem as melhores ideias. Faça perguntas a si mesmo enquanto toma banho ou escova os dentes, à noite; talvez você acorde com a resposta na cabeça.

7. Esteja aberto a pessoas mais próximas

- Seja transparente. Compartilhe sua agenda semanal com o parceiro, os familiares ou amigos próximos.

- Compartilhe pensamentos. No final de cada semana, compartilhe com seu parceiro ou um amigo próximo os principais temas de suas reflexões pessoais e o que escreveu no diário.
- Mantenha contato. No final de cada dia, envie uma mensagem a alguém de quem você gosta, mas que não vê há algum tempo.
- Priorize o importante. Defina algumas prioridades familiares (por exemplo, férias, eventos especiais envolvendo os filhos, rituais diários ou semanais) que você protegerá a todo custo, tratando-as com a mesma importância ou mais que o trabalho.

8. Cultive a saúde física, mental, espiritual e emocional

- Defina regras firmes para seu calendário. Reserve um tempo para prioridades pessoais importantes (refeições, meditação, família, exercícios) e não permita que ninguém as tire da agenda.
- Encontre maneiras de economizar tempo para moldar seus hábitos de exercícios físicos. Contrate um personal trainer, use um aplicativo de vida fitness ou serviços on-line de alimentos e supermercado.
- Respeite a ergonomia. Faça pausas curtas para se alongar e use uma mesa com regulagem de altura, para que possa ficar em pé de vez em quando enquanto trabalha.
- Conheça a si mesmo. Contrate um coach ou terapeuta para manter sua saúde mental em dia, mesmo que você esteja bem.

9. Não deixe de se revigorar

- Pratique técnicas de respiração consciente. Feche os olhos, preste atenção em si mesmo e respire fundo algumas vezes para se recompor. Sinta seus pés tocando o chão. Concentre-se na respiração, inspire lentamente pelo nariz, segure e

expire pela boca mais demoradamente, relaxando o corpo. Repita isso até perceber que está mais calmo e focado.
- Defina um horário para desligar. Se a natureza de seu trabalho permitir, tente sair do escritório ou desligar o computador no mesmo horário todos os dias. No caminho para casa, ligue para seu parceiro, se tiver um, para falar sobre o dia de trabalho; assim, quando chegar, estará menos preocupado e mais disponível emocionalmente.
- Leve o sono a sério. Sempre que possível, durma pelo menos sete horas por noite e deixe o celular em outro cômodo, para que seu tempo mais precioso de renovação não seja perturbado.
- Pratique a atenção plena. Reserve um tempo entre as reuniões ou no início ou fim do dia para reiniciar a mente praticando uma rápida meditação, oração ou contemplação.

10. Encontre o equilíbrio entre a vida pessoal e a profissional

- Separe os espaços de trabalho e pessoal. Tenha uma escritório ou canto para trabalhar em casa. Evite trabalhar em áreas associadas a relaxamento, como o quarto ou a sala de estar.
- Defina limites para a tecnologia. Tenha telefones separados para trabalho e coisas pessoais. Desligue as notificações durante as refeições e quando for dormir.
- Seja claro sobre os limites. Compartilhe-os com assistentes e colegas. Além disso, conte a eles sua disponibilidade fora do horário normal de trabalho.
- Use marcadores físicos. Se trabalhar em casa, marque a transição entre o trabalho e o tempo pessoal vestindo roupas para trabalhar no início do dia e se trocando no fim do dia — com trajes casuais.

APÊNDICE

Liderar indivíduos e equipes

Liderança tem a ver com relacionamentos, é inerente. Grandes líderes têm gestões humanitárias e investem deliberadamente em melhorar a maneira como interagem com os outros. Essas micropráticas são projetadas para promover relacionamentos mais pessoais e produtivos com indivíduos e equipes.

1. Tenha atenção

- Pratique a escuta ativa. Faça perguntas esclarecedoras para garantir que entende não apenas o que a pessoa diz, mas também os pensamentos, os sentimentos, as crenças e os interesses dela. Deixe de lado julgamentos superficiais e envolva-se a fundo na conversa, de maneira significativa, concentrando-se no outro em vez de tentar transmitir seu ponto de vista.
- Elimine distrações e pare de fazer várias coisas ao mesmo tempo. Durante as reuniões, guarde o celular, desligue as notificações e não olhe a caixa de entrada.
- Repita com suas próprias palavras aquilo que você ouviu dos outros e peça confirmação ou esclarecimento para se assegurar de que está capturando com precisão o que foi compartilhado.
- Esvazie a cabeça. Antes de ir para uma reunião, anote seus pensamentos para não se distrair com eles. Essas anotações serão como um lembrete para retomar a linha de raciocínio quando aquele momento terminar.

2. Promova o aprendizado e o crescimento

- Seja um mentor. Comprometa-se com um número específico de pessoas (mas não tantas a ponto de não conseguir

se comprometer totalmente) que tenham origens diversas e você deseje orientar.
- Pergunte os objetivos delas. Comece sessões individuais de mentoria ou feedback verificando o desenvolvimento da pessoa ou os anseios profissionais. Anote-os e reveja-os regularmente, quando estiverem juntos.
- Dê oportunidades de aprendizado. Convide um de seus mentorados para interações importantes com stakeholders, para que ele possa aprender e se desenvolver.

3. Dê feedback

- Prepare o que vai dizer. Para cada membro da equipe, reserve cinco minutos após os principais eventos e anote seus pensamentos e exemplos sobre a conduta deles, para trazer à tona em futuras reuniões de feedback.
- Estabeleça um ritmo regular. Defina uma frequência (talvez quinzenal) para fornecer um feedback estruturado com base nos critérios de avaliação estabelecidos pela empresa.
- Pergunte aos outros sobre seu desempenho. Durante os encontros de feedback, questione como você pode ajudar mais a equipe, escute com atenção e demonstre apreço por todo retorno positivo e construtivo que receber.

4. Crie confiança e uma mentalidade de dono em sua equipe

- Incentive a discordância. Lembre sempre o time, no início das reuniões, de que você valoriza as perspectivas diferentes. Pergunte constantemente: "Em que estou errando?" Ou: "O que deixei passar?"
- Envolva todos. Abra reuniões para tomada de decisão com vozes diferentes da sua e reserve um tempo para o debate.

APÊNDICE

Convide para falar aqueles que nunca se manifestam e ensine os dominantes a dar espaço aos outros.
- Reforce as contribuições. Elogie as pessoas que se destacam e contribuem positivamente para o sucesso de sua equipe, e seja específico em seus elogios.

5. Celebre as coisas grandes e as pequenas

- Incentive os colegas a reconhecer suas conquistas. Tire o foco das reclamações e incentive os outros a compartilhar suas realizações, para que a equipe aprenda com o sucesso dos outros e fique mais disposta a correr riscos fora da zona de conforto. Pergunte a cada pessoa do que ela mais se orgulha no próprio trabalho.
- Mantenha contato. Enquanto viaja ou faz outras pausas na agenda, ligue para os trabalhadores da equipe, ou mande e-mails, agradecendo as contribuições de cada um ou celebrando os sucessos.
- Inclua os outros na celebração. Crie eventos formais de celebrações e foque o aprendizado. Por exemplo, faça a equipe de gestão escolher o funcionário da semana; crie uma cerimônia anual de premiação para comemorar conquistas individuais, com a organização inteira votando nos candidatos.

6. Delegue o que não é trabalho seu

- Aprenda a deixar algumas coisas de lado. Toda sexta-feira, analise a agenda da semana que está acabando e avalie quais reuniões realmente exigiram sua presença, com base naquilo que só você pode fazer. Identifique as que estão fora desse limite e diga à sua equipe que confia nela e que poderão cuidar disso dali para a frente.
- Conheça os pontos fortes dos membros do seu time. Dedique tempo a conhecer as habilidades e aptidões de cada um e

distribua responsabilidades na empresa alinhadas com esses pontos fortes. Quando surgir um problema, encaminhe-o à pessoa responsável, em vez de cuidar dele você mesmo.
- Otimize a comunicação. Peça à sua equipe que só o copie naquilo que você de fato precisa saber. Quando a comunicação provier de alguém de fora, encaminhe a informação para o indivíduo apropriado tratar do assunto.

7. Confie nas pessoas ao seu redor e seja confiável

- Demonstre autenticidade com coragem. Seja transparente sobre suas intenções, seus pensamentos, seus sentimentos e seus valores. Tornar explícito seu raciocínio construirá confiança.
- Comunique sua confiança. Durante as reuniões semanais com sua equipe principal, tenha franqueza acerca de suas expectativas e diga a todos que confia neles e que conta com eles para fazer acontecer. Dê espaço a todos para realizar o trabalho sem interferência.

8. Participe

- Compareça aos eventos importantes da empresa e da equipe. Reserve um tempo para isso, mas, claro, priorize e equilibre sua carga de trabalho e vida pessoal.
- Não se atrase. Programe intervalos entre as reuniões, para evitar que isso aconteça. Se for atrasar alguns minutos, avise à equipe e peça desculpas.

9. Seja exemplo de vulnerabilidade

- Alinhe as palavras com suas emoções. Aprenda a expressar sentimentos. Treine por meios criativos, como arte ou música.

Demonstre: mostre-se inspirador quando estiver inspirado; mostre preocupação quando for apropriado.
- Abra-se para os outros. Comece as reuniões de equipe compartilhando o que está pensando e sentindo. O que o deixa animado ou preocupado? Convide as pessoas a se abrir também. A qualidade do diálogo vai melhorar.
- Compartilhe histórias pessoais. Conte alguns momentos desafiadores, a forma como eles impactaram sua liderança ou os momentos em que você fracassou e o que aconteceu.
- Admita quando não souber alguma coisa. Não há problema em não saber tudo. Nessas situações, não invente resposta. Seja transparente e foque a conexão com a equipe usando os recursos necessários para obter a solução.

10. Lidere com altruísmo

- Divida os holofotes. Em vez de fazer algo você mesmo, convide um dos membros da equipe para, por exemplo, fazer o discurso principal, receber um prêmio, apresentar o novo programa ou enviar determinado e-mail à organização toda.
- Assuma os trabalhos difíceis. Quando souber que algo provavelmente enfrentará uma oposição significativa ou impedirá outras prioridades, assuma a tarefa você mesmo, em vez de delegá-la para alguém de sua equipe.

Liderar organizações

Liderar uma organização requer habilidades específicas e micropráticas diferentes daquelas adequadas para liderar indivíduos e equipes; o escopo é muito mais amplo, e seu público pode chegar a incluir centenas ou milhares de pessoas. Navegar com eficácia pelas complexidades da liderança organizacional requer um misto de estratégia para tomada de decisões no nível macro, influência na cultura e capacidade de articular uma visão convincente.

1. Reforce valores e propósito

- Indague. Ao se reunir com os funcionários, pergunte se eles acham que estão trabalhando com propósito e o que mais valorizam no fato de fazer parte da empresa.
- Reitere. Crie oportunidades para que os funcionários recordem e repassem os valores e propósitos da companhia. Você pode, por exemplo, pôr os valores como nomes das salas de reunião, agradecer aos colaboradores quando vir que eles estão agindo segundo o que foi estabelecido, ou reservar um dia todo ano para refletir sobre propósitos e valores.
- Celebre. Em conversas e comunicações escritas, faça alusão às atividades diárias dos funcionários da empresa inteira, quando elas forem voltadas para uma missão mais ampla. Em e-mails, compartilhe histórias de pessoas que vivem de acordo com os valores e propósitos da instituição ou organize uma cerimônia anual de premiação para celebrar as pessoas que demonstraram da melhor maneira esses valores.

2. Comunique-se com clareza

- Seja um grande contador de histórias. Conte casos para comunicar mensagens, especialmente quando forem sobre os valores ou comportamentos que você quer incentivar.
- Tenha um coach. Procure um especialista em comunicação para que ele revise sua comunicação escrita e oral e o ajude a melhorar seu estilo.

APÊNDICE

- Conheça sua mensagem. Tire cinco minutos antes de reuniões ou apresentações importantes para sintetizar em uma única frase ou expressão o conteúdo que vai tentar transmitir.
- Teste com alguém de fora. Antes de apresentar, compartilhe com seu parceiro, filhos ou amigo aquilo que vai ser comunicado, para que eles lhe digam se algo não está claro. Está claro o suficiente para que alguém sem familiaridade com o tema consiga acompanhar?
- Comece com o porquê. Primeiro, afirme clara e concisamente o propósito ou a motivação de um projeto ou de um iniciativa, para que os stakeholders entendam a ideia geral. Depois, prossiga com o quê e o como.

3. Seja um exemplo para o restante da organização

- Seja aberto, seja humano. Compartilhe seu plano de desenvolvimento pessoal, conte histórias dos percalços profissionais ou obstáculos do passado.
- Participe e compareça em momentos importantes. Priorize eventos nos quais sua presença seja importante ou onde haja um problema que você precise resolver. Ser pontual é essencial, especialmente em momentos desafiadores ou significativos, quando talvez precise oferecer suporte, encorajar alguém ou dar assistência.
- Defina os limites do trabalho. Proteja o tempo de todos limitando chamadas e e-mails ao horário de trabalho. Peça às pessoas que não respondam e-mails quando estiverem de férias (a menos que seja uma emergência com a qual só a pessoa pode lidar). Sejam quais forem os limites, deixe-os explícitos e incentive os outros a seguir seu exemplo.

4. Desenvolva capacidades e promova o aprendizado contínuo

- Indague sobre o aprendizado. Ocasionalmente, faça à sua equipe a pergunta "O que você aprendeu semana/mês passado?" e peça que façam o mesmo com seus subalternos, até que isso se espalhe pela organização.
- Compartilhe suas intenções com relação à aprendizagem. Seja transparente sobre o que você está tentando aprender e incentive funcionários de todos os níveis a fazer o mesmo.
- Incorpore rituais de aprendizagem. Integre na rotina de sua organização práticas estruturadas, como reuniões de uma hora por semana. Coloque no planejamento "análises pós-ação" ou visitas entre escritórios.
- Inspire as pessoas que estão em transição. Estabeleça programas de reflexão e aprendizagem estruturada para colegas que estão mudando de função ou que foram promovidos. Pergunte no que eles querem ser diferentes.

5. Engaje os stakeholders

- Forme um conselho pessoal. Reúna vários tipos de conselheiros, como coaches de liderança, executivos seniores e mentores, para coletar informações sobre como incentivar a participação de diferentes stakeholders.
- Dedique tempo para viagens. Revise sua agenda antes desses compromissos, a fim de assegurar que 30-40% de sua agenda seja gasta com clientes, fornecedores, investidores e outros stakeholders externos.
- Conecte-se com o porquê. Quando se reunir com stakeholders

externos, pergunte o que é importante para eles e faça a conexão com o que é importante para você e para a organização.

6. Defenda a inclusão

- Faça novos contatos. A cada semana, conheça uma pessoa nova dentro de sua organização e escute o que ela tem a dizer; seja empático e entenda as motivações e os desafios que esse indivíduo enfrenta, sempre demonstrando vulnerabilidade e abertura para novas ideias.
- Incentive perspectivas diferentes. Durante reuniões gerais ou divisionais, proativamente solicite a contribuição de funcionários com diferentes origens, experiências e expertises, em especial de origens minoritárias. Limite o tempo de fala daqueles que falam com frequência. Peça a opinião de indivíduos mais calados e escute com atenção.
- Lidere pelo exemplo. Em eventos, demonstre um comportamento inclusivo abrindo espaço para pessoas que estejam tentando participar de uma conversa. Apresente-se a pessoas variadas com um aperto de mão e faça perguntas a elas. Para dar o exemplo aos outros, mostre respeito, abertura e equidade.
- Defina e estabeleça metas de inclusão. Explique às pessoas que elas são responsáveis pelo significado de inclusão para a organização. Coloque metas conscientes para atender a uma base mais ampla de clientes ou stakeholders.

7. Adote uma mentalidade de "líder servidor"

- Coloque os outros em primeiro lugar. Peça a cada líder que pergunte aos funcionários da organização o que se pode fazer para facilitar o trabalho deles.
- Remova obstáculos. Treine seus líderes para que, quando

alguém disser que está enfrentando um obstáculo, busquem maneiras de removê-lo imediatamente. Isso é possível conectando a pessoa com os recursos apropriados ou sugerindo pessoas que poderiam ajudar.
- Demonstre disposição para qualquer coisa. Passe um dia "nas trincheiras" e dê uma mão ao seu pessoal. Se tiver funcionários que usam transporte público, vá com eles um dia.

8. Cultive uma mentalidade de crescimento

- Incentive a inovação. Crie um ambiente de trabalho que promova a criatividade e a experimentação. Celebre ideias inovadoras por meio de e-mails para toda a empresa, realize competições para desenvolver novas ideias sobre tópicos prioritários.
- Abrace as mudanças tecnológicas. Receba atualizações semanais sobre tendências digitais que possam impactar seu negócio. Consulte especialistas, adapte a estratégia, se necessário, e compartilhe descobertas com os principais agentes dentro da organização.
- Aprenda com o fracasso. Comunique e celebre casos em que alguém aprendeu com um fracasso, a fim de incentivar uma cultura mais ágil e a assunção de riscos.

9. Incorpore a diversão na empresa

- Estabeleça um tempo para conexão. Incentive equipes entre todos os níveis da organização a programar um tempo para se divertir. Pode ser um encontro em uma pista de boliche, uma olimpíada interna anual ou um concurso de curiosidades por departamentos.
- Incentive o humor. Use esse recurso não para evitar men-

APÊNDICE

sagens difíceis, mas para ajudar as pessoas a se abrirem e se levarem menos a sério. Ria de si mesmo quando cometer erros; cultive piadas internas entre toda a organização, além de referências à cultura pop em reuniões recorrentes. Procure alguém que goste de fazer edições rápidas e divertidas de fotos.
- Abrace a brincadeira. Comece reuniões de grandes grupos com um jogo, distribua prêmios, faça que as pessoas se levantem e se movimentem tanto quanto possível.
- Surpreenda. Planeje uma surpresa de vez em quando, como pedir comida para todos ou dar uma escapada do escritório para celebrar com o pessoal, aliviar o estresse, construir camaradagem.

10. Seja decidido, não impulsivo

- Peça conselhos. Obtenha informações de pelo menos três, mas não mais que cinco consultores de confiança, antes de tomar uma grande decisão; esses consultores devem ser de dentro e de fora da empresa.
- Angarie uma ampla contribuição. Procure a cooperação de colegas em várias funções, níveis e áreas de especialização, antes de promover qualquer mudança significativa na organização. Faça isso por meio de pesquisas, grupos focais e forças-tarefa especiais. A contribuição deve ser analisada nos mínimos detalhes, não só por formalidade.
- Aguarde até o dia seguinte para bater o martelo. Quando tiver que anunciar uma decisão importante, redija o e-mail ou memorando, mas espere 24 horas antes de enviá-lo. Nesse meio-tempo, reflita sobre sua reação e suas emoções, antes de clicar em "Enviar".

Pesquisa do Bower Forum sobre liderança e principais resultados

Realizamos uma pesquisa com participantes de 2018 a 2023 para entender os desafios de liderança que enfrentavam e o que aprenderam no Bower Forum. Veja o que eles nos disseram.

A maior parte dos desafios que os líderes levaram ao Bower Forum era pessoal.

Qual era a natureza do desafio de liderança compartilhado por você durante sua participação no Bower Forum?

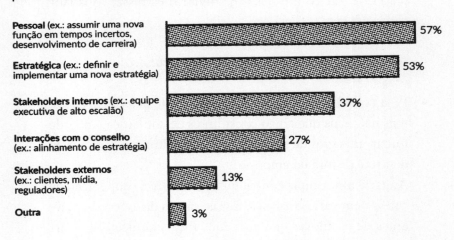

- **Pessoal** (ex.: assumir uma nova função em tempos incertos, desenvolvimento de carreira) — 57%
- **Estratégica** (ex.: definir e implementar uma nova estratégia) — 53%
- **Stakeholders internos** (ex.: equipe executiva de alto escalão) — 37%
- **Interações com o conselho** (ex.: alinhamento de estratégia) — 27%
- **Stakeholders externos** (ex.: clientes, mídia, reguladores) — 13%
- **Outra** — 3%

APÊNDICE

Os maiores aprendizados obtidos do Bower Forum incluíram uma visão mais ampla do que é possível e a noção de que os líderes não estavam sozinhos em seus desafios.

O que mais mudou em sua perspectiva ou mentalidade como líder depois do Bower Forum ou de outras experiências semelhantes? (Top 5)

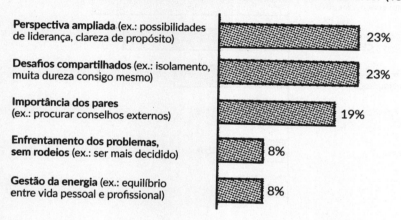

Perspectiva ampliada (ex.: possibilidades de liderança, clareza de propósito) — 23%

Desafios compartilhados (ex.: isolamento, muita dureza consigo mesmo) — 23%

Importância dos pares (ex.: procurar conselhos externos) — 19%

Enfrentamento dos problemas, sem rodeios (ex.: ser mais decidido) — 8%

Gestão da energia (ex.: equilíbrio entre vida pessoal e profissional) — 8%

A JORNADA DA LIDERANÇA

Após o Bower Forum, muitos participantes começaram a trabalhar com colegas, para continuar aprendendo e melhorando suas práticas de liderança.

Quais ações novas ou contínuas você priorizou depois do Bower Forum? (Top 6)

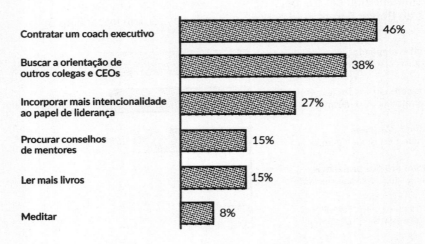

- Contratar um coach executivo — 46%
- Buscar a orientação de outros colegas e CEOs — 38%
- Incorporar mais intencionalidade ao papel de liderança — 27%
- Procurar conselhos de mentores — 15%
- Ler mais livros — 15%
- Meditar — 8%

APÊNDICE

Como funciona o Bower Forum: visão geral

Avaliação: os CEOs analisam sua situação debatendo os seguintes assuntos.	*Reflexão profunda: fazem uma autoavaliação seguida dos primeiros passos de um processo de reinvenção.*	*Eles concluem o programa com um plano de compromisso para reinvenção contínua, do qual consta o seguinte.*
• Setor e empresa. • Ecossistema. • Conselho e equipe de gestão. • Stakeholders. • Jornada como CEO e como indivíduo. a) Eles recebem clara autoridade do conselho e de outros stakeholders? b) Qual é o estado pessoal atual deles em comparação com o estado desejado? c) Quais são suas prioridades e seus desafios? • Principais prioridades, elementos centrais relacionados à sua gestão e práticas de liderança (si próprio, equipe, organização) que desejam abordar e melhorar no Bower Forum.	Os CEOs expressam as aspirações que têm em relação a si mesmos, sua equipe e sua organização, e discutem: • Forças positivas *versus* barreiras. • Crenças e suposições versus realidade. • O que lhes dá energia e os motiva versus o que os faz empacar. Os CEOs iniciam o processo de reinvenção: • Os participantes e o corpo docente refletem sobre as aspirações, forças positivas e contraforças do líder (para CEOs individuais e seu ecossistema) e se dedicam ao aprendizado entre pares.	Um plano de compromisso para liderar a si mesmos, sua equipe e sua organização, utilizando os recursos de: • Incorporar atributos de liderança centrados no ser humano, em si mesmos e em suas organizações. • Criar um perfil pessoal "futuro" que inclua autoconsciência, vulnerabilidade e empatia, e a seguir incutir essas qualidades em toda a organização. • Dominar os cinco atos de equilíbrio, ou seja, ser "humilde e assertivo/ousado" e, a seguir, compartilhá-los com os outros. • Dedicar-se à aprendizagem profunda e a ampliar suas experiências para ser um líder mais versátil.

• Aperfeiçoamento da autoconsciência com base no próprio feedback e no dos outros.	• Em conversas do tipo "dar e receber", baseadas na confiança, o grupo oferece conselhos para seguir em frente e aprender com os colegas. • Os CEOs absorvem conselhos durante esse "mergulho profundo" e compartilham suas reflexões e apreciações após essa fase e o aprendizado entre pares.	• Desenvolver um plano com marcos e processos de "check-in". Um roteiro para a jornada contínua de reinvenção: • O corpo docente do Bower Forum e os CEOs atuam como conselheiros e fazem acompanhamentos periódicos. • Os respectivos parceiros da McKinsey escrevem um memorando resumindo a experiência e os aprendizados do Bower Forum e incrementam o plano de compromisso dos CEOs. • Os CEOs, conforme necessário, consultam confidentes/coaches.

Notas

Introdução

1. LEADERS in Transition: Progressing along a Precarious Path. *Development Dimensions International,* 2015. Disponível em: https://www.ddiworld.com/research/leaders-in-transition-progressing-along-a-precarious-path.
2. CHEN, Joyce. CEO Tenure Rates. *Harvard Law School Forum on Corporate Governance,* 2023. Disponível em: https://corpgov.law.harvard.edu/2023/08/04/ceo-tenure-rates-2/.
3. HOUGAARD, Rasmus; CARTER, Jacqueline; STEMBRIDGE, Rob. The Best Leaders Can't Be Replaced by AI. *Harvard Business Review,* 12 janeiro 2024.
4. MADGAVKAR, Anu; SCHANINGER, Bill; MAOR, Dana; WHITE, Olivia; SMIT, Sven; SAMANDARI, Hamid; WOETZEL, Jonathan; CARLIN, Davis; CHOCKALINGAM, Kanmani. Performance Through People: Transforming Human Capital into Competitive Advantage. *McKinsey Global Institute,* fevereiro 2023. Disponível em: https://www.mckinsey.com/mgi/our-research/performance-through-people-transforming-human-capital-into-competitive-advantage.

Parte 1:
Tudo começa com você

5. DELGADO, Roy. *The New Yorker*, 5 outubro 2007.
6. KAUFMAN, Peter D. *Poor Charlie's Almanack:* The Essential Wit and Wisdom of Charles T. Munger. South San Francisco, CA: Stripe Press, 2005.
7. THE RETREAT from Moscow. *Britannica*, [2023?]. Disponível em: https://www.britannica.com/event/Napoleonic-Wars/The-retreat-from-Moscow.
8. TANNERT, Chuck. John DeLorean Reinvented the Dream Car. Then He Totaled It. *Forbes*, 26 julho 2019. Disponível em: https://www.forbes.com/wheels/news/john-delorean-reinvented-the-dream-car-then-he-totaled-it.
9. DRAPER, Brian. Positive Energy. *High Profiles*, 11 fevereiro 2011. Disponível em: https://highprofiles.info/interview/ellen-macarthur.
10. GOODWIN, Doris Kearns. *Team of Rivals:* The Political Genius of Abraham Lincoln. New York: Simon & Schuster, 2006.
11. SELLERS, Patricia. So You Fail. Now Bounce Back! *Fortune*, 1 maio 1995.
12. BARRETT, William B. Food Bank Network Ousts United Way as America's Largest Charity. *Forbes*, 13 dezembro 2022. Disponível em: https://www.forbes.com/sites/williampbarrett/2022/12/13/food-bank-network-ousts-united-way-as-americas-largest-charity/?sh=1f49bc655b1d.
13. ABUELSAMID, Sam. Auto Industry Crisis Leads to Job Losses Even at Strong Companies. Autoblog, 20 dezembro 2008. Disponível em: https://www.autoblog.com/2008/12/20/auto-industry-crisis-leads-to-job-losses--even-at-strong-companie.
14. ISAACSON, Walter. *Leonardo da Vinci*. New York: Simon & Schuster, 2017.
15. DUMAINE, Brian. *Bezonomics:* How Amazon Is Changing Our Lives and What the World's Best Companies Are Learning from It. New York: Scribner, 2020.
16. GILBERTSON, Dawn; POHLE, Allison; MCALLISTER, Kevin. The Best and Worst Airlines of 2023. *The Wall Street Journal*, 24 janeiro 2024.
17. BONTEMPS, Firm on "Republicans Buy Sneakers, Too" Quote, Says It Was Made in Jest. *ESPN*, 4 maio 2020.

NOTAS

Parte 2:
Indo além de si mesmo

18. KLEEF, Gerben A. van. The Interpersonal Dynamics of Emotion. *Cambridge University Press*, 5 abril 2016. Disponível em: https://www.cambridge.org/core/books/abs/interpersonal-dynamics-of-emotion/social-effects-of-emotions-in-leadership/D40CAA59355BE6384796D286881F1625.
19. CHMIELEWSKI, Dawn. No More Red Envelopes: Netflix to End DVD-by-Mail Business. *Reuters*, 18 abril 2023. Disponível em: https://www.reuters.com/technology/netflix-winds-down-dvd-rental-business-2023-04-18.
20. SAVITSKAYA, Judy; CONDE, Jorge. What Is a Bio Platform For? Andreessen Horowitz, 8 janeiro 2021. Disponível em: https://a16z.com/what-is-a-bio-platform-for.
21. ZANGARO, Dave. Hurts' Inspiring Message After Losing the Super Bowl. *NBC Sports Philadelphia*, 13 fevereiro 2023.
22. BATES, Stephen; ROSENBLOOM, Joshua L. Kennedy and the Bay of Pigs. *Kennedy School of Government Case Program*, 1998.
23. FLETCHER, Ben; HARTLEY, Chris; HOSKIN, Rupe; MAOR, Dana. Into All Problem-Solving, a Little Dissent Must Fall. *McKinsey & Company*, fevereiro 2023.
24. Keynes é comumente citado como autor da frase, mas não há documentos históricos que o comprovem.
25. DUMAINE, Brian. *Bezonomics:* How Amazon Is Changing Our Lives and What the World's Best Companies Are Learning from It. New York: Scribner, 2020.
26. MADGAVKAR, Anu; SCHANINGER, Bill; MAOR, Dana; WHITE, Olivia; SMIT, Sven; SAMANDARI, Hamid; WOETZEL, Jonathan; CARLIN, Davis; CHOCKALINGAM, Kanmani. Performance Through People: Transforming Human Capital into Competitive Advantage. *McKinsey Global Institute*, fevereiro 2023. Disponível em: https://www.mckinsey.com/mgi/our-research/performance-through-people-transforming-human-capital-into-competitive-advantage.

27. MADGAVKAR *et al.*, 2023.
28. Great Place to Work, julho 2019. Disponível em: https://www.greatplacetowork.com/certified-company/1000745.
29. Equipe do McKinsey Organizational Health Index, 2023.
30. ABBAJAY, Mary. What to Do When You Have a Bad Boss. *Harvard Business Review*, setembro 2018.
31. BLOZNALIS, Sarah. 18 Employee Recognition Statistics You Need to Know. *Workhuman,* setembro 2023. Disponível em: https://www.workhuman.com/blog/employee-recognition-statistics/.

Este livro foi composto na tipografia Minion Pro,
em corpo 11,5/16, e impresso em papel off-white
no Sistema Cameron da Divisão Gráfica
da Distribuidora Record.